广东省普通高校人文社科重点研究基地项目（2020WZJD003）

广州美术学院学术著作出版基金资助

艺术与文化跨界研究丛书
广州美术学院视觉文化研究中心　编

主　编　邓启耀
副主编　王海龙　牛加明
编　委　张　晓　付常青　巴桑罗布　熊　迅
　　　　叶　风　邓圆也
编　务　杜红梅

视觉人类学简史

王海龙 著

中国社会科学出版社

图书在版编目(CIP)数据

视觉人类学简史/(美)王海龙著．—北京：中国社会科学出版社，2023.12

(艺术与文化跨界研究丛书)

ISBN 978-7-5227-2979-4

Ⅰ.①视…　Ⅱ.①王…　Ⅲ.①视觉—文化人类学—研究　Ⅳ.①C912.4

中国国家版本馆 CIP 数据核字(2024)第 033428 号

出 版 人	赵剑英	
责任编辑	郭　鹏	
编辑助理	刘辰浩	
责任校对	刘　俊	
责任印制	李寡寡	

出　　版	中国社会科学出版社	
社　　址	北京鼓楼西大街甲 158 号	
邮　　编	100720	
网　　址	http://www.csspw.cn	
发 行 部	010-84083685	
门 市 部	010-84029450	
经　　销	新华书店及其他书店	
印　　刷	北京君升印刷有限公司	
装　　订	廊坊市广阳区广增装订厂	
版　　次	2023 年 12 月第 1 版	
印　　次	2023 年 12 月第 1 次印刷	
开　　本	710×1000　1/16	
印　　张	17.5	
字　　数	263 千字	
定　　价	108.00 元	

凡购买中国社会科学出版社图书，如有质量问题请与本社营销中心联系调换
电话：010-84083683
版权所有　侵权必究

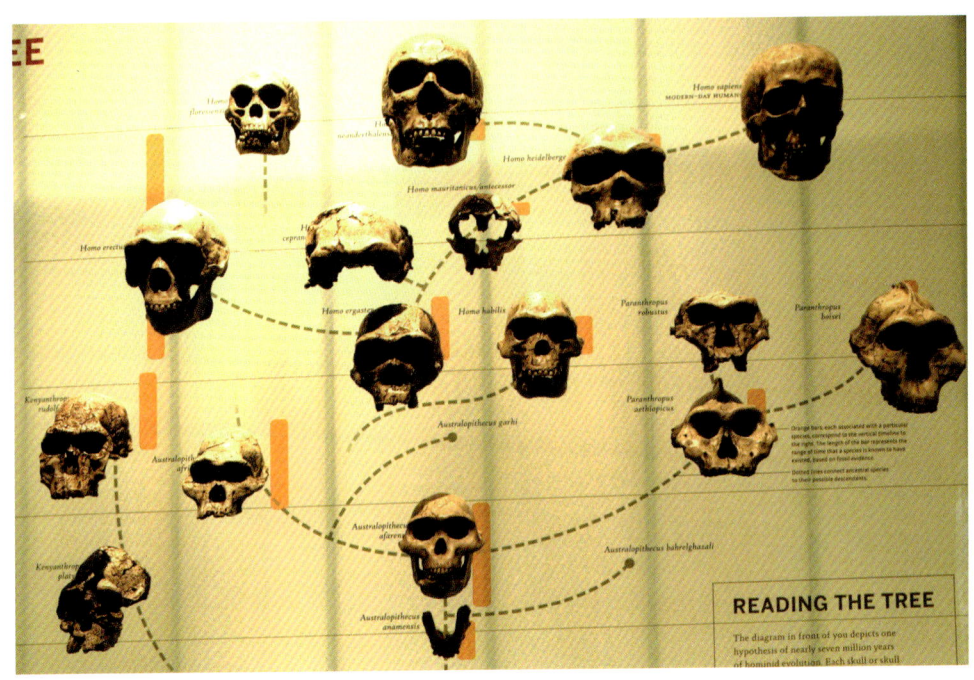

体质人类学家通过几百万年灵长类古动物学研究人类进化轨迹(美国自然历史博物馆,作者摄)

人类学研究人类进化并复原出320万年前从猿到人的进化图像模式（美国自然历史博物馆，作者摄）

人类学家通过还原几十万年前人类进化的生境来还原研究人类进化图景（美国自然历史博物馆，作者摄）

博物馆通过生境模式还原再现四万年前洞穴人绘画情形（美国自然历史博物馆，作者摄）

考古人类学家拍摄原始人洞穴绘画,研究人类进化过程(David, Bruno, *Cave Art*, Thames & Hudson Ltd, London, 2017, p. 151)

"泰希克—塔什男孩":人类学家发现距今四万多年前尼安德特人的儿童墓穴,原始人对早夭的儿童无比痛惜,用兽毛和尖利的兽角覆盖希望在死后世界保护墓穴和尸身,说明那时人类已经产生死后世界和万物有灵观念了(美国自然历史博物馆,作者摄)

考古学家发现三万两千年前德国穴居人用兽骨和兽牙雕刻的猛犸象、原始豹和马的形象。有的身上有刻符,疑似巫术记录(美国自然历史博物馆,作者摄)

考古学家发掘13000—16000年前法国穴居人在兽骨上雕刻的巨角鹿和鱼的图像(美国自然历史博物馆,作者摄)

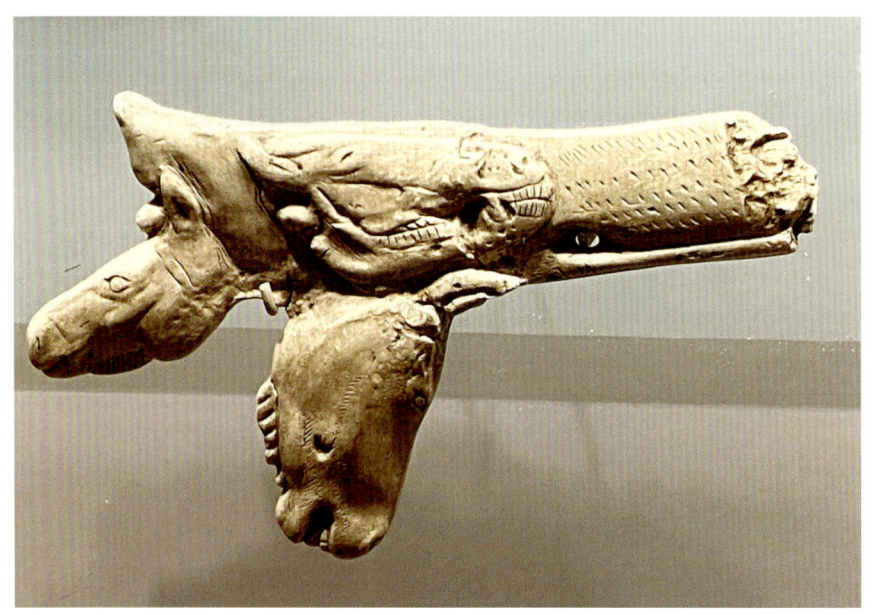

考古学家发掘13000—16000年前法国穴居人用兽骨雕刻的三只马头，形象栩栩如生。有学者释为祭器或权杖（美国自然历史博物馆，作者摄）

考古学家发掘爱琴海基克拉泽斯文明发现的6500年前雕塑的原始"维纳斯"繁殖女神像（纽约大都会博物馆，作者摄）

考古学家发掘古埃及 5200 年前刻有狮子、鹳鸟和牛的牙雕（纽约大都会博物馆，作者摄）

考古学家发掘中国新石器晚期距今近五千年之马家窑文化黑彩乐舞红陶盆（纽约邦瀚斯展览会，作者摄）

距今约4400年古埃及法老墓道描绘当年社会各阶层民众劳作情形(纽约大都会博物馆,作者摄)

公元前23世纪出生在美索不达米亚的世界第一位有名有姓的女诗人恩赫杜安娜刻在楔形泥板上创作的祭神诗(纽约摩根博物馆,作者摄)

距今约4100年古埃及法老墓壁碑残件。图文并茂地记载了墓主人的身份和生时情景（纽约大都会博物馆，作者摄）

约公元前20世纪巴比伦王墓道壁雕情景，描绘两河流域暨美索不达米亚早期文明之神祇和信仰（美国布鲁克林博物馆，作者摄）

玛雅文明发明了自己独特的象形文字。这是玛雅文明圣地奇琴伊察金字塔基座用玛雅文书写的铭文（墨西哥尤卡坦奇琴伊察金字塔，作者摄）

中国东周战国时期狩猎铺首青铜器，用五层图像描绘狩猎等情形，间有图案和动物变形符号等。描绘内容极为丰富（纽约苏富比预展，作者摄）

公元二世纪初期罗马时代大理石棺，画面是骑豹的酒神和一众年轻的神祇。展现了罗马人的生死观和其时代精神（纽约大都会博物馆，作者摄）

欧美国家在18世纪启蒙运动以后，人文科学发达，人类学兴起，开始对世界各地古物和人文资源关注，对史前文明关心；兴起大量博物馆，从世界各地寻找史前文物以举办展览（美国自然历史博物馆，作者摄）

美国拥有世界最多史前文物资源大力普及人类学教育,使对史前生物研究已经成民众教育的一部分,促进了体质人类学和人类进化方面的研究(美国自然历史博物馆,作者摄)

近代博物学兴起早期,欧美民众对古物和异域人文地理非常感兴趣。引发了早期探险家狩猎热潮。为了展览,他们不惜到世界各地去杀害各种稀有动物做标本(美国自然历史博物馆,作者摄)

博物学是把双刃剑。它在研究文明和地理的同时也灭绝动物。早期博物学家随着殖民主义者去全世界攫取猎物和资源（美国自然历史博物馆，作者摄）

在美洲印第安人文明中，图腾柱是其文明的史诗记录宝库。然而在美洲殖民地早期，他们的文化被逐渐蚕食消杀，这些文明的记录如今只能在博物馆中变成了标本（美国自然历史博物馆，作者摄）

图腾柱是印第安人在历史和家谱,也是他们的视觉文字。随着印第安文明渐被湮灭,这些被沉陷在博物馆的图腾柱只能睁着无望的大眼向世人无辜地凝视和诉说(美国自然历史博物馆,作者摄)

早期人类学家深入到美洲当代原始部落拍摄的人类学电影是我们了解这些绝世文明的前天和昨天的原始记录(美国自然历史博物馆,作者摄)

很多文明消逝了，人类学家和博物学家只能根据视觉资料还原部落人当年的生活景象，并向世人呈现（美国自然历史博物馆，作者摄）

当代原始部落的祭祀仪式和原始舞蹈，向我们透露出他们祖先的信仰和精神生活（美国自然历史博物馆，作者摄）

文化人类学家深入到当代原始部落去长期生活，做田野工作并记录下他们的文化志，使用摄影手段对他们的工作有帮助。这些人类学电影也是后人研究文明的宝贵资料（Coleman, Simon, & Watson, Helen, *An Introduction to Anthropology*, Chartwell Books, Inc. Secaucus, New Jersey, 1990, p. 51）

史前时代人们就发明了用图说话。到了文明时期，图文并茂的书写方式仍然最有效。佛教使用壁画作为视觉语言最容易宣传佛法，让百姓理解和信仰它。这是原山西广胜寺药师佛壁画（纽约大都会博物馆，作者摄）

视觉语言是艺术创新的生命。著名画家毕加索中晚年艺术灵感枯竭时开始学习非洲和当代原始部族绘画雕刻和视觉语言,终于创造了现代艺术史上的奇迹(Blier, Suzanne Preston, *Picasso's Demoiselles*: *The Untold Origins of a Modern Masterpiece*, Duke University Press, Durham, 2019, Color Gallery Plate 1)

　　视觉语言除了有强烈直观效果外，也有诉诸心灵的冲击力。所以它也被媒体和艺术家用作宣传和政治表述的工具。这件 19 世纪美国雕塑家创作的"中国人的质询"雕塑，旨在抗议美国排华法案对华人的歧视。画面上方戴鹰头帽的白人儿童骑在黑人头上，共同欺侮下面往上爬的华人。19 世纪时华人头上的辫子是个醒目的族裔标志。这位有良知的艺术家用视觉语言方式对这种现象进行控诉（美国布鲁克林博物馆，作者摄）

目 录

第一编

第一章　视觉人类学发展纲要 …………………………………… (3)
　第一节　视觉人类学的定义 ………………………………………… (3)
　第二节　视觉人类学的疆域 ………………………………………… (6)
　第三节　视觉人类学的广义与狭义之分 …………………………… (10)

第二章　视觉人类学与影视人类学理论渊源 …………………… (13)
　第一节　视觉人类学的影视辉煌期 ………………………………… (13)
　第二节　视觉人类学的理论拓展期 ………………………………… (16)
　第三节　从影视人类学到视觉人类学的嬗变 ……………………… (21)
　第四节　视觉人类学的理论渊源和其史前史 ……………………… (28)

第三章　视觉人类学与影视人类学理论流变 …………………… (31)
　第一节　古典阐释学启迪 …………………………………………… (31)
　第二节　从阐释学到人类学的过渡 ………………………………… (33)
　第三节　阐释人类学的视觉元素 …………………………………… (35)
　第四节　理论符号学与视觉思维 …………………………………… (37)

第五节　深度描写之破译范式 …………………………（40）
第六节　认知人类学与视觉语法 …………………………（43）
第七节　文本研究及 Emic/Etic 模式 ……………………（47）

第二编

第四章　视觉人类学与人类学本体论 ……………………（55）
第一节　视觉人类学的独立性和平行性 …………………（55）
第二节　视觉人类学与文化/社会人类学 …………………（56）
第三节　视觉人类学与体质人类学 ………………………（61）
第四节　视觉人类学与史前学/考古学 ……………………（67）
第五节　视觉人类学与语言人类学 ………………………（74）
第六节　视觉人类学与应用人类学 ………………………（79）

第五章　视觉人类学语言与人类书写系统形成 …………（83）
第一节　视觉人类学与人类认知 …………………………（83）
第二节　语义—语用学理论的视觉引申 …………………（88）
第三节　史前记号和记事 …………………………………（93）
第四节　从图像到符号 ……………………………………（101）
第五节　从符号到书写系统 ………………………………（106）

第六章　视觉人类学与美术史 ……………………………（117）
第一节　文明起源：美术史的广义与狭义 ………………（117）
第二节　艺术史与美术史的起源和缘起 …………………（121）
第三节　不"美"的艺术与"美术" ………………………（126）
第四节　向人类学求"新血"的美术和现代艺术 ………（129）
第五节　两种书写：诗与真 ………………………………（135）
第六节　东西方认知方式异同 ……………………………（137）

第七节　中国方式与视觉思维 ………………………………（140）
　第八节　文明史与美术史的互释 ……………………………（147）
　第九节　艺术的视觉功能与人类社会 ………………………（149）

第三编

第七章　人类学电影简史（上） ………………………………（155）
　第一节　摄影术——电影的前世今生 ………………………（155）
　第二节　电影与人类学的共生性 ……………………………（163）
　第三节　人类学电影缘起和历程 ……………………………（171）
　第四节　早期人类学电影史述 ………………………………（179）

第八章　人类学电影简史（下） ………………………………（193）
　第一节　人类学电影与故事片 ………………………………（193）
　第二节　人类学母题对未来电影的贡献 ……………………（203）
　第三节　人类学电影后期发展 ………………………………（218）

第九章　中国人类学电影概况 …………………………………（229）
　第一节　中国人类学电影发展萌芽 …………………………（229）
　第二节　中国人类学电影发展起步 …………………………（233）
　第三节　中国人类学电影筚路蓝缕征程 ……………………（237）
　第四节　中国人类学电影历史转折 …………………………（247）

第十章　视觉人类学发展展望 …………………………………（251）
　第一节　21世纪视觉人类学发展趋势 ………………………（251）
　第二节　人类学与视觉人类学的本体论研究 ………………（255）
　第三节　视觉人类学与当代新媒体 …………………………（259）
　第四节　视觉人类学与未来学 ………………………………（267）

第一编

第一章

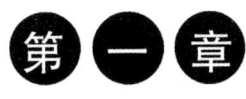

视觉人类学发展纲要

第一节 视觉人类学的定义

从学科定义上讲,视觉人类学(Visual Anthropology)算得上人类学领域的新学科。虽然其理念渊源和滥觞可追溯到史前,但其理论定型和广受关注即使在其发源地欧美也不过百多年时光;其定义的最终完型则是最近十数年间的事情。

但是,在学术史上,一门学科的渊源和它存在基础往往并不以其最终完型和有了确切定义才确立。以考古学、"埃及学"和"汉学"为例,它们的完型和定义出现并不早,但其思想渊源和研究对象都可以追溯到远古。对视觉人类学的思想渊源亦可作如是观。

虽然视觉人类学被定义的历史不长,但它的发展历程很曲折,知识界对其范畴和研究领域也有过众说纷纭、莫衷一是的界说。特别是在中国学界,对它的基本内容在定义、概念和理解上有着很多偏差和不同。比如,仅在译名上就有"视觉人类学"(Visual Anthropology)"影视人类学"(Ethnographic Film/Anthropological Films)等不同说法。这些名称上的差异也造成了在研究和理论上形成的不同流派,甚至导致了对这门学科理解上的歧义和误解。

第一编

视觉人类学这一学科在西方人类学发展史上的进程较为特殊。它的基本领域曾经被分为两个板块。其中比较有影响力的一大板块曾经是它的影视人类学（Ethnographic Film/Ethnographic Cinematography）部分[①]。这一部分是人类学跟19世纪初新兴的摄影术结合而成的一门学科。当时的人类学家们发现，随着西方殖民势力在欧、亚、非、美等地区的拓展、知识界内部人文科学的繁盛和西方霸权的强势冲击下，世界上很多地区的原住民或当代原始部族文明因西方势力工业化和殖民化拓展挤压而逐渐消失。许多原始部族的地方性古老的语言、习俗、文化仪式乃至非物质文化遗产等在急遽消亡。一些有良知的人类学家和人文学者意识到这种现象对于研究人类文明起源和发展的破坏会是致命性的。有鉴于此，他们发起了"文化救险"的运动。[②]

在这种"抢救濒临灭亡的文化遗产"活动中，广大人类学家纷纷走向世界不同的文化区域，进行详尽的田野调查和保护工作。他们往往跋涉到异族文化甚至远离"文明社会"的当代原始部族居住地，去深入了解并记录当地居民的语言、民俗、宗教、神话仪式和民间音乐舞蹈等风俗。对于某些原生态文化内容，当年的研究者们无法理解且无从研究。但可贵的是，他们尽量试图用人类学的文化志（用当地人的语言记述当地人的风俗信仰）描写手段进行原汁原味的记述，用以保存资料并留待未来研究者。[③]

在这种文化救险实践中，当时刚刚发明的摄影术乃至紧随其后出现的电影技术成了人类学家有效的记述工具。摄影术协助人类学家记录并保留了大量的原始视觉资料和素材，它们比抽象的笔记和仅用语言来描述的文化志要生动得多。这种辅助人类学家用视觉方式记录文明的手段和方法，被后来的史家追认为"影视人类学"的方法。但它并没有被

---

① Heider, Karl G., *Ethnographic film*, Austin: University of Texas Press 2007.
② J. Hester, "Primary Methods in Salvage Anthropology", *Anthropological Quarterly* 41. No. 3 Dam Anthropology: River Basin Research (Special Issue) 1968.
③ 王海龙：《欧美人类学电影发展史论》，《宁波大学学报》1995年第4期。

追认为是一种独立的学科,而被视为是一种"用影像来协助人类学研究的工具"。① 这种方式后来成了人类学家做田野工作的辅助传统而被广泛应用;它使用摄影手段来保存、研究和分析人类学资料。② 直到现在,用视觉手段保存文化志的"影视人类学"学科仍然是美国人类学学会组织下的一大学术分支。

这种影视人类学研究的方法后来又得到了拓展和理论升华,形成了这一学科的第二大板块即视觉人类学(Visual Anthropology)领域。这一领域大有后来居上的趋势,因为它的研究范畴涵盖了影视人类学内容,而且对之增加了更加深广的含义和理论探索。③

前面我们介绍了19世纪基于文化救险目的而生成的影视人类学。随着当代人类学理论对视觉和图像—符号研究的发展,这种深入田野工作场地对视觉资料的记录和研究仍然发挥着作用。但是,视觉人类学领域在近几十年间有了极大的拓展,它早已超出了田野工作和作为文化志记录辅助的影视资料搜集的范畴,并不仅仅局限于对影视图像素材研究。

在影视人类学研究的基础上,视觉人类学逐渐摆脱了仅为记录文化志工具角色的影视桎梏,而在与符号学、视觉思维及视觉认知结合,以及图像解读、人类视觉文化互动和人类语言学研究等领域获得了极大的发展。特别是在研究人类文明起源和破译史前人类视觉符码工作方面取得了令人瞩目的实绩。这种综合性的发展使得原来的"影视人类学"概念和定义已经不能囊括它的全部内容。自20世纪80年代开始,这门学科跟符号人类学、认知人类学和阐释人类学等理论结合而形成了一种新的、学术目标更为宏阔的学科——视觉人类学。④

---

① A. Hunter, David E. & Whitten, Phillip, *Encyclopedia of Anthropology*, "Photography as a Research Tool"; "Visual Anthropology", Harper & Row, Publishers, New York, 1976, pp. 16 - 18, 302, 401.
② 王海龙:《人类学电影》,上海文艺出版社2002年版,第24—26页。
③ 王海龙:《视觉人类学》,上海文艺出版社2007年版,第41—44页。
④ 王海龙:《视觉人类学新编》,上海文艺出版社2016年版,第3—6、43—94页。

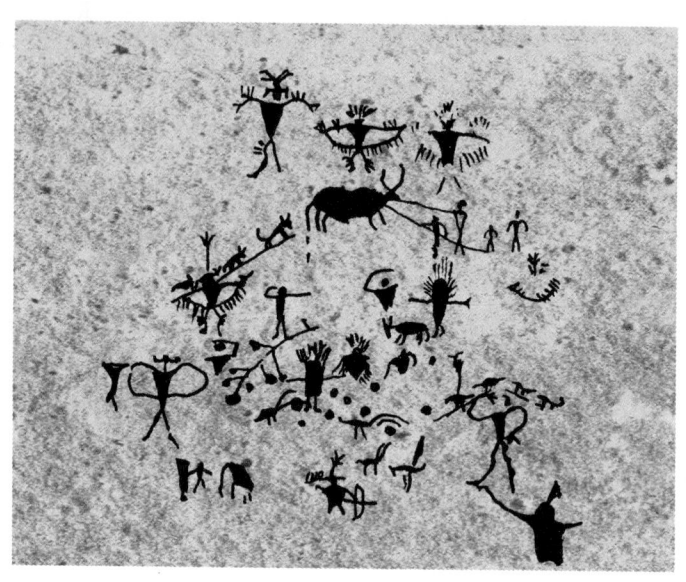

图1-1 视觉人类学涉及符号解码和破译人类文明相关的所有视觉资料和符号

图片来源：邓启耀主编《云南岩画艺术》，云南出版集团公司2004年版，第108页。

很显然，这种全新的视觉人类学的研究领域已经超越影视范围，它已然扩大到整个人类的视觉认知和视觉文化范畴了。它的内涵拓展到了从史前人类的视觉文化活动到研究今天电子和外太空时代的所有人类文明中跟视觉材料有关的领域。因此，自20世纪80年代起，关于视觉人类学的定义和概念也在不断更新、不断完形。

第二节　视觉人类学的疆域

视觉人类学作为一个正在发展而且尚未定型的学科，它的疆域和定义有一个发展的过程，视觉人类学的理论家们也在其发展过程中不断充实着它的理论探索。如果我们回溯这一概念的学术发展史就会发现，在最近二十年中，视觉人类学的定义和学科范畴仍在不断充实。这是一种很有趣的学术现象。

在其发展初期，影视人类学（摄影或人类学电影）曾经作为人类学田野研究或文化志记录的辅助，它自称是人类学或者应用人类学的一个分支。但是随着视觉人类学思想理论和实践的发展，近半个世纪以来它已经独立发展成了一门视觉认知的人类学理论学科。它不仅承担着记录工具的功能，而更是以其探讨视觉认知科学、破译人类文明符号、研究视知觉和全方位探索人类文明及其发展的态势出发，成了一种涵盖整个人类学科各个领域的新兴流派。

在这种全新定义下，视觉人类学已经不是传统人类学的一个附类或辅助图解的工具，它跟人类学本体的关系应该是平行的。视觉人类学与人类学的基本理念相辅相成，它与人类学的本体研究有着极为深刻的互为认知价值和启发意义。它应该是人类学研究文明的本体论和文化认知的核心理论支撑。

我们先具体论述一下视觉人类学跟传统人类学各学科之间的关系。我们认为，视觉人类学绝非人类学的附庸学科，而是分别在人类学各个分支学科中具有重要作用。视觉人类学其实在人类学的几个主要领域里都有渗透。

第一，在体质人类学中，研究早期动物和人类进化、人类的骨骼测量和对史前生物、生态进行比较时我们当然离不了视觉图像分析，研究并探讨摄影、摄像和各类视觉图像资料，这是技术层面来看。在比较研究领域，我们也要仰仗现代科技和上古实地考察及视觉资料立体发掘和还原等多方面证据来进行深入研究。

第二，在考古学和史前学中，更是离不开视觉人类学的参与。视觉人类学在收集史前资料、协助发掘和复原史前人类生活形态、还原人类生活模式及其文化、宗教、社会结构、形式方面功不可没；此外，从技术层面来看，它也在协助发掘和记录，忠实记载发掘实践和工作过程以及为未来储藏视觉资料等方面贡献卓著。

第三，在文化—社会人类学研究中，视觉人类学的重要作用自是不言而喻。田野工作、民族志的考察和实录、证据搜集等过程中，视觉人

图1-2 史前考古是发掘和阐释人类史前文明物证的科学

图片来源：Baring, Ann. & Cashford, Jules, *The Myth of the Goddess: Evolution of An Image*, Penguin Group, New York, 1991, p.146。

类学不啻是阐释和比较研究的利器，同时也是文化认知的理论推手。前面我们已详细论述，此不赘。

第四，在发掘和记录被称作当代原始部族人的文化和语言"活化石"的语言人类学研究等方面，视觉人类学也贡献颇大。自19世纪现代人类学意识到语言的认知意义以后，就开始注重对当代原始部族人语言的记录和保留。而在初始阶段，这种保留是被动的。人类学家试图用记音和录音的方式来储存活色生香的原始部族语言。但语言却是一个生境和人类行为完整的立体存现，当我们只是记住了语音和一般的声符而忽略了语言的文化内在语义基础，语言就成为脱离生命之树的一片干树叶，它不可能真正地再现出百鸟啁啾的原生态，这种标本性的、死的语言很难展现出它们在原来生活中的意义。

视觉人类学适时地补充了对人类语言保真和保鲜的要求。我们知道，人类学所要研究的语言对象大都是没有文字记载的原生态语言，自一百多年前起，这种语言几乎每日每时都在消亡。视觉人类学对人类语言研究最大的贡献在于它对于人类语言行为的情境即语境和"上下文"

图 1-3　史前刻痕有可能承载着人类文明的信息

图片来源：Miller, George A. *The Science of Words*, Scientific American Library, A Division of HPHLP, New York, 1996, p.54。

的视觉记录保留，使得人类学家得以在需要时充分破译情境及它们原始的语言符码的立体语境。

第五，而在应用人类学方面，视觉人类学在今天的意义更是自不待言。今日视觉人类学的发展范畴几乎涵盖了人类生活的各个方面。从影视、广告、美术、新闻、多媒体、建筑、服装设计到工农业、城市生活、生态学、美学，乃至医学、教育学、社会学和太空研究，人类的衣食住行等各个方面都凸显着视觉人类学的渗透力和非凡的影响力。

综上所述，视觉人类学的研究对象和涵盖领域在不断拓展。举其要者，近年来视觉人类学在综合研究人类文明起源方面影响和贡献最著。譬如说，它对研究人类语言形成和书写系统演化方面的成绩是有目共睹的。

在今天，人类学家除了可以用机器来记录人类语言交流、互动的表述以外，视觉人类学的另一个更大的功能是研究和破译原始的视觉符号以及上古人类的视觉符号，如刻痕、堆塑、岩壁画和其他形式的视觉表述，来还原古人的思维情境，并通过辨识和解释上古人类所使用和遗留下来的视觉符号、岩画、洞穴画以及器物、图案等来探索并破译上古世界人类的语言及视觉语言发生之谜和人类进化和文明的源头。这个意义应该说具有更深层次的视觉解码功能。

基于这样的一个宏观目的，我们认为，视觉人类学的定义应该是一个更加立体、宽广和开放领域。视觉人类学遵循的理念是"人类文化是通过可视性的系列的符号来展现的"。视觉人类学认为它的中心目的是展示文化的可视性，进而通过对这些视觉材料的分析、研究、破译和阐释来揭示人类文明进展的秘密，把文化研究的目的引向深入和广远。

图1-4 人类书写系统是最早由具象到抽象、图像符号慢慢转化而成的。现在历史遗址中保存的早期人类书写符号仍然可以昭示和追溯到这种原始形态

图片来源：王海龙摄于墨西哥奇琴伊察金字塔，2018年3月。

第三节 视觉人类学的广义狭义之分

基于学科史演进的原因，在中国学界似乎一直有着对视觉人类学的广义和狭义两种概念的分歧。这种分歧跟我们前述西方视觉人类学发展的两个阶段，即"影视人类学"和"视觉人类学"的最终理论拓展和定型的进程有关。虽然我们前面对此已经有过介绍，但若想深入探讨，还应该对这个话题进行一番必要的梳理。

视觉人类学有广义狭义之分在学术史上其实并不是件奇怪的事情。一门学科产生后，其会经过确立、发展、成长、理论拓展到完型等阶段，也会产生不断地演进和嬗变。视觉人类学的研究对象从一颗酝酿千年的人类表述形式的种子到近代摄影术发明后，它被唤醒而成为辅助视觉表述——书写的工具，再到它意识到自己独立存在的理论意义、摆脱文字而用视觉语言自觉书写，再到其发掘视觉认知和视觉表述与人类文明起源的关系而迴溯史前史的视觉文明，最后独立发展成为一门阐释和破译性的学科，其间经历了无数次嬗变和飞跃过程。在这行进过程中，每个驿站都记录了它的实绩，也集聚了不少实践者。

作为一门理论和实践相结合的学科，视觉人类学一直在探索寻路前行，但它也允许在其发展不同时期集结的"人脉"和"语脉"在各自领域里驻留并持续发展。这样，视觉人类学的历程就像一列不断前行的列车，它的终极目标是肯定的，但它前行路上有不同站点，而且每个乘客抑或实践者都有自己的预定目的地——有的乐意在自己择定的某个终点站驻留并延展自己的事业，而有的却要跟随列车奔向远方或更新的目标。

当然，下车的行者在驻留以后还可以选择再次乘车向前奔向更新的目的地；而每个具体站点和"远方"也随时呼唤着不同的新乘客和跋涉者。这样，在视觉人类学前行的路上就有了不少的坐标点，这些点在其整体前行的路途中的象限和脉络是清晰的。在学科史整体回顾的意义上，视觉人类学征程中有一个革命性意义的变革，就是从"影视人类学"向"视觉人类学"的飞跃。

百年回首，我们能够看出其理论发展脉络中的从初始"影视"向更宏观"视觉"发展的意义。从其发展完善的历程中，我们也可以清晰回溯这一学科直接发端自"摄影人类学"嬗替到"人类学电影""视觉人类学"的起讫点。于是，在学科史上就出现了其"狭义"和"广义"的区分。

总体来讲，不管是影视人类学还是后来的视觉人类学，它们研究人类视觉文化的总目标是不变的。所不同的是，影视人类学把自己的研究目标定在了摄影领域，其范畴和研究对象主要是影视资料。诚然，影视资料无疑是视觉人类学的重要内容，但如果把视觉人类学的疆域仅局限在摄影材料上，就有画地为牢和自我设限的遗憾了。

视觉人类学的学科理念虽然后起，可它的视野却要宏阔得多。它的研究内容当然包括前述影视部分，可研究对象却远不止于此。除了19世纪摄像术发明以来利用它作为工具而从事的大量文化志视觉资料搜集以外，在纵的时间轴上，视觉人类学延展了史的象限；它不把自己的视野仅局限在对当代原始部族文化的研究和田野工作记录，而把研究对象拓展到了史前史和整个人类文明的起讫期。此外，在横的辐射面上，它也把自己的研究视野拓展到了整个人类文明史的领域，甚至将其研究目标投射到了一些不完全属于人类物质文明的产品。

比如说，除了现实的人生社会，人类的生活和意识形态应该还包括一些虽然没有经过人类加工但折射着人类精神和愿望的自然事物，如山川、河流、巨石、日月等。这些事物在上古就被人类赋予了文化符号意义甚或精神投射，成了"人化了的自然"的种种物体，如人类原始信仰中的那些图腾（Totemism）对象、神化了的物质及它们所寄寓的人类的想象和物化产品等。这些视觉形象有可能是原始宗教、巫术、史前信仰的寄托和物化材料，因而它们也应该成为视觉人类学研究的内容。换言之，视觉人类学研究的对象包括了整个人类文明史上所有可视性的"有意味的形式"，它们应该与整个人类的视觉发展实践共始终。

上面这些广义上的视觉人类学的范畴和研究对象，很难被原来的影视人类学所囊括。而且在欧美，影视人类学的概念在今天渐被更加宏阔的视觉人类学所替代，因为后者是个更加拓展的领域，它已经将影视人类学包含在自己的学术领域和视野里面了。

在下面的章节里，我们还会详细梳理影视人类学跟视觉人类学的前世今生以及它们之间的演绎关系，并通过这种梳理，来使读者更好地理解视觉人类学发展过程中的视野拓展和理论淬炼的辩证关系。

第二章

视觉人类学与影视人类学理论渊源

第一节 视觉人类学的影视辉煌期

前面曾经述及,视觉人类学的前身缘起于人类学摄影和人类学电影(Ethnographical Photo Making/ Ethnographical Film)。那时候,摄影术作为一种新发明的科技工具,为人类学研究以及当时的人类学—民族志资料的收集和保存做了很多工作。

基于19世纪西方殖民化的加剧和对当时世界各大洲原生态文化及当代原始部族文化的侵蚀和毁灭,当时的人类学家认为最大限度地保存人类文化的多样性以避免它们被当时声势浩大的资本主义模式同化,是他们的首要任务。那时,世界上还保留着很多处于人类文化原始状态的史前文明部族。在世界交通和文明不发达时期,由于文化、地理和自然环境的阻隔,这些地区和处于原始状态部落的人依然生活在千万年前人类祖先生活的状态。他们呈现的生活甚至还处于"前文明"茹毛饮血、刀耕火种的阶段。人类学家称这些原始部族是研究人类文明萌芽期发展的参照系和"活的化石"。这些呈现史前文明状态的部族是人类学家从事比较研究,探索人类原始文明演进及人类社会发展的可靠参证物和视觉证据。

图 2-1 早期影视人类学力图用深入当代原始部族社区做田野工作和拍摄影视图像的方式抢救即将湮灭的文明形态

图片来源：Vivelo, Frank Robert. *Cultural Anthropology Handbook*: *A Basic Introduction*. McGraw-Hill Book Company, New York, 1978, p. 3; Coleman, Simon. & Watson, Helen. *An Introduction to Anthropology*. Chartwell Books, Inc. Secaucus, New Jersey, 1990, p. 51。

在当时，随着西方列强和资本主义殖民势力的介入，这些原始部族在迅疾消失。它们或被殖民者侵略屠戮和毁灭，或被改造、同化而逐渐土崩瓦解。那时，整个人类世界在迅速地向近代工业化社会"进化"。在这种过程中，帝国主义殖民浪潮自觉或不自觉地弥平并销毁这些人类进化过程中可贵的文化证据。有鉴于此，为了避免西方列强利用其政治和经济势力逼使世界上全部文化最终无奈地走向一体，并毁掉人类文明多样性发展的实证资料，当时一批有良知的文化人类学家呼吁反抗殖民主义和社会达尔文主义，强调要对世界各民族文化和文明物证资料进行统一地保存、整理和研究工作。

当然，那时的学者并没有像今天这样对世界多元文化的尊重意识，以及强调地球村是人类命运共同体的先进观念，他们凭着朴素的人道主义理想和文明探源的初衷号召学界和政治家尊重世界上不同的民族文化，重视不同文化的特点。人类学家本着学术探源的出发点呼吁对当时存留在地球上不同角落的原住民以及他们所记录、保留的种种人类文化形态资料进行研究和整理。这就是19世纪文化人类学得以发展和壮大

第二章 视觉人类学与影视人类学理论渊源

的大背景。

在这个运动的繁兴中,当年新发明的摄影术贡献良多,出足了风头。这种新科技被人类学家携带深入到田野工作场地和世界各个角落,用它独特的影像记录手段给我们保留的大量珍贵的视觉资料。在文化巨变、人类历史变革风起云涌的19世纪,整个世界文化格局发生了史无前例的变化。很多在这个地球上生存了数万年的文化形态因帝国主义殖民势力的强行介入而消亡了。而更多的原生文化形态因政治和经济等诸种原因或被逼或自愿被现代主义强势文化所改造、吞没或同化,造成了这些文化形态永久不可复见。而当时的文化人类学者利用影像工具所保存的当代原始部族的资料就成了最后的惊鸿一瞥,它们是当时"文化救险"运动实绩的物证。

综上所述,我们可以看出当时的影视技术作为人类学研究和记录的手段和工具在当年的确是躬逢其盛,而且它们也创出了不少实绩。那时的人类学家们普遍认为,对于当年资本主义势力影响世界并用侵略、殖民和工业化等手段快速抹平人类社会文化多样性的强大力量他们无法阻止,而且对人类历史上诸如文明起源、文化发展不同阶段以及人类文明嬗变等课题也一时无法得出结论和答案,而这些文明原型的案例和民族学证据(如一些当代原始部族的所谓"蛮荒"部落、文化遗址、考古现场和史前生态种群等)却在不可避免地被摧毁和消逝。对这些宏大话题,他们不可能在短期内通过书斋研究得出结论。他们能做的,就是赶快走出书斋、奔往田野去"救险"、抢救性地记录并保存这些资料——哪怕面对他们一时无法研究或无解的问题,至少他们应该将这些资料保存下来留待后人研究并寻找答案。这就是文化救险运动和当年影视人类学兴起的根源。[①] 当时刚刚发明的摄影术有力地帮助了他们,使他们得以除了用文字外,还用影像等生动形象的视觉形式记录下来了很多濒临灭绝、现在已经永不可复见的人类文明资料。

---

① 王海龙:《视觉人类学新编》,上海文艺出版社2016年版,第4—6页。

通过上面的回顾，我们可以看出，影视人类学发展的这条线索基本上是明晰的，它就是记录和研究的助力，属于应用人类学或者是人类学应用某种工具来完成其研究目的的一种尝试。在一般西方人类学工具书中，早期关于影视人类学的定义也大都是这样界定的。

基于此，早期人类学电影的任务很简单，它们几乎就是纪录片。最早的人类学摄影或人类学电影的基本功能就是把这些即将消亡的民族和其文化影像资料尽量地拍摄下来，以补足仅仅用文字抽象性描写的不足。这时候的人类学摄影和人类学电影基本上是民族志描写的图说和注解。①

第二节　视觉人类学的理论拓展期

随着影视人类学资料的积累和丰富，它对人类学研究和视野的拓展有了能动性的启迪。在这个基础上，人类学家们开始超越了影视的思考，把着力点引入了"视觉"认知、视觉思维在人类文明中的作用和意义等纵深课题。

后来兴起的这种新思维暨视觉人类学思想在其开始时与影视人类学在理念和方法上有其不同，但也有着内在的关联。它肇基于影视人类学，但却不局限于影视人类学，而是在目的、视野和理论方法上都跟影视人类学有了质的飞跃。让我们来回溯一下：视觉人类学和影视人类学在其肇始阶段，它们在定义上有过一段混沌期。那时候，视觉人类学的观念在朦胧形成，其定义和视野还有些模糊，因此在较早的提及这些话题的欧美工具书上，这两种术语常常混用。②

比如说，1976 年在美国出版的《人类学百科全书》里干脆把"视觉人类学"词条的定义解释转到了"作为研究工具的摄影术"同一个

---

① 1）王海龙：《人类学电影》，上海文艺出版社 2002 年版，第 1—6 页；2）John Hewitt, *Documentary Filmmaking: A Contemporary Field Guide*, New York: Oxford University Press, 2014.

② 1）Beylie C. Review of Rouch, *Les fils de l'eau. Cahiers du Cinéma*, 1959（91），pp. 66 – 67；2）Heider K. G., *Ethnographic film*; University of Texas Press, 1976, pp. 3 – 11.

词条的义项里，而且对它的解释是"应用电影手段从事文化人类学研究，也叫作人类学的摄影术（Ethnographic Cinematography）"。① 显然，这里虽然使用了视觉人类学的概念，但在其定义上还是将它跟影视人类学或者人类学电影混为一体。

图 2-2 视觉人类学的视野在不断拓展，它关心跟文明演进的所有文化形态和符号

图片来源：Miller, George A. *The Science of Words*, Scientific American Library, A Division of HPHLP, New York, 1996, p. 47。

直到1986年出版的《人类学辞典》上，才第一次真正出现了区分影视人类学和视觉人类学的不同词条。它对人类学电影的解释是"在田野工作中运用电影作为手段和工具，是向公众传播和介绍人类学的一种教育手段"。② 而对视觉人类学的解释却有了新的进步，在这里给它

---

① Hunter D E, Whitten P., *Encyclopedia of anthropology*, New York: Harper & Row, 1976, pp. 170-171.

② Charlotte Seymour-Smith, *Dictionary of anthropology*, New Jersey: G. K. Hall & Co. Totowa, 1986, p. 98.

的定义是:"视觉人类学是人类学学科中较新的一个领域,它专注于对人类行为的可视形象的多维度、全方位的研究。同时,它旨在推动对日益繁复的视觉资料的人类学开发、教学和文化互动的发展研究。视觉人类学是一个综合领域,它包括三个方面。第一,艺术人类学,即在人类学研究中如何应用照相术和人类学电影等手段;第二,研究在人在社会—文化互动中的空间应用关系;第三,探讨跨文化视野中的视觉符号概念之意蕴等等"。①

这本工具书里已经明确地指出了视觉人类学与影视人类学的不同,而且这种不同具有原则性意义。也就是说,作者在这里鲜明地强调了视觉人类学的出发点、领域和研究方法绝不仅限于电影和摄影术,而涉及到了对"人类行为的可视形象"的研究。同时,它也强调了视觉人类学的视野包括人与文化互动的空间研究,以及"跨文化视野中的视觉符号概念之意蕴"等等。显而易见,视觉人类学的这一领域扩大,无疑加强了其符号学和阐释学的理论色彩。在这里,它已经跳脱出了作为影视等专注于形象记录和表现工具的窠臼,而走向了认知科学及阐释学发展的新路。

其后,视觉人类学的发展进入了突飞猛进时期。它已经不仅止于进行理论构建,而且热衷于运用理论实践去探讨并解决人类学研究的实际问题。

在上述定义出现十年后出版的《文化人类学百科全书》中,视觉人类学的理论家杰伊·卢比用了很大篇幅来界定和描写视觉人类学的新定义和它的范畴。他认为,"视觉人类学的研究对象在逻辑上涵盖着'人类文化是通过可视性的系列的符号来展现的'这个理念的范畴。这种可视性的符号隐埋在人体的姿势、典礼、仪式和在各种自然的或人为设计好的情境下展示出来的人工制品上。文化是由那些可以用线条、服装、道具和情境背景情节展示的由各色男女演员表演的剧情孕育和构成

---

① Charlotte Seymour-Smith, *Dictionary of anthropology*, New Jersey: G. K. Hall & Co. Totowa, 1986, pp. 264-266.

的。它可以自己昭示自己。文化本身就是一个由参与者本人介入的情境和立体的全部。设若我们承认人们能够看得见文化，那么研究者们就能够借助录音录像技术去摄取和保存它们作为可以修复的资料来分析和重复呈现"。①（着重号为笔者加）

再往后，视觉人类学作为一种文化人类学异军突起的代表开始被广受注重。同时，它也以其大量的研究实绩建树了很多成就，一时成为一种人类学研究的前沿学科。在这种情形下，视觉人类学又迎来了它的比较新近的定义。近年来比较有影响的视觉人类学家圭因迪对它是这样解释的：

> 视觉人类学是"对人类（有时候甚至是非人类的）行为—运动、人际空间关系以及与之关联的身体交流的运动形式（如姿态、情绪、舞蹈、姿态语和手语等）的研究；同时也是对文化的各类视觉形态包括建筑及各类手工艺的物质材料的研究。它的研究范畴也包括对视听媒体材料的应用；包括对静态的摄影、电影、摄像和人工绘制的各种各样的形象内容的研究；比如录制的人类学资料，考古学资料和其他形式的人类学素材等等。它研究文化的形式如何可以在人类学资料里被图像化地展示，从而拓展我们仅仅根据有记忆的文化（有文字记载的成文史——笔者注）来研究文明的视野。它是一种将本土的、专业化的和业余的图像化—视听化的素材共同熔铸成一种个人化、社会化和意识形态化的前后文背景下的文化研究。"②

基于我们前面的回顾和总体性比较，我们可以得出这样的结论：视

---

① Ruby J., "Visual Anthropology". in *Encyclopedia of Cultural Anthropology*, New York: Henry Holt and Company, 1996, p.1345.

② Fadwa El Guindi, *Visual Anthropology: Essential Method and Theory*, "Preface, ix–xii" A Division of Rowman & Littlefield Publisher, 2004.

觉人类学作为文化人类学的一门异军突起的学科，它的学科史虽然看似年轻，但它的发源却绝不囿于摄影术发明以来的简短历史。同时，它的学术目的也不限于影视领域，而是一门拓展到了对"人类一切的可视性的文化符号"进行研究和诠释的科学。

视觉人类学的目的在于注重运用视觉手段来记录文化、阐释文化。它早期发端于抢救原始文化遗存"活化石"的"文化救险"运动。[①]继而，它不满足其原始的记录和文献功能，而志在深化人类学理论研究、协助田野工作；因此在激活当代理论人类学发展上，它起到了突出的作用。

其后，视觉人类学在不断地、能动性地推陈出新，并在襄助当代人类学革命中做出了杰出的贡献。在其近期发展中，视觉人类学正在同认知人类学、表现主义、行为主义人类学理论、心理人类学和符号人类学理念结合在一起，引导并影响着思维革命。它在今天的哲学符号学、后结构主义理论，在艺术人类学和心理学、电影、绘画、雕塑、建筑等领域正持续产生着深远的影响。

有鉴于此，笔者认为，视觉人类学的正确定义应该是：

> 视觉人类学是用图像和符号研读和破译方法来研究并阐释人类文明和文化的学科。它以视觉材料作为分析的基础，试图用文化发生和文化起源学、符号学的内容来破译人类的文化；视觉人类学用视觉思维和阐释人类学的理论来论证人类文化的生成和发展，用比较行为学的类比分析方法和心理学还原理念来重新审视和追溯人类文明的发达史。
>
> 视觉人类学研究的视野渊源于关注及探讨上古人类制造的所有视觉物质材料（包括原始记号—符号、绘画、雕刻、堆塑、废墟、文化场所遗迹、原始建筑以及所有物化了的视觉证据）和其昭示、

---

① Calhoun, Craig J., "Salvage ethnography", *Dictionary of the Social Science*, New York: Oxford University Press, 2002, p. 424.

传承的人类仪式化活动。其后,它以人类的绘画、符号记录乃至于后来的人类书写系统——文字渊源滥觞作为研究对象,从结构和符号学的理念来破译、阐释人类文化的发生发展。19世纪以降照相术和摄影术的发明给视觉人类学灌注了新的生命,从而把视觉人类学的研究推向了促进人类学发展、有利于人类学研究记录和保存资料、向大众普及人类学知识及走向媒体等多维方向,进而把人类学研究推向了更加深远的层面。

视觉人类学是总体人类学研究的助推器,它不仅是一个记录和实践性的科学,它同时也提供方法论。视觉人类学昭示并启迪着文化研究者用立体和宏观比较、类比和平行研究的方法去探讨文化研究的全新和未知的领域。[1]

第三节 从影视人类学到视觉人类学的嬗变

从上面的历史回顾和分析中,我们可以看出,"影视人类学"跟"视觉人类学"有关联,但二者间却有质的变化和根本的不同。在从影视人类学向视觉人类学的嬗变过程中,它经历了从一种研究方法或工具转为指导研究的方法论和元理论的飞跃。

那么,近年来国内学界为什么会出现关于视觉人类学和影视人类学这两个名词术语定义问题上的争议和纠缠呢?其实这正反映出学界对这门学科认识和理念上侧重点的不同。总的来看,学界对这门学科的认识是各有取舍的。在引进这一学科的早期,相关学者或关注其影视人类学部分(如上节所述,这门学科本身在其发展过程中的确曾有过影视人类学出现早、并曾是这门学科发展主流的情况),但在近卅年西方视觉人类学迈向纵深和前沿发展阶段时,倘若我们却仍停留在初始的影视人类学阶段,将是一个不小的遗憾。

---

[1] 王海龙:《视觉人类学新编》第一章第一节"视觉人类学的定义",上海文艺出版社2016年版,第5—6页。

对这个问题，我的看法是，我们必须有一个明确的学科术语界定，必须正本清源、廓清这门学科的发展史，从而给"影视人类学"和"视觉人类学"正名。

正名的原则应最好是二分法。从学科史的发展上我们无疑可以看出二者的关系；而更重要的是，我们必须明白，"影视"人类学其实只是"视觉人类学"的一个部分，它从属于视觉人类学的总目标。因为视觉人类学的范畴、方法和目的远远超越了前者的内涵；它囊括了影视人类学的全部——虽然影视人类学曾经是这门学科早期发展的主流。

从影视人类学跃升到视觉人类学，这门学科不只是名称变化了，它的任务和实绩也有了很大的不同。"影视"顾名思义是用电影和电视等图像来展现、研究和发掘，它多是一种工具或呈现方式；而"视觉"的范畴则大多了。它无远弗届，囊括了整个宇宙和人类社会的方方面面。从"影视"和"视觉"这两个定语所指称的范围看，二者的不同不只是视角方法论的不同，而是理念和出发点的不同。

影视人类学的领域是影、视和它的产物，而"视觉"囊括着整个视界。放到人类学的话题上，它关注的是整个人类文化和文明的视觉呈现。诚然，在早期影视人类学发展中，它用镜头记录并保存了大量人类文明的记录和宝贵史料；但在这个基础上发展的视觉人类学则更拓宽了视野。它不局限于用镜头表现出来的文明记录，而是将研究范围拓展，投射向了在人类文明生成各个阶段产生的人类视觉材料和物证，并对所有文明证据进行视觉研究和诠释。

如果说，当年影视人类学催生于"文化救险"和抢救文化"活化石"暨当代原始部族记录的呼唤，那后起的视觉人类学则把其视阈投向了整个人类文明发展的疆域。如果说影视人类学的书写工具是镜头和摄影机，那视觉人类学的书写工具则包括了从旧石器—新石器到今天的电脑虚拟技术和射电望远镜摄影等全部科技手段；它的研究对象也扩展到了人化了的所有文明痕迹和从史前文明到眼下人类的太空探索，甚至包括未曾被人类改造或触及，但被人类用视觉化手段和符号化形式表现出寄托和寓意的所有自然物。①

视觉人类学的疆域为什么扩大了呢？其理论推导和提升当然有线索可循。既然文化是可视的，这种"视"就肯定不必局限在摄影术发明以后的"视"和对这种"视"的记录。同样的推理我们可以证明，对这种视觉资料的研究当然可以追溯到其与整个人类共存的时代甚至人前时代。

美国视觉人类学学会一直在致力于视觉人类学的理论发展与更新。早在21世纪初它就在其机关刊物《视觉人类学评论》中声称，视觉人类学的研究领域已经超越了传统的影视人类学范畴。除了这个传统领域，它还应该包括"对人类（有时候甚至是非人类的）行为—运动、人际空间关系以及与之关联的身体交流的运动形式（如姿态、情绪、舞蹈、姿态语和手语等）的研究；同时对文化的各类视觉形态包括建筑及各类手工艺的物质材料的研究。它的研究范畴也包括对视听媒体材料的应用；包括对静态的摄影、电影、摄像和人工绘制的各种各样的形象内容的研究；比如录制的人类学资料，考古学资料和其他形式的人类学素材等等。视觉人类学研究文化的形式如何可以在人类学资料里被图像化地展示，从而拓展我们仅仅根据有记忆的文化（即有文字记载的成文史——译者注）来研究文明的视野。它是一种将本土的、专业化的和业余的图像化—视听化的素材共同熔铸成一种个人化、社会化和意识形态化的前后文背景下的文化研究。"②

在这个基础上，视觉人类学渐次拓展到不仅开发和研究影视材料，也研究人类制造的和跟人类文明有关的所有视觉材料。这里面的推理其实很简单，既然影视产品可以作为合格的研究对象，那么，所有别的造型或制造形象的工具所制造出的视觉产品一定同样可以符合这个资

---

① 王海龙：《读图时代：视觉人类学语法和解密》，上海世纪出版集团出版社2013年版，第78—109页。
② Fadwa El Guindi, *Visual Anthropology: Essential Method and Theory*, "Preface, ix – xii", A Division of Rowman & Littlefield Publisher, 2004.

格——它们间的不同并不是内容的不同，而是记录工具和创造视觉产品工具的不同而已。

影视和摄像的"写作"是镜头，而人类文明史甚至史前社会其他的视觉产品的记录和"写作"用的工具同样重要。这些工具应该包括最早用燧石、用原始契刻—堆塑和人类发明笔以后其他一切记录手段所呈现的人类文明史的全部视觉证据。以这个前提为出发点，视觉人类学家圭因迪声称："我们可以在这里申明，视觉人类学全然不是缘起于现代科技的发展而是缘起于人类的进化过程中（甚至可以追溯到人前时代）用图像化的方式来表现他们的所思所历；它缘起于工具的发展进步，缘起于视觉理论的实验，它涵盖了从其滥觞直至现代的视觉科技时代。"①

在这种意义上，我们可以看出视觉人类学发生和发展的一个有趣的线索，那就是在19世纪现代摄影术发明时，它曾经利用摄影术的技术优势为人类学研究做出过令人瞩目的贡献。在那时候，仅仅用文字书写的民族志来描写当时的当代原始部族和田野资料似乎不足以立体呈现并保留那些原始部落"活化石"资料。人们开始寻求用影像记录手段来保留这些濒临灭亡的视觉人类学资料。在这种意义上，影视的助阵是文字书写的延伸。除了用笔来记录和写作以外，人类学家开始用照相机、用镜头来补足仅仅用笔描写的不足。

这种形式曾有力地用影像和视觉形象来配合文字（请注意，这里并不是代替文字）或辅助文字更好地保留并展示活色生香的原始文化和人类文明的痕迹。

从用笔写到用镜头写，人类经历了几千年甚或几万年的努力。但是，考察人类文明史或者人类认知的历史，我们会发现，在人类试图记录文明、薪传文明的努力过程中，我们的祖先最早经历的却是一条与文字相逆向的艰难历程：人类所有的文明努力都是先从用最稚拙的图、用形象的形式来呈现，最后才一步步艰难地抽象成文字的。文字是人类文

---

① Fadwa El Guindi, *Visual Anthropology: Essential Method and Theory*, "Preface, ix – xii", A Division of Rowman & Littlefield Publisher, 2004.

明发展的最后，或可以称之为最高级阶段。有了文字，人类才有了历史。所以，人类社会一切的历史都是从"成文史"（Written History）开始计入史册的。①

我们稍微涉猎一下人类文明发展史，就会得知在上古人类进化历程中，人类文明最早的记录痕迹显然是图画先于文字。但是，在有了文字的几千年后人类发明了摄影术，把视觉展示提升到了一个更高的层次以图文并茂的方式呈现文明。可是，不要忘了，在漫长的人类演进和文明史过程中，我们人类的祖先的所有文明努力是由图到文，由最原始的契刻、稚拙的刻痕、洞穴画、岩壁画、堆塑、原始雕塑、结绳记事、简单的图形记事和绘图记事最后经过成千上万年慢慢演变、进化而变成抽象化的文字，最后才出现原始字母和原始拼音，出现了形旁和声旁以及形声造字系统而发展成文字的。

考索文字形成的艰难又筚路蓝缕的历程，我们可知史前时代从图到文的艰辛。这里从图到文走的是一个图到具象到抽象的过程，这里面包含了人类的认知过程和思维、认识论的进化过程。从写实到写意最后再变为纯粹抽象的符号，这里面有一种人类由原始的形象（具象）思维到抽象思维的进化过程的飞跃。可以想见，人类最早的思维形式应该是形象思维的。而随着人类的思维由视觉或可视形象能够转化为抽象认知和抽象思维，那么文字的形成就出现曙光了。由此，我们可以看出人类最早的表达方式是视觉的，这些视觉表达是我们今天视觉人类学要研究的珍贵资料和推理的基础。

原始视觉资料的缘起最早应该是单一图形，其后有了图形的组合，再其后出现组合链或者构思和构图。这些构图就是原始人类的语素、词汇、短语、句子和语段；最后形成视觉的文章和系列的长篇的视觉表述。

这样视觉表述的历史是漫长的。它说起来容易，但在实际演化中应

---

① McCall, Daniel F.; Struever, Stuart; Van Der Merwe, Nicolaas J.; Roe, Derek (1973), "Prehistory as a Kind of History", *The Journal of Interdisciplinary History.* 3 (4), pp. 733–739.

该是经历了无数万年的时光。这种演化痕迹我们今天仍然可以在上古洞穴的岩壁画、各种堆塑和雕塑、原始契刻中发现。这种发现也能从作为"活化石"遗存的当代原始部族的视觉资料中得到佐证，而且甚至能在一些人类原始文物的遗存（如原始陶器、祭器、骨器、契刻、墓葬、纪念碑、原始织物和流传于民间习俗的纺织品、原始手工艺品等）甚至图腾柱、挂毯等等民间祭祀物品中的原始图案遗迹中发现。①

图 2-3　动物比较行为学也能给人类学者研究文明起源很多启发

图片来源：Howard, Michael C. & Dunaif-Hattis, Janet, *Anthropology: Understanding Human Adaptation*, HarperCollins Publishers, New York, 1992, p. 78。

因此，我们不应该忽略，上古的和当代原始部落这些视觉资料是我们研究人类文明史发源的最宝贵、最直接的证据链和资料。它们不只是一些看似随意的刻划、涂抹和堆砌，它们的内容其实是有完整的原始情节和内涵的。这些看似稚拙的图形、刻划图案和形象里埋藏着古人的思想和意识以及他们的表述。这些原始视觉资料里有构思、有编码甚至有

---

①　邓启耀：《非文字书写的文化史：视觉人类学论稿》，第一章，第五、六章，第十一、十二章，商务印书馆 2019 年版。

公式和语法系统。这种"语法"是古人的原始视觉语法。我们今天尚不能理解和解读它们，是因为我们没能掌握和破译、读懂这些视觉资料的解题手段。它们的视觉语义内涵应该是有迹可循的。

所以，我们视觉人类学的一个重要工作就是要还原这些视觉资料和图形、图像的原始意蕴，从而破解它们。我们要解码、研究并分析这些上古人类的表述、他们的意识形态及所思所想，在这样的基础上更深刻地理解上古文化和史前史。

怎样才能理解这些看似粗拙幼稚好像毫无章法但蕴含着原始先民思想意识的原始契刻、图案和混乱的图形呢？

文化人类学理论给我们提供了不少寻找这类答案的方法和阐释途径。最近半个多世纪以来，人类学家们也尝试了不少的手段来破译和解析这些原始视觉资料。他们用平行研究、认知研究、模拟研究等理论来审视远古的文化遗存；甚至采用动物比较行为学、灵长类研究和体质人类学、化石学等综合手法来比较灵长类动物和早期人类行为以及它/他们如何表达——表述方式等等。

此外，人类学家还比较研究儿童绘画、原始人的绘画乃至精神病人和某种因失忆或精神受创的个案的绘画作品，来模拟、还原和试图理解并阐释人类早期视觉资料里埋藏的认知—心理文化信息。近年来这种研究也取得了不小的进展。[①]

很显然，前述这些全新的视觉人类学的研究领域已经不限于影视范围，而是扩大到了整个人类的视觉认知和视觉文化范畴了。视觉人类学的内涵拓展到了从史前人类的视觉文化活动到研究今天电子和外太空时代的所有人类文明中跟视觉材料有关的范畴。因此，从20世纪80年代起，关于视觉人类学的定义和概念也在不断更新。

譬如说，2020年新版的《大不列颠百科全书》中对视觉人类学的定义就开宗明义地认为："视觉人类学既是通过视觉媒介进行实践的人

---

① Otto Billig & B. G. Burton-Bradley, *The Painted Message*, Schenkman Publishing Company, John Willy & Sons, 1978, pp. 27–31, 201–205.

类学，又是研究文化和社会之视觉现象的一种科学。"① 而比它稍早的人类学工具书上则认为："视觉人类学是在一种更宏观人类学视野上的一个更宽广和更流行的研究范畴。视觉人类学家专注于文化在视觉呈现上的方方面面，比如艺术和其媒介物等。而且，它也关心人类学的资料是如何用视觉的形式来呈现的。"②

瞧，这些定义哪还像先前影视人类学定义那样仅只把其视野放在影视材料及其相关领域那儿的影子？视觉人类学的新概念早已拓展到了与人类发展进化和人类文明共始终的所有的视觉内容上了。

其实，视觉人类学作为一个正在发展而且尚未定型的学科，它的范畴和概念是有一个逐步完形的过程的。而且视觉人类学的理论家们也在它的发展过程中不断充实着它的理论意义。如果我们回溯这一概念的学术发展史，我们会发现，在最近几十年中，视觉人类学的定义和学科范畴仍在不断地发展和充实着。这是一种很有趣的学术现象。

第四节　视觉人类学的理论渊源和其史前史

人类自远古甚至史前时期就有表达自己和传承文明经验的愿望。在人类发明文字之前，这些薪传文明的记录形式大多是用简单图形、图案和图画的样式。它们比较稚拙。上古人采用这类形象式表达的便利之处在于其随形记事或赋物。发明文字以前，模拟图形来记事形式简单几乎人人可为。而且在初民社会里，人们大多也都是这样做的。

原始人用简单画图来表达的好处是方便，但其弱点也是显而易见的。因为图画的随意性强而且即时性强，它们往往是针对特殊暨具体情形而作的。在事发现场它们的指示意义很明确，但脱离了具体上下文情

---

① "Visual Anthropology", *Encyclopedia Britannica*, Viking Penguin, a division of Penguin Books, USA Inc. 2020.

② "Visual Anthropology", the definition of. In Explorable.com (Aug. 11, 2015), Retrieved Aug. 09, 2020 from Explorable.com, https://explorable.com/visual-anthropology.

境（Context）人们往往就很难理解它们的意思了。因此，对原始视觉材料的理解往往需要模拟并植入其特别的上下文环境，没有特定的具体语境就很难理解它们的原意。

比如说，一个简单的三角形或者圆形在不同情境和事件背景的上下文中它们所表述的意义可能完全不同。我们破译原始视觉符号语言时遇到的另一种困难是由于古人的绘图表达能力毕竟有限，他们经常重复使用相同的图形来表达不同的意思。这样，他们使用的图形和图案往往代表着很多叠加意义或承载着很多的功能。在不同的情形下它们的意思会有不同甚或相反。这样，后人诠释和理解它们往往就更难。

这有点像是语言学和词语训诂研究中在不同语义环境中理解一个词的情形：设若这个词的原始定义非常多，在使用这个词时人们对它的理解要看其上下文，即在不同语境和语用环境排列组合时它所表述的意思，才能确定它真正的语义。这种语义判定往往非常难辨，所以我们现在有一种专门的科学语源学来对一些难词的释义进行比较研究，以便探索追溯这个词的所有原始定义，才能真正辨析和理解它。

我们可以设想，对一个高度抽象了的、并且其指向性相对明确了的书写词汇（这是人类形成抽象化能力而且具备了用语言表述智慧以后）的破译和释读今天尚存在着这么多的无解和误区，那么对于无法界定其原始义的上古图形或图案符号，视觉人类学想做这类的诠释工作所面临的将是一种何等样的艰难——因为除了上古创造它们的当事人或其原始作者，有时候甚至几乎没人能猜出并界定这些原始图形的真正涵义。破译原始视觉资料是个非常艰辛的工作，图形和视觉形象的破译往往步履维艰甚或误释误解。这种现象，直到后来人类书写系统暨文字发明和形成以后才能慢慢缓解，因为文字的指示义比起图形和符号来是明确多了。

其实，即使文字产生以后，其释义和解码的难度仍然不小。对后人而言，解读上古文字并诠释它们的含义仍然是个不小的挑战。比如19世纪以来古埃及学者对埃及象形文字的释读、理解以及中国考古学界和甲骨学者对中国上古甲骨文字的解析等,在今天仍然面临着不少的破译和理解的问题。①

让我们仍然回到视觉阐释的话题,它的领域仍然是远古视觉图像和图案的诠释课题。不管这条破译和解码的路途有多么艰难,它仍然应该有迹可循。视觉人类学认为,无论原始图像和图形是多么粗糙,它们毕竟是符号,是有意味的形式和对人类文明记录的尝试。既然是记录,它就有思路、有规律可循。如前所述,原始符号和表述有构思有组合,它们是编码;是编码,就应有着解码的可能性。若想解码,这里需要认知理论的指导和阐释学的帮助。

我们应该知道,用视觉形式做记录的尝试是人类的文明自觉。这是非常重要的一步。上古人类不管是用图形,还是用刻划和其他任何手段(颜色、痕迹、造型、堆塑、摆设……)来记录,都是一种革命性的文明飞跃。这样的视觉记录的规律从原始的记号到标示,再到写实性的描绘、模仿,逐渐形成抽象性的图案,最后再发展到象征、用局部和具象的特征来代替全部和主体的抽象形式,直至出现飞跃性的发展而变为符号,最后形成高度抽象化的文字而叩响人类成文史文明的大门。

在人类文明的黎明阶段,这些从视觉的图进化到抽象符号、再到书写系统的文字的历程是异常缓慢的,大约经历了无数万年。因此,释读和解释这些视觉形象—符号的重要性就成了研究漫长人类史前文明解码的基本性的工作。进行这种视觉思维的重构工作,我们就用得着认知人类学和阐释人类学的破译和确立文化描写意义的理论指导了。

---

① 王海龙:《人类学与甲骨学》,《宁波大学学报》1990 年第 1 期。

第三章

视觉人类学与影视人类学理论流变

第一节 古典阐释学启迪

在视觉人类学理论发展史上,有哪些思想渊源给它提供过营养而成为它健全理论视野的武库呢?视觉人类学又是怎样解决破译携带上古人类文明信息的视觉符号和文明符码的材源这一课题的呢?在这里,我们有必要追溯一下作为其理论支柱的阐释学根基。

我们知道,视觉人类学对视觉语义的研究和解码理论的发达在很多方面都得益于符号人类学和阐释人类学的理念。而阐释人类学的理论雏形我们可以追溯到更加深广的来源和学理支撑。从理论渊源来说,它跟源自古代的语源学—释经学并和中世纪以来的阐释学有一定的关系。

阐释学(Hermeneutics)的词根最早可以追索到古希腊神话(Hermes),它寓意希腊信使神赫尔墨斯可以传达、转译并解释众神的旨意给世人。但神意往往神秘晦涩难懂而且似是而非,为了能够通达无误地知悉神旨,因此有对它们诠释的必要,由是产生了阐释之学。阐释学非常重视语言内蕴和其脉络之间象征和寓意的梳理和揭示。它在古典时代和中世纪被广泛运用于神学、文学和法学领域;也被用来解释圣经、古代典籍和各种法典等。阐释学非常强调寓意的发掘并注重文本的分析,这些方法对后来的哲学和人类学都很有启发。

除了分析典籍和经典材料，阐释学也对艺术研究有过深远影响。它在研究艺术作品时也强调对它们寓意的解释和象征义的探索。阐释学强调艺术真理的本体论地位，认为审美理解就是对艺术真理的理解。这种理解也被引申为对世界本体存在的理解。但阐释学往往强调一种形而上的神秘解释，认为艺术品作为审美理解的对象即一种艺术跟我们的交流，此乃一种神秘的亲近，让我们跟艺术融为一体来观照它们。同时，人们也能不断从艺术品中感受到自己的存在并观照自己。

传统的阐释学往往喜欢选取象征性和寓意性比较强的对象来进行解析和阐释，浓缩了情感表述的艺术品自然成了它们的研究对象。古代的艺术品大多亦可被看作充满视觉寓意和符号化的产品，因此这种古典阐释学对后来的视觉人类学研究深富启发义。譬如说，艺术为什么重要？因为它们以符号化的形式承载着文化。阐释学认为，在艺术阐释中，本体的意义和发现是无止境的，而审美理解实质上就是艺术品和阐释者、观赏者之间的一种不间断的对话，是存在之意义的不断揭示；因此阐释的意义也是无穷尽的。

阐释学后来发展成了对富象征义文本之意义的理解（Understanding）或诠释（Interpretation）的理论或哲学。[①] 因为这些"意义"经常有歧义和不同理解，因此它须透过理论诠释和分析来把握其文本或艺术品的涵义。阐释学因之成为探究理解和概念的形成以及如何实践理解之科学的一种理论。阐释学其后的发展，根据其对"理解"的探索过程和其着重点的不同，又被分为传统阐释学、近代阐释学和当代阐释学三个阶段。

虽然早期阐释学如同释经学是对古代经典的研究，但它的方法论以及它对艺术哲学理念和分析的见解对后来的阐释人类学深具启发性。尽管后起的视觉人类学的阐释对象是文字产生前史前史的世界，它的任务

[①] ［美］克劳福德·吉尔兹：《地方性知识：阐释人类学文集》，王海龙、张家瑄译，中央编译出版社2002年版，第121—158页。

远远难于文字产生后的释经和语义探讨——但是上述方法的借鉴和启发性仍然可以让我们将阐释学作为视觉解码和视觉人类学理论溯源的一个滥觞基础。它对后起的视觉人类学有着不容置疑的影响。

第二节 从阐释学到人类学的过渡

古典阐释学对后来的阐释人类学和视觉人类学的分析理念很有启迪。这个学派对后世人类学影响深远的学者最早有圣奥古斯丁（Augustine of Hippo，354－430），他在神学哲学和释经学上贡献良多；特别是在形而上的思辨如三一论、感官认知、神秘主义哲学和新认知论等方面，他对后世阐释学派有深远启迪和影响。[①]

对人类学阐释理念形成有直接影响的思想家当属德国神学家和哲学家施莱艾尔马赫（Friedrich E. Schleiermacher，1768－1834）。施莱艾尔马赫开创了圣经阐释批评学。他阐发了在深层意义上对圣经文本的能动性主观诠释化理解而不仅仅泥滞于其字面义。他有机地把对本文的理解划分为两个部分。[②] 即第一，对书写材料的语法学意义上的理解——从语义学本源去探讨字、词、句、章，对本文进行解码式的研究；第二，施氏在此强调一种心理感知性的理解（Psychological Feeling/Understanding）。这种理解允许阐释者从跨文化、跨历史乃至超验的本质方面去阐释文本叙述的本质。施氏在其论说中已经提出：不同文本、不同文化中阻隔作者和读者（或可被理解成创造者和阐释者）间的历史距离（亦可以是"文化"的距离）只能通过批判性地阐释和再置来加以克服。[③] 他的这种界说是十分精辟且具启发意义的，它在方法学上对阐释人类学

[①] Woo, B. Hoon, "Augustine's Hermeneutics and Homileticsin, De doctrina christiana", *Journal of Christian Philosophy*, 2013, 17, pp. 97–117.

[②] Schleiermacher, Friedrich Daniel Ernst, *Hermeneutics and Criticism and Other Writings*, tr. Andrew Bowie, Cambridge University Press, 1998.

[③] Linge, David E., "Editor's Introduction" Hans-Georg Gardamer, *Philosophical Hermeneutics*, David E. Linge, trans. Berkeley and Los Angeles: University of California Press, 1976.

图3-1 古典学者对文明的探讨多沉迷于书斋,现代人类学强调走向田野去揭秘人类文明

图片来源:Howard, Michael C. & Dunaif-Hattis, Janet, *Anthropology: Understanding Human Adaptation*, HarperCollins Publishers, New York, 1992, p.33。

和其后的视觉人类学方法具有启示意义。

对后来兴起的阐释人类学有比较直接影响的是19世纪德国哲学家狄尔泰(Wilhelm Dilthey, 1833-1911)和20世纪早期的德国社会学家马克斯·韦伯(Max Weber, 1864-1920)。狄尔泰是杰出的思想家,他在人文科学、哲学上的贡献曾被认作是施莱艾尔马赫神学的世俗版本。他的主要贡献在于其明确界定了自然科学和人文科学的疆域并发展了研究人文科学的独特方法论。此外,他还从文化观念上确立了历史研究的综合方法,对文学研究亦有过重要影响。他提出,在人文科学中,"心"的概念既是主观的,又是客观的;从而在人文科学研究中强调了人类自我意识的深刻性和充实性、意志的自主性等等。

狄尔泰对这一理论上的重大贡献,在于他把阐释学的课题从对文本的研究上升到了对人类文化以及人类社会互动关系的研究。他强调阐释的任务在于提供人们于社会、文化上的互相理解。

特别是他晚年关于社会和集体性格意蕴的表达和强调、他对文化概念的探讨，都直接对当代文化人类学思想产生了影响。这些在某种意义上成了后来阐释人类学思想家吉尔兹（Clifford Geertz）的某些理论上的渊源。①

在把阐释学理论推向文化和社会学研究上，狄尔泰和韦伯在很多方面的见解都是相同的。他们对阐释功能更进一步的重要界定是"理解"（这距当代阐释人类学的金言"在解释之上的理解"——Understanding Over Explanation——仅差一步之遥）。他们认为，"理解可以察知并重塑别的个体的精神世界，并发现别人主观世界的概念以及其行为的原动力"，可以"从你中再次发现我"。置你入我，设身处地，这已经不仅仅是理解，而且是分享或感知到了别的人们的生活。②

韦伯对于阐释学的积极贡献在于他把阐释学引入社会学领域，用阐释的方法去分析社会学和历史学的材料，诸如文化、社会变迁、经济行为等。韦伯除了认同狄尔泰在社会学和历史学材料中关于理解的重要性以外，还特别着意于"了悟"对其发生原因的阐释。③

第三节　阐释人类学的视觉元素

这里需要说明的是，虽然不同时期的阐释学都共同借用了"理解"这一术语，但"理解"的本质在它们之间却略有不同：

神学阐释中的"理解"专注于玄学语言学并强调其"语法知识"，

---

① 1) Dilthey, Wilhelm, *Pattern and Meaning in History*, H. P. Rickman, ed., New York, Harper & Row, 1962, p. 71; 2) Outhwaite, W., *Understanding Social Life*, London: George Allen & Unwin, 1875, pp. 26 – 27.

② Hodges, Herbert. *The Philosophy of Wilhelm Dilthey*, Westport, Conn: Greenwood, 1974, p. 149.

③ Weber, Max., *The Protestant Ethics and the Spirit of Capitalism*, New York: Charles Scribner's Sons, 1958, pp. IX – XVI.

意在通过先验的、跨越历史的符号及象征、转义的研究来阐释经典，为宣教服务。对狄尔泰而言，其"理解"的目的在于重构文本作者（或艺术品创造者）的心灵世界。

而对当代阐释人类学而言，"阐释"的本质含义又不尽相同。

而自中世纪以来的语义阐释学引申入视觉领域则产生了诠释图像和视觉作品的前图像学（Preiconographical studies）和图像学（Iconology）等内容。它们不仅研读和解释抽象的文本，而且研究和挖掘视觉文本的结构和象征意义。中世纪是象征和符号研究的丰沃土壤，它的大量象征—寓意视觉艺术品成了刺激视觉话语研究的诱因。这种图像分析和研究方法不只是在中世纪和文艺复兴时兴盛一时，而且它们的内容被不断更新，其视觉分析的方法对后来结构主义和阐释人类学研究有着间接的影响。这种影响当然对后来的视觉人类学理论和实践也都有启发。

当代阐释人类学大师吉尔兹认为，阐释学的目的即从高层次的普同化和人类学行为细节的往还中借助社会话语而臻至对复杂扭结在一起的符号形式的"理解"。[①] 而达成这种理解的关键在于，理解者对被理解的客体应持有"文化持有者的内部眼界"[②]（马林诺夫斯基语）。

在当代，在文化人类学领域中复活了阐释学应归功于吉尔兹。他的主要著作可以被理解为用其对民族志材料的分析来阐扬韦伯的社会阐释学传统的例证。恰如韦伯，吉尔兹专注于文化的概念在社会和经济行为中的动力学作用。他深入研习了符号系统，并通过宗教、社会、经济的实际背景（Context）去理解他所研究的当地文化持有者及其文化很重要。吉尔兹更注重在比较和经验的层面上应用阐释学的方法。

不同于狄尔泰的是，吉尔兹认为在阐释中阐释者不可能重铸别人的精神世界或经历别人的经历，而只能通过别人在构筑其世界和阐释现实

---

① Geertz, Clifford, *The Interpretation of Cultures*, New York, Basic Books, 1973, pp. 18–26.
② Malinowski, Bronislaw, *Argonauts of the Western Pacific*, New York: Dutton, 1961, p. 25.

时所用的概念和符号去理解他们。①

上面的这些先哲和理论前驱的见解都强调"理解"暨阐释的重要意义,这些涓涓细流在近现代水到渠成地共同汇成视觉人类学的阐释学理论支点。当然,仅有这些还不够,阐释理论启迪了后来一众新理论的产生。基于这些理论合力更兼后来的符号学、认知人类学和民族语义 Etic/Emic 理论的加盟,才逐渐形成了视觉人类学对史前文明研究的真正基石。

第四节 理论符号学与视觉思维

对其后逐渐开启视觉人类学深层结构分析模式的另一个理论渊源乃符号学。符号学(Semiotics)是一门分析符号系统如何运作的科学。它探讨"意义"如何通过符号形式在人类交流和沟通过程中被生产和传递以交流信息。这些符号涵盖面很宽,包括了所有涉及文字符、讯号符、密码、古文明记号、手语等内容;其牵涉的领域亦相当宽广。符号学者们普遍认为前述内容沟通的前提应是在传播者间对于这些记号符码系统背后规则与结构共同理解的基础上。也就是说,符号沟通必须有"通码"和符号语法,及共同认可规则的交流和传播系统。

在符号学中,指示符(Sign)即单一符号单位,它的意义需根据它所传播的意味编码而确立。指示符将符号分为"能指"(Signifier)和"所指"(Signified)两部分。在广义上,这种能指可以是一个字符、一个手势、一个图像、一段声音或者一切所见之物。但是能指和所指之间应该有公认和共识的对应关系。它们的意义需在一个集体共同认可的语境下才能交换完成(比如具体颜色如红、黑、白在一个文化—社会中代表的意义;花朵、微笑、点头或摇头的意思在不同民族语义中的指代

---

① [美]克利福德·吉尔兹:《地方性知识》,王海龙、张家瑄译;中央编译出版社 2004 年第二版,第 70—92 页。

义的不同导致其有不同共识和理解等等)。一般而言,符号语义不仅与语言表述中的词汇相关,而且关联到其文化和"文化潜语法"。符号所代表的事物,也可能会因为社会和文化关系规定性的不同而带有不同的寓意。①

现代符号学以文化作为其研究范围,它特别专注于民间故事分析（Folklore Analysis）、人类学（Anthropology）、叙事学（Narratology）、话语分析（Disclosure Analysis）、神话符号学（Semiotics of Myth）、艺术符号学（Semiotics of Art）这些富有象征符号意味的领域。符号学研究其能指符在实际应用时的意蕴,以及它们如何参与行动、被操弄或承担、传递意义。它不仅重视符号的本义,而且特别重视符号在使用过程中所承载的意义,以及它们在从事交流活动中的附加义和其意义积累、重叠诠释等。符号学也重视各类不同形式的以视觉、听觉、触觉、嗅觉乃至味觉的信息的诠释,并把这些信息视为广义的符号。

符号学的领域比前述阐释学的领域要宽广得多。它不限于文本研究和语言学语义研究。它不仅研究经典材料,而且将其视野扩大到非传统和非语言的交流系统。它的领域是开放的和全方位的。这个领域包括对各种象征性和符号化的交流过程、表征和指定形式的研讨。例如,它研究符号交流过程中的类比（Analogy）,寓意和象征（Allegory）,转喻（Metonymy）,隐喻、暗喻（Metaphor）,符号和象征（Symbolism）,有意味的形式（Signification）及交流、传递等所有的现象、过程和效果;这里面当然包括对视觉符号的研究和探讨。

符号学在人类学领域的突出发展也凸显在阐释人类学领域,它跟阐释理论合流而呈现出了递进性的叠加效应。这些在吉尔兹的阐释人类学理论中表现得最为突出。

吉尔兹对当代符号学的最重要贡献之一是他廓清了符号人类学的道

---

① 1) Jameson, Fredric, *The Prison-House of Language: a critical account of structuralism and Russian Formalism*, "Introduction" Princeton, N. J.: Princeton University Press, 1972; 2) Sebeok, Thomas A., *Signs: an introduction to semiotics*, Toronto; Buffalo: University of Toronto Press, 1994.

路，明确界定并解析了"符号"一词在人类学领域中的不同使用意义。"符号"（Token，Icon，Sign，Symbol）一词原本用途很广很杂；除了在人类学领域外，它们还在语言学、心理学、美学、哲学、逻辑学、宗教学、民俗学、文学批评和视觉研究等范围内皆被广泛使用。这些术语不仅在不同的学科中含义不同，即使在同一学科内部它们也常常被混用，其意蕴甚为芜杂。

吉尔兹大致将符号归纳为下列含义：第一，用以明喻他物者。如乌云昭示暴风雨将至，这类符号可视为"记号"（Token）。第二，有特指性喻义的约定俗成的符号。如红色表示危险，白旗表示投降，十字架表示宗教。这类符号可以被译成"标示符号"（Icon/Sign）。第三，指代一种具有间接性和隐喻性而不易于直接表述的东西。这种情形时常发生在诗里而不是在科学里，或可将之译作"诗意"象征（Symbol）。第四，指代任何一种承担传递概念之媒介的客体、行为、事件、性质或关系，这个概念亦即符号的意蕴。这是苏珊·朗格关于符号新观念的阐释，也是吉尔兹阐释符号学所本的基本理论依据。①

吉尔兹对符号的专注既不同于结构主义符号学着意于对心理范畴的世界观探索，也不同于符号人类学对特定意识形态社会心理的寻求，而重在还原符号的文化功能，为阐释文化真正的底蕴服务。

吉尔兹在符号学上富有革命性的贡献以及引发他开创阐释人类学的重要契机在于他遵循了维特根斯坦（Ludwig J. J. Wittgenstein, 1889 – 1951）和赖尔（Gilbert Ryle, 1900 – 1976）的哲学观，强调了"符号必须有公示性"（Symbol Must Be Public）这一崭新的文化及符号学的阐释观。吉尔兹认为，无论是使用语言、姿态形象或实体性的物质操作，符号化终须有其可被感悟的符号（Token，在此处译作具象的"记号"或更确切）以供研究。符号公示性的理念确立了符号的视觉本质。而视

---

① 1) Geertz, Clifford, *The Interpretation of Cultures*, New York, Basic Books, 1973, pp. 87 – 125; 2) Langer, Suzanne. *Philosophy in New Key*, "Introduction", 4th ed., Cambridge, Mass., 1960.

觉思维的概念原理是建立在形象寓意的基础上的。符号的本质是关联性和结构性，只有在有意味的话语背景中，它才能有意义。同样，视觉的表述也需要形象的"上下文背景"。诚如阐释人类学大师吉尔兹所说"我所采纳的文化概念……本质上是一个符号学概念。借用马克斯·韦伯的说法，我相信，人是悬挂在其自身编织的意义之网上的动物。我把文化看作是那些网。因此，对它的分析不是一门探求规律的实验科学，而是一门探求意义的阐释性科学。"[①]

吉尔兹还将其符号人类学理论跟文化认知以及其后"主位—内部/客位—外部"（Emic/Etic）理念结合起来进行辨析。在其论争中，吉尔兹试图把对符号的研究从晦涩概念的王国引入到可感知的社会化的世界中去。他并不大声疾呼读者们去盲目接受"文化持有者的内部眼界"，而是通过"深度描写"方法展示并研究异民族或异己文化的认知、语言、行为，理解他们的声音、信仰以感悟他们的"自我"概念的世界。他把这种概念和研究方式本身称为"对别人的阐释的阐释"（the Interpretation of Other's Interpretations）。从他开始，这种"深度描写"和阐释的传统以他出色的理论及表现和实绩而被称作"阐释人类学"。这种阐释学理论不仅对分析文字文本的意义重大。在视觉写作和视觉呈现繁盛的今天，它已经被视觉人类学理论用来分析和破译视觉构思和视觉思维的内容，成了视觉阐释理论学说根基的一个来源。

第五节　深度描写之破译范式

认知心理学和阐释人类学还给视觉解码工作提供了更加有意义的深层破译图像的理论依据。我曾经形象地把这种精致的视觉分析和解码方法命名为"眨眼理论"。眨眼理论是怎么一回事呢，让我们来看看下面形象性地解释：

[①] Geertz, Clifford, *The Interpretation of Cultures*, New York, Basic Books, 1973, p. 8.

第三章 视觉人类学与影视人类学理论流变

20世纪著名的西方哲学家和心理学家吉尔伯特·赖尔曾经就文化和文本（Text）的理解问题提出过一个颇为深邃且有启发意义的见解，这个见解被阐释人类学家吉尔兹阐发成了"深度描写"的理论。① 什么是"深度描写"呢？赖尔举过一个很家常的例子。

他说，假如我们看到两个男孩都在猛眨他们的右眼，其中一个孩子是因为生理上有眨眼的毛病，而另一个孩子则是想通过眨眼对伙伴递捣鬼的暗号。在一般人看来，这两种眨眼应该毫无二致。即使用照相机记录下来，在这种视觉记录上，他们的眨眼也没什么不同。

但实际上，递眼色捣鬼的眨眼和病理性的眨眼有着质的区别。它是一种"文化性"的眨眼。这种眨眼是一种符号化交流，而且是一种精致的、特殊性的交流。它具有以下的特征：第一，是成心的；第二，是针对特定对象的；第三，是在施授一个特定信息；第四，是依据某种公认的密码系统传递的；第五，是在别的玩伴没有察知的前提下传递的。小小的一个眨眼经过这样的分析，层次就够复杂的了。

但这才只是事情的开端。如果有第三个男孩为了在同伴间嘲弄那个男孩递眼色时的笨拙而有意地夸张、戏拟他的眨眼，那么他就成了第三个眨眼者。他的眨眼和前两种眨眼显然不同。他是在戏拟和讽刺别人。他用的仍然是社会公认的视觉密码，但他却在传递着另种信息。这些，在一般的观察者看来，他们仍然都仅只是眨眼。

事情并没有止于此。设若第三个男孩对自己的摹仿戏谑能力不放心，事前对镜练习一下这种眨眼，那么这类的眨眼就既不是病理性、使眼色，也不是戏谑嘲讽而成了排演性的了——我再强调一遍，上述四种眨眼如果我们用照相机照下来，仅在图片上对这些眨眼我们应该看不出它们之间有何不同。在一般就事论事的观察者或极端的行为主义者那

---

① 1) Geertz, Clifford, "Thick Description: toward an Interpretive Theory of Culture", C. Geertz, *The Interpretation of Cultures*, New York, Basic Books, 1973, p.5; 2) 王海龙：《对阐释人类学的阐释》，见［美］克利福德·吉尔兹《地方性知识》导读，王海龙、张家瑄译；中央编译出版社2004年第二版。

儿，他们会忽略掉其间的所有情景"上下文"的不同，而认为它们都是仅止在眨眼。

其实，我们还可以再假设开始时那个递眼色的孩子是在假装递眼色，其目的是误导别人以为他有什么鬼把戏而事实上他却并没有；在这样的前提下，前面关于戏拟、排演之类的描述意蕴当然也要随之发生变化。

赖尔认为：对眨眼行为，观察者可以作"肤浅描写"（Thin Description），即把病理性抽搐、递眼色捣鬼、戏拟、排练、假装递眼色、假装戏拟……都描写成"眼皮抽动"；也可以作"深度描写"（Thick Description）即将其动作行为的本义尽可能地还原。我们可以试想——仅仅眨眼这个极其简单的家常动作就有这么多的层次可以被还原和阐释真相，而人类的文化行为（特别是各种复杂情境、仪式化行为中）该有多少种被阐释的可能！正是在这个意义上，吉尔兹发掘出了自己阐释人类学的理论纲领。

在整个人类创造的文明形态里，艺术、宗教、哲学等是符号性最强的文化载体。它们埋藏着最多的文化信息，同时也都最经得起阐释和解码。艺术，文学，特别是诗整个就是一种符号系统。

人类的社会行为千差万别，但却都逃不脱符号分析的检验。前面我们引述了对一个男孩简单"眨眼"的分析。这样一个小小的短暂行为可以包藏着那么多的文化信息，那么，人类丰富多彩、瞬息万变的精神和文化活动该包藏着多少极其微妙和需要阐释层次呵！

这种眨眼理论的分析原则几乎影响了整个20世纪的下半期的人文学科领域。学者们开始着眼于细节、不再耽溺于大而空的理论概括，而注重做实事、挖掘细节中的意义，破译符号和文化象征物，等等。显然，这种理论最直接的受益者是阐释人类学和以解析图像、符号意义为宗旨的视觉人类学领域。[①]

[①] 王海龙：《"眨眼理论"与阐释人类学》，载《从海到海》，上海书店出版社2007年版，第175—177页。

拜"深度描写"、文化话语表述及文本（Text/Context）研究之赐；又兼吉尔兹对"符号"内蕴的剥离界说，符号化的语义研究和阐释观念变成了后来视觉文化研究和分析的利器，使符号破译工作最终脱离了旧阐释学派那种神秘性或形而上的谜氛，俾使符号在阐释人类学领域里重新起到了更大的作用。

这种符号学研究的纵深发展和精致解码趋势对视觉人类学的解析史前文明极具启发意义，而且为它们的破译和阐释视觉语法提供了理论武器。

第六节　认知人类学与视觉语法

除了阐释学、符号学的影响外，20世纪下半期兴起的认知人类学对后来视觉人类学理论亦有极大的启发。此期认知人类学的重要代表人物是美国人类学家沃德·古迪纳夫（Ward Goodenough，1919－2013）等人。认知人类学受现代语言学理论和方法的启示，旨在探索不同民族如何组织和运用自己的文化内在结构和概念。它研究的目的不是为了"发现"普遍的行动规律，而是为了了解支配其行为的组织原则。

认知人类学认为每个民族都有独特的观察和组织物质现象（事物、事件、行为、情感）的意识体系；然而人类学要研究的不是这些物质现象本身，而是它们在人们头脑里的组织方法。他们认为，文化不是物质现象，文化是对物质现象的理性组织。认知人类学的代表人物古迪纳夫曾指出：组成文化的不是事物、人、行为和情感，而是由常规和概念以及一套组成这些常规的概念的原则。文化存在于文化持有者的头脑里，每个社会的每个成员的头脑里都有一张"文化地图"，该成员只有熟知这张地图才能在所处的社会中自由往来。人类学要研究的就是这张"文化地图"。

认知人类学试图致力于回答这样两个问题：第一，对属于同一种文化的人群，哪些物质现象是重要的？第二，他们是如何组织并呈现这些物质现象的？不同的文化不仅组织物质现象的方式不同，而且它们各自组织的物质现象的种类也不尽相同。对某些相同的物质现象，往往有的

图3-2 认知人类学认为,人类的概念和语言产生是源于人类的认知分类系统,跟人类的需求和生境有关。爱斯基摩人生活跟冰雪关系密切,所以这方面词汇特别丰富

图片来源:王海龙拍摄,美国自然历史博物馆,2004年8月。

文化认为与自己有关,有的认为与自己无关。例如我们认为露水、雾、冰、雪这些物质各不相同,但印度南部的Koyas人却认为它们只是同一样的东西:Mancu。相反,爱斯基摩人却认为下落的"雪",在地下的"雪",飘动着的"雪",漂流的"雪",积"雪"等是不同的自然现象,值得细加区分,因此他们用不同的词汇来表达它们。据说,爱斯基摩人表达"雪"的词汇竟多达四十余个。

这样举证并不意味着Koyas人不能分辨露水、雾、冰和雪,或说汉语的我们不能辨认或区分雪的不同状况;它只不过表示这些差别对Koyas人和对我们来说远不如对爱斯基摩人那么重要。[①] 另外,如我们中国人说的"针灸除有痛感之外,还会有酸、胀、麻的感觉"这句话就

---

① Geertz, Clifford, *Local Knowledge: Further Essays in Interpretive Anthropology*, New York: Basic Books, 1983, pp. 87-89, 113.

无法译成英语，因为英美人并不认为酸、胀、麻有别于痛。再如在亲属称谓方面，中国人有兄弟、姐妹、姑姨、叔舅、堂—表之别，而英美人却不做这种区分，他们只有 Brother、Sister、Aunt、Uncle、Cousin。不是因为他们没有这些亲属，而是在他们的文化中认为没有做这么精致区分的必要。

认知人类学认为，理想的文化描写和记录应该包括本族人自己记述为了处理自己日常生活中遇到的各种社会文化情形所必须理解与运用的一切规范、原则和类别；而不能由着外来人或外国人（包括专业的文化人类学家）根据他们的主观理解来描述他们在地（Local/ Native）的文化。只有这样，才能杜绝人类学家的先入之见和文化偏见，反映出各种文明现象中真正的文化现实。

认知人类学强调在对民族学材料暨文化志进行分析描写时必须从本族人的角度出发，即必须采用 Emic 的方法。就这一点来说，认知人类学并不新，因为前期的人类学家诸如博厄斯、马林诺夫斯基都对此早有论述。认知人类学"新"的地方在于，某些早期人类学家虽然也对在地文化持有者的世界观感兴趣，但他们是用自己的主观理解和语言来研究它并描写文化持有者族内人的概念类别；而认知人类学家则强调用本族人的语言来研究和描写本族人的概念类别。此外，认知人类学还强调在进行民族学研究时不可采用 Etic 方法，以避免研究者本人的概念范畴和文化偏见的干扰。也就是说，人类学家要想描写针灸，他就必须用汉语来描写中国当地人的身体感受，用西方语言是无法达到这个目的的，因为它们的认知概念分类中就没有这种感受表述。

认知人类学家以本族人的语言为线索，力图发掘并复制本族人组织自己物质世界的表述模式，并发现本族人运用它们的组织原则。为达此目的，认知人类学家通常采用的实地调查—田野工作技术与描写方法有"控制性诱导"（Controlled Eliciting）和"组成特征分析"（Componential Analysis）。

认知人类学家从文化持有者的角度出发，探索特定文化的成员具有什么样的概念范畴，以及这些概念范畴在语言中是如何被分类、贮藏、解码、运用的。他们的研究除了对了解特定文化的内在结构具有重要启发意义外，还有助于向一种文化中引进新知识和新概念的实际工作。

认知人类学的理念深深地影响了吉尔兹的阐释人类学理论，特别是其强调 Emic 的认知方式，和强调"文化持有者的内部眼界"（From the Native's Point of View）的方式，已成为他阐释学思想中一以贯之的一根红线。这些，当然也间接地影响到了后来视觉人类学对视觉素材分析的基础。

但是，懂得甚或精通一个民族的语言（包括视觉语言）并不意味着就理解了它的文化和民族性。在这种意义上，吉尔兹批判性地辩驳了对旧的文化志方法的否定后，又从阐释人类学的角度重申了这种新民族志（New Ethnography）暨文化志方法的四大功用和特色：

第一，它的基本功能在于对文化进行阐释；

第二，它所阐释的是社会话语流（而不是某个具体的截面或者切面）；

第三，这种阐释必须遵从其"叙述"的原始含义并以一种可追溯的话语的形式出之，以便在必要的情形下能使之原汁原味地复原；

第四，这种描写在其实践性上是具显微性的。①

如果我们把上述吉尔兹对文化的重视以及对其功用、特色的新阐释同认知人类学的四个重要研究范畴和方法论比较来看，我们不难察知其间的渊源和影响关系。认知人类学曾把自己的研究领域定为四个方面。即：一、对语义的研究；二、对知识结构的研究；三、对模式和体系的研究；四、对话语分析的研究。②

上面的比较告诉我们，不管是吉尔兹还是他的学术前辈都已接受了语言学和语言认知对文化研究至关重要的观念。语言是认知，亦是权

---

① Geertz, Clifford, *The Interpretation of Cultures*, New York, Basic Books, 1973, pp. 20–21.

② 1）Dougherty, Tanet W. D., ed., *Directions in Cognitive Anthropology*, Urbana: University of Illinois Press, 1985；2）Atran, Scott, *Cognitive Foundations of Natural History*, Cambridge University Press, 1990；3）Ortony, Andrew, Gerald L. Clore, and Allan Collin, ed., *The Cognitive Structure of Emotions*. Cambridge University Press, 1988.

利，知识亦然。知识是由语言构成的，我们的概念、思考、世界观无一不得之于语言。因之，我们须臾离不开语言；没了语言，我们的思想即失去了存在的依托。

我们在这儿说的语言，已不仅指语言学意义上的语言，它在本质意义上也是话语（Discourse）和文本（Text）；它是在一种有机的背景（Context）下发挥其作用的。

实际上，语言在其功能意义上的扩大或其由于语言—话语之间的移位而成为更宏观的文化载体并不起自人类学科，它更早源自哲学的结构主义和符号学。在上述领域，其实，语言的范畴早已扩大，它早已不限于语言本身。它已不仅仅是说话，而是早已超过了表述自身，而成了更具普遍意义的符号或话语。"没有一个人只是说话。任何言语行为都包含了通过手势、姿势、服饰、发式、香味、口音、社会背景等这样的'语言'来完成信息传达，甚至还利用语言的实际含义来达到多种目的。甚至当我们不再对别人说话时，或别人不再向我们说话时，来自其他'语言'的信息也争先恐后地涌向我们：号角齐鸣、灯光闪烁、法律限制、广告宣传、香味或臭气、可口或令人厌恶的滋味，甚至连客体的'感受'也有系统地把某种有意义的东西传达给我们……"①

第七节　文本研究及 Emic/Etic 模式

除了广义言语的语言之外，各种潜语言都在向我们转述着社会—文化信息，这就是 Context（背境），是文本和话语，亦即我们的文化与文化语法，是我们的社会文化或认识论的深层结构。不只对狭义的口语和书面语言分析如此，对广义的视觉语言和语法的分析我们也可以用上述分析模式来从事研究。

从严格意义上而言，除了哲学渊源外，吉尔兹正是在认知、语言对

---

① ［英］特伦斯·霍克斯：《结构主义和符号学·符号科学》，瞿铁鹏译，上海译文出版社 1987 年版，第 25 页。

图3-3 视觉思维的语境在田野,视觉人类学家破译文明模式的秘密在于改变记录和理解思维方式。深入具体文化语境的田野摄影是其手段之一。这是视觉人类学摄影家弗拉哈迪在拍摄现场

图片来源:Hockings, Paul (ed). *Principle of Visual Anthropology*, Mouton Publishers, Chicago, 1975, p.18, plate 3。

文化志批判承继的基础上开创了后来产生了广泛影响的"深度描写"的道路。其实他的这种观念除了受心理学和哲学家赖尔的启发外,还得之于一个极其朴素的想法,即"如果你想了解一门科学,你首先不要看它的理论和它的见解,更不要看它的倡导者所云,而需视其实践者所为"。基于此,他认为,一门学科的深邃不在其技术细节的操作,而在于其概念和眼光、一种智识的努力(Intellectual Effort),甚或是一种悉心经意的冒险(Elaborate Venture)。其实他"深度描写"的理论只是对赖尔学说的一种人类学式转述和借用,是一种"思维和反映","对思维的思维"(Think and Reflecting/ the Think of Thought)的翻版。①

---

① 王海龙:《细说吉尔兹》,见[美]克利福德·吉尔兹《地方性知识:阐释人类学论文集·导读二》,中央编译出版社2000年版。

前面我们已经屡屡提到了认知理论暨民族语义学和 Emic/ Etic 方法的发现和倡导，这些方法也是视觉人类学阐释理论的奠基石。上述理论发端于同一民族学认知领域。这些理论群体包括民族语义学（Ethno-science/ Ethnographic Semantics）、新民族学和民族考古学（The New Ethnography/ Ethnoarchology）——其实，这里的西语前缀"enthno"并不仅指传统汉语意义上的"民族"之谓，它们的意义在于从文化学的角度研究这些民族原始文化的本原义，及"以本族文化持有者的认知来表达和阐释本民族文化"之义。

可惜这样表述已经不是翻译而是译述——汉语中通常不习惯用一段复杂的句子的译释来代替一个词，因为上述概念在中文里没有相同的认知词汇可以找到对应词来表达它们的全部意义，所以在中文表述里就只能把它统统用一个前缀"民族"来代替或敷衍塞责了。其实这个"民族"并非它的真正意义，而且有时候甚至变成了误导和以辞害意；因为在中文里"民族"一词常常代表的是血统族群 Race 和国族 Nation，有时候代表 Ethnic Group 暨种族和人种之意，它在汉语里的意义含糊却固定，常常有民族辨识意思和特指"少数民族"义——这个词兼有文化和"民族"的语义（勉强译为"文化志"似更合乎本义），它在中文里并没有严格意义上的对应词。所以，这个词从刚开始翻译成中文时就导致了误译。

恰如英文里没有"兄弟、姐妹、姑姨、叔舅、堂表"之别，汉语中也缺少对 Ethno 的正确对应词汇，所以多年来"文化志"被误译为"民族志"，研究原始文化和人类学的学派被译成"民族学"（其实应该是"文化学"，包括对文化起源和文化演化的研究等），而更可惜的是它竟被人误解成仅仅是研究少数民族的学科。[①]

了解了这种情形，我们就不难理解汉语中用"民族"语义学等术语来命名这些学科的遗憾——其实，对这个名称概念的正名本身正是一

---

① Embree, Mary, *Abused, Confused, & Misused Words*, Skyhorse Publishing, New York, 2013.

个鲜活例证,来说明了解一种异民族和异己文化时用 Emic 和 Etic 来认知和真正理解它们是何等的重要。

上面的 Ethno 理论群体的涌现,是一种用全新认知来审视人类文化的努力和尝试。它源于 20 世纪 60 年代前后语言人类学家派克(Kenneth L. Pike, 1912 - 2000)提出的人类学家描写"族内人"(Insider)和"外来人"(Outsider)的不同视角对其思维方式、描写立场和话语表达的影响等等。他的提法引起了学界极大的关注。从这个理论支点出发,派克从语音语言学术语"Phonemic"和"Phonetic"匹配 Insider/Outsider 的概念创造了"Emic/ Etic"的描写理论。

Emic 是文化承担者本身的认知,代表着族人内部的世界观乃至其对本族文化中某些独特甚至超自然的感知方式。它是内部的描写,亦是内部知识体系的传承者,它应是一种文化持有者的唯一的谨慎的判断者和定名者。而 Etic 则代表着一种外来的、客观的、所谓"科学的"观察(Scientific Observers),它代表着一种用外来的观念来认知、剖析异己的文化的认知。在这儿,"科学性"是 Etic 认知及描写的唯一的谨慎的判断者。① 这种理论预设的出发点当然是好的,但 Etic 以外部的描写、外部的理解来对特定的文化颁布和命名,它到底有多少的"科学性",以及在什么意义上赋予其"科学性"则又成了新的值得质疑的问题。

在派克的基础上,文化人类学家马尔文·哈里斯(Marvin Harris, 1927 - 2001)又对 Emic/ Etic 用其文化唯物主义(Cultural Materialism)的观念给予了新的诠释。在认识论的发生源和认知功能上,哈里斯和派克产生了歧异和激烈的论争。② 派克认为,Etic 的研究方式在认知的深

---

① Pike, Kenneth L., *Language in Relation to a Unified Theory of the Structure of Human Behavior*, 2nd ed., The Hague: Mouton, 1967, pp. 46 - 58.

② 1) Headland, Thomas N., Kenneth L. Pike, and Marvin Harris, eds., *Emic and Etic: The Insider/ Outsider Debate*, "Introduction," Newbury Park. Clalif.: Sage Publications, 1990; 2) Sternberg, Robert J. Sternberg, Karin, *Cognitive Psychology* (6th ed.), Belmont, Calif: Cengage Learning, 2012, p. 13.

入、展拓和阐释 Emic 系统时是极为有益的，但 Etic 在其对知识的祈求和占有上并不是必定优于 Emic。而哈里斯则认为 Etic 的方法在对客观事实的判定上极为有用，同时，Etic 与 Emic 相较，它对知识的祈求和占有亦是必定要优于后者。派克认为客观的知识只是幻象，所有对知识的祈求最终是主观的；哈里斯则认为客观的知识至少在其内在潜力上是可以获求的，对这种知识获求的努力则是科学之所以称为科学的根本原则。①

很显然，关于 Emics 和 Etics 的这种争论从根本上涉及本体论和认识论的问题，它在当代人类学发展上的影响是深远的。其直接的影响即在于，20 世纪六七十年代人类学界鉴于 Emic 强调的本族人认知功能，忽略 Etic 的比较认知功能，而大量提出培养文化持有者内部的文化批判、描写，抑或培养 Emic 本族内部的文化人类学家（Native Ethnographer），取代文化人类学的观察、比较、描述的传统的争议。

内部的就一定具有主观认知吗？外部的就一定具有客观、科学、经验分析的特点吗？吉尔兹在自己的一系列论文中对之进行了严正的质疑。固然，认知、语言是察知文化形态的基础，然而精通其语言并不意味着已精通其文化。文化固有其内在的认知结构，有其"文化语法"。从 20 世纪以来，几乎所有的人类学思想家皆强调田野工作，强调精通当地文化持有者（Native Speaker）的语言；但文化是意识形态，即使一个人精通了某种语言，亦难保确知其文化—风俗的底蕴。

"文化持有者的内部眼界"（the Native's Point of View——Malinowski）当然是一个立场和角度，它对调整由 Emic/Etic 争论引起的对田野工作以及前述文化志的质疑起到了修复和补救的作用，但这毕竟还是得之于先贤。虽然吉尔兹以其富有启发意义的大量实绩矫正了这一时期对

---

① 1) Harris, Marvin, "History and Significance of the Emic/Etic Distinction", *Annual Review of Anthropology*, 1956, Vol. 5. pp. 329 – 350; 2) Harris, Marvin, "The Epistemology of Cultural Materialism", in *Cultural Materialism: The Struggle for a Science of Culture*, New York: Random House, 1979.

人类学本质的怀疑倾向，但他实际上较有创见意义的贡献更在于他关于地方性知识的倡导和深度描写理念的实施。

到了后期，阐释人类学、符号学和认知人类学等方式和 Emic/ Etic 其实有了合流的趋势。这种趋势的合力也影响了后来视觉人类学研究符号、原始视觉产物等等的理论基础，它们从不同角度对视觉人类学方法予以启迪并开拓它的视野。

譬如说，把文化作为符号系统加以研究并不是符号人类学的首创，但符号人类学对符号结构的研究最具体、深刻而全面。列维－施特劳斯的结构主义也把文化看作符号体系，但其注重的是具有普遍性质的、属心理范畴的世界观；而符号人类学注重的则是特定的文化所独有的、属意识形态范畴的"社会情感"或"社会心理"。

在进行文化符号分析时，符号人类学强调采用 Emic 方法，从行为者的角度观察、研究文化，但又不主张"进入人们的头脑"。他们认为不同的文化是不同的民族对其所处的世界不同理解的产物。要了解一种文化，必须把自己放在该文化的基点上。文化的各种符号之间的关系取决于该文化中行为者的行为组织方式。对符号人类学家而言，符号的意义并不在于其作为"文化"的载体或文化分析的窗口，而在于它是社会活动中的杠杆，是个人经验与社会事实的枢纽。通过符号，人们协调内部的变化，适应外部的环境，因此符号与人的兴趣、目的、手段息息相关。也正因为如此，符号人类学把行为者及行为者与事物的关系放在文化研究的中心，这一点同结构主义形成鲜明的对照。

符号人类学与阐释人类学虽然也涉及人的认知方面，但它与认知人类学着重于研究人的认知过程及概念、范畴不同，它们侧重于符号形成与意义的编码。而它们这种对符号真义的探求以及注重从文化上下文（Cultural Context）背景来理解并阐释符号意义的理念对视觉人类学破译人类视觉符号和结构有着不同凡响的启发。因此它可被视作是其理论渊源的重要支流。

第二编

第四章

视觉人类学与人类学本体论

第一节　视觉人类学的独立性和平行性

在人类学领域，一般读者甚至某些研究者多认为视觉人类学是一个新学科，或者它是人类学里面的一个附类，属于应用人类学或者是为人类学研究服务的。这种观点是皮相和有局限的，因为它对视觉人类学的疆域和历史不了解。

如果我们仔细考察辨析就不难发现，视觉人类学不应该是传统人类学里面的一个附类或其辅助诠释和图解的工具，它跟人类学本体的关系应该是平行的。视觉人类学目标与人类学的基本理念相辅相成，它与人类学本体研究有着极为深刻和互为认知的价值和启发意义。它的理论和方法应该是人类学研究文明本体论和文化认知的核心及理论支撑。

首先，让我们看一下视觉人类学跟传统人类学各个学科之间的关系。透过这种考察，我们会发现，视觉人类学其实在人类学的几大主要领域里都有渗透。

西方殖民扩张侵袭到世界各地以后，在帝国主义殖民侵略和文化渗透的早期，刚遭受白人殖民者侵略的时候，这些"落后"民族尚且反抗，企图保护自己固有的文化和传统的生活方式。可是到了后来，随着帝国主义强权势力的难以抗拒和威逼、弱势文化对强权发生了心态上的变化。某些欠发达和原始部族人发觉了西方物质文明的某种优越而主动"迎合"西化，并在某种意义上配合外来民族，以图迈上尽快走向"文明"的直通车而致使其原始文化特质渐次湮灭。[①]

在文化—社会人类学研究中，视觉人类学的重要作用不言而喻。田野工作、民族志的考察和实录、证据搜集等过程中，视觉人类学是阐释和比较研究的利器，也是研究地方性知识和文化认知的理论推手。

昔日论者往往认为视觉人类学是文化人类学做田野工作的工具和帮手，其误会在于影视人类学对人类学者做文化志记述时引用摄影术帮助记录。但是视觉人类学的作用却不仅止于此。正如绘画的功能不仅止于做插图和连环画，绘画本身具有表述、认知、记录、交流互动、教育和美学、宣传等多种功能。如果把它的功能只限于做插图或者图解文字，那将是一种极大的误解。

上面言及绘画功能仅只是举个例子，视觉人类学的疆域绝不限于绘画，所以它在19世纪以来为文化人类学研究当代原始部族和文化救险所作出的业绩只能算是它成就的一种。我们今天重新认识和拓展视觉人类学研究疆域的意义正在于此；下面我们拟分科具体论述之。

第二节　视觉人类学与文化/社会人类学

考察近代人类学的进程，我们发现，对现代文化人类学奠基居功至伟的首要理论支柱是其比较文化研究模式和它在描述文化志方面的贡献。而这一工作的重点对象是研究当代原始部族暨无文字部落社会的文明史和进化状态（研究已成文的文化史和社会问题的科学现在一般归类为历史学和社会学分支）。文化人类学家们以上述原始文化和部落文化为重点研究对象的原因是将这些因各种各样原因"被封存"

---

① Balikci, A., Reconstructing Cultures on Film. Ed., By Paul Hockings, *Principles of Visual Anthropology*, Mouton Publishers, Chicago, 1975, pp. 198 – 199.

而未能进入人类社会正常发展轨迹的"文明"作为一种参照系来补充我们对人类史前史及文明书写系统发明以来有完整记录的历史资料的不足；以这些"当代原始部落"的文明作为一种活化石来做参证比较研究，从而推演人类远古文明发展的轨迹，并希冀更加科学地补足人类文明研究史上的"缺环"和"断链"暨人类远古历史和文明的溯源研究。

这种研究的性质，说到底，是一种类比研究。但类比永远只能是相对的。人类文明的发生和发展可能是多源和多序列的，到底哪一种文明或者哪一大洲的史前文化代表着人类史前文明发展的源头或主流？人类学家又能从哪些证据来证明某时某地是人类文明起源的策源地？这种研究的性质到底应该是一种影响研究还是平行研究？对这些问题，今天的人类学家尚不能给予确切的答案。

但文化人类学是一门实践着的科学。它并不需要有了确切的答案才能从事自己的研究。在文化—社会人类学研究实践中，视觉人类学的重要作用不言而喻。田野工作、民族志的考察和实录、证据搜集等过程中，视觉人类学不仅是阐释和比较研究的利器，同时也是其文化认知的理论推手。

近代文化人类学的原则是通过对特定的人类种群和特定的社会组织的研究来推演和揭示人类文化的进程、探讨人类文明的过程。它通常是采用田野工作的方式参与并观察当代原始部族的生态和人类行为，用文化志的形式揭载和积累素材，同时参征其他关于人类生活和文化形式的记载和成文史资料，通过研究分析社会形成和发展的模式来探究人类文化形成和演进的奥秘及规律。文化人类学研究当代原始部族的原因是想通过这些现代的"原始先民"的行为作平行类比研究探析我们先祖的生活和文化形态；而这些，使用一种成熟的文化作为研究对象是不可能的。文化人类学研究的重点是语言、神话、宗教、仪式、象征、意识形态，社会的经济政治组织、原始法律、冲突调解、亲属和家庭结构、性别，儿童养育和民间习俗—习惯法，等等。文化人类学在引入中国的早期也曾被称作民族学（Ethnology），但它的侧重点略有不同，这一分支学科包括心理人类学、民俗学、宗教人类学、族群研究、文化模式研究、传播人类学以及近年来发生发展的媒体人类学和网络人类学等等。

传统人类学研究的成果往往着重于诉诸文字，其产品多是印成的书或著作。而早期的人类学家更多是根据自有文字以来的成文的史料、文献来做学问。他们研究世界各类型文化的成文史，古典的文史哲著作以及间接的人文规范纪录如文学作品甚至神话、风俗志、寓言、游记等来探讨不同的民族精神，并借它们来比较世界各种或各型文化的风俗演化和传统，进行综合归纳推理得出成果和结论。但是到了近代，这种从空到空、从纸面到纸面归纳、推理、得出结论的书斋学者们发现他们所掌握的书写资料远远不够用，因而他们的理论亦渐渐失去了说服力。[1]

近代以来，人类学家原有的工作方法受到了空前的质疑和挑战。近代科学的主要特征是其富实践性和实证性。任何理论的结论都要经历实践的考验，象牙塔和书斋里的空谈渐为理论人类学和实践研究所摒弃，那种在纸上操练的理论家亦渐渐失去了市场。代之而来的，是实地考察和实践验证。人类学家开始以田野工作代替了死抠书本、道听途说之风。这种新趋势催发了人类学研究的新生，它是使人类学真正成为科学的关键的一步。

而走向田野意味着两种体验和考察，一是考察死的文物，二是考察活的部族。

考察死的乃考古学，它发掘古代遗留的文明物证，用以推测和复原那种古代文明的可能原型，从而最大限度地理解它们。在这种基础上，更进一步，慎终追远，人类考古学家们开始发现了远远超出他们初衷的

---

[1] A Committee of the Royal Anthropological Institute of Great Britain and Ireland, *Notes and Queries on Anthropology*, Sixth Edition revised and rewritten, Routledge and Kegan Paul Ltd, Broadway House, 68–74, Carter Lane, London, 1967, pp. 174–206.

第四章　视觉人类学与人类学本体论

另一个神奇的领域——史前学。① 到了史前学领域，人类的视野就不仅限于"文化"了。它甚至延伸到了人前（Pre-Human）的世界，发展到了人类进化、灵长类考古、古生物、古生态学等领域。从鉴赏古董到古文物研究直到建立起了完整的史前学研究建构（这方面，中国学人熟悉的有从买卖"龙骨"到发现甲骨文、形成甲骨学的这个个案），② 这是人类文化研究的一场了不起的革命。这个话题我们随后会展开。

考察"活的"物证就是直接走向当时人们所能发现的远离我们文明世界的当代原始部族和一些现存的古代文化遗留社区，从它们的风俗残存验证其文化的演进，从而进行实证性的文化推理、分析。这种方法其实我们的古人老早就懂，甚至老早就实施过了。比如两千年前的孔夫子就曾说过"礼失而求诸野"，他就建议过用这种方法来考察古俗，并利用民间的活生生的民俗资料来补充文献和正史所载之不足，推衍缺环和断链了的古文化形态。③

可惜的是，即使在当代原始部族文化中仍在流行的仪式或残存的文化行为（如祭神、仪式、舞蹈、巫术、治疗、图腾、禁忌、风俗等），由于年代久远或模仿失真、嬗替、变异甚至以讹传讹，其真实意蕴已漫漶难辨。询之其实施者或操演者本人，他们亦往往不知其操演的真实意蕴。操演者大多是仿其祖制、依葫芦画瓢。当年风俗或仪式设计者的真实意图后来的操演者很难真的心领神会。更可惧者，是他们在操演过程中往往有所加减，有的内容经过了无数世代的搬演，会越传越错，乃至于失真到很难从他们的演练中看出原来的样子了。那么，如果本族的操演者本人尚难说清楚，局外人来研究当更难判断（如某些原始部族舞

---

① 1) Redman, Charles L., *the Rise of Civilization*, W. H. Freeman, San Francisco, 1978; 2) Whitehouse, Ruth, and John Wilkins, *The Making of Civilizations*, Alfred A. Knopf New York, 1986; 3) Haas, Jonathan, *The Evolution of the Prehistoric State*, Columbia University Press, 1982.

② 王海龙：《人类学与甲骨学》，《宁波大学学报》1990年第1期。

③ 1) Spradley, James P., *Participant Observation*, Holt. Rinehart & Winston, New York, 1980; 2) Mead, Margaret, *Letters from the Field: 1925 – 1975*, (*Fieldwork in the Pacific*), Harper & Row, New York, 1977; 3) Edgerton, Robert B., and L. L. Langness, *Methods and Styles in the Study of Culture*, Chandler and Sharp, San Francisco, 1974.

蹈或起源于狩猎操演、庆祝活动遂演绎为祭神献牲，乞求神助等等。有的原始动作则从模仿到象征到写意到美化，经过无数代人的变化，已经难寻出其原始意图的影子了）。

　　这样，就需要进行比较研究。比如说，如果这种行为有古代文献描写资料记录、古代图像或者视觉（刻画、雕塑、堆塑）物证，就能够比较有效地指导研究者的研究。同时，有的当代原始部落仪式或操作如果研究者不能马上理解和解释，他们使用了影视工具或绘画手段记录下了其特征、情景或细节以供未来或进一步研究，这种视觉人类学的资料及手段对促进理解文化志的本质无疑是有很大促进和助益的。

　　在追溯文明起源课题时，"考察活的"的意义其实还不仅止于此。随着人类学研究的不断深入，研究文明起源时又加上了动物比较行为学研究与社会生物学研究等。这种研究是把我们推拟人类祖先的文化行为跟我们的表亲猿类和其他灵长类动物进行对比研究，并试图从这种类比研究中得出有效结论的一种努力。这样，视觉图像研究的意义就不仅在文化行为比较上起作用，而且拓展到了"人前"时代的对比研究。在这类研究中，视觉人类学的意义不容小觑。

　　其后，文化人类学领域中又叠加了人类认知行为的比较研究。它不断开阔人类学的研究视野，把对人类认知行为跟儿童心理学、人类童年的认知行为、甚至跟不正常或受损的认知行为如精神病人的认知歧路等进行比较研究，来探讨人类的知识与习得、储存，意识与潜意识的关系等等，开启了人类学跟心理学研究的新时代。

　　在现代实地考察和田野工作阶段，人类学家开始把人类文明史上的死知识变成了活知识，用亲眼所见来验证人类文明的发展过程。

　　但是，他们面临着困难：经历过了千百年早期书斋研究的积累，知识界已然勾勒出了人类有文字记载以来历史的基本框架，人们习惯于相信文字胜于相信事实，相信书本胜于相信实证。

　　随着现代人类学的田野工作和它们取得的一系列成果，人类学的视野逐渐拓展了。这种视野逐渐延伸，此期人类学家的眼光不再局限于对已知文化风俗和知识的循环考证，而是通过实证发掘转向了人类前文明时期。人类学家开始不仅满足于对已知文明社会的研究，而是借鉴考察死的和考察活的两种成果来综合研究文明的起源和风俗、文化和传统形成的终极原因。

在这种全新的研究过程中，视觉人类学起到重要的作用。近半个世纪以来，现代人类学的发展跟现代科技的发展平行，它采用了新科技工具来便利自己的研究工作。有趣的是，现代人类学进程几乎正是和现代的录音、摄影、录像和媒体科技等同步发展的，它的理论也由此不断深化，而且当代人类学几乎从其发展伊始就借用了这些新科技优势。换句话说，录音摄像和录影等的新发明和新科技从其诞生起就跟人类学发生了难分难解的关系，这种现象不能仅仅被看成巧合。

当代视觉人类学正是在这种新科技时代的背景下催生的一种产物。它的理论渊源古已有之，但它的繁兴无疑归功于现代人类学和现代科技的结合，然而这门学科并非被动地服务于研究或仅仅是一个工具的角色。它在其发展过程中亦有力地刺激并促进了人类学理论本身的发展，把人类学的研究推向了更深更广的层面。它和当代人类学发展是齐头并进的。到今天，视觉人类学已经不再仅仅被视为是一种工具和研究手段而早已成了一门独立的学科。[①]

第三节　视觉人类学与体质人类学

人类学的另一个分支是体质人类学。体质人类学研究人、人科动物、人类进化、人类生态演进、人类骨骼、遗传基因、人类行为特质及人类与其生存环境等相关的一切内容。具体地说，体质人类学研究古生物化石学、物种起源、人类遗传学、灵长目学、分子人类学、古生物学

---

① 1）王海龙：《人类学电影》，上海文艺出版社 2001 年版，第 1—21 页；2) Charlotte Seymour-Smith, *Dictionary of Anthropology*, G. K. Hall & Co. Totowa, New Jersey, 1975, pp. 98, 826；3) Karl G. Heidel, *Ethnographic Film*, University of Texas Press, 1976, pp. 4-5。

及古人类学等等；今天的体质人类学也研究人类的生态学，人类的体能、人类学与工业设计等等方面的问题。[①] 体质人类学为人类学科的发生和发展奠定了科学的基础和立足点，使人类学对人类生存的种种现象和人类之由来的研究成为可能。除了研究人类进化，体质人类学也通过技术手段如人体测量等来研究人类种族和体态的不同、通过上述资料来研究人类不同的生理特征以及人类族群生理上的差异；通过测量和研究人类脑容量和感知神经系统的形成来研究人类感官器官进化和智慧发展、创造文明的体质可能性；通过人类生态学研究人类对环境的适应性以及用生物医学人类学来研究人体、疾病等等问题。同时，体质人类学也研究人类的生存环境即生态问题。通过这些立体的研究，体质人类学研究并廓清了人本身生存的主要课题。

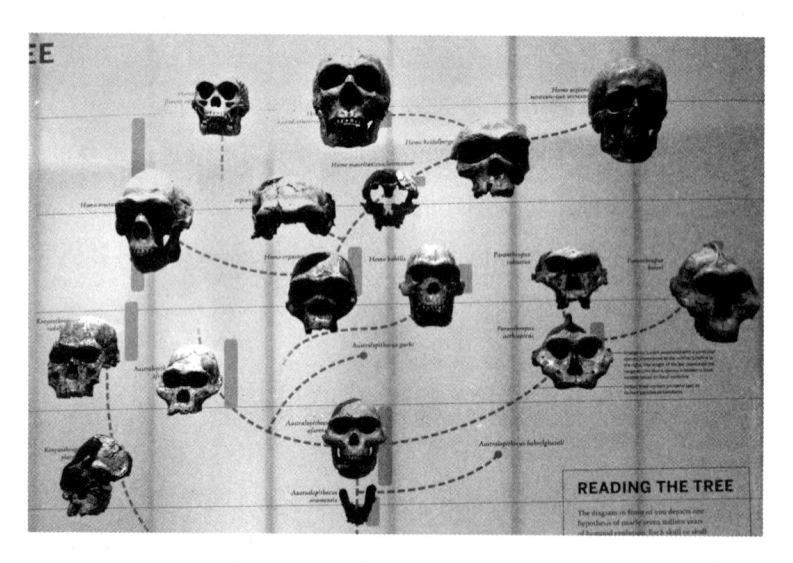

图4-1 体质人类学研究人前时代灵长类比较和人类大脑进化及脑容量等课题，可以成为追溯人类智力进化和抽象思维能力以及文明起源等课题的依据

图片来源：王海龙拍摄于美国自然历史博物馆，2006年4月。

---

① Ellison, Peter T., "The evolution of physical anthropology", *American Journal of Physical Anthropology*, 2018, No. 165.4, pp. 615–625.

早期体质人类学也研究人体解剖学、人体生理学以及人类基因、肤色、体格、毛发、头型、脑容量、体态等等因素，它也被称为人种学。随着体质人类学的发展和学科拓展，同时，也因为旧方法的淘汰和某些术语及研究方法的变更，有的名词和称呼也已经被扬弃或置换。当代体质人类学不仅研究人类骨骼、化石和人类进化本身，也研究人类进化的生境，研究人类制造石器和工具、用火的证据等，并以这些物证来确定人类起源和进化源的要素。

新时期的体质人类学引进了新理论和新科技，它在理论分析领域引进了古生态学、考古埋藏学分析等手段来探讨人类进化历程；同时还采用实验室和比较新的物理、化学、生物等技术来验证其研究成果、拓宽思路，近年来取得了可喜的成就。

体质人类学认为，人属于自然界的一部分，人类有着生物学意义上限定的自然属性。可是，人类又不完全是受自然状态制约的生物，他能够能动地改造环境而且创造环境。人类创造了文明和社会，他自然有社会属性。因此研究人类文明发展史的文化—社会人类学离不开体质人类学的理论和实践的依托和支撑。

虽然如此，人类的由来和进化一定会受到环境和遗传因素的制约，而人类的社会行为也以"文化"的意义对人类的生物性和体质发展起到了能动的推动作用；因此，体质人类学和文化人类学的关联是不能硬性分离的。文明和社会的发展不能不受制于人类生物特性，而人类的体质和生物性元素又是人类文明形成的基础和发展的动力。在这种意义上，体质人类学不仅要研究远古人类化石和生物性特征及人类起源课题，它也着重研究当代人类面临的种族、民族、体质特征、生态学、环境发展及社会文化发展等现实问题。体质人类学也为人类健康、人类基因研究、空间学和未来学等科学研究贡献力量。

譬如说，近年来，体质人类学对DNA方法的引进和实施对这一学科的贡献卓著。此外，通过新科技手段和DNA证据验证，对亚、非、欧、美等地不断发掘的远古人类化石进行全新审视和研究，用新科技手段获取的成果和论据来填补人类进化史上的断链,它使得人类进化过程的图像更趋完整;虽然学界对这些成果仍有争议,但体质人类学在接纳新方法和新物证从而拓展视野、修改旧说和成见方面的努力是有目共睹的。正是因为抱持着这样开放态度,体质人类学在理论人类学领域跟新科技结合取得了不少新成果。

体质人类学家努力的方向是试图解答下列一些问题:人类是怎么来的?怎样找到并验证人类进化的化石记录?地球上的人类为什么有那么多的相同或不同,这些歧异是怎样形成的?人类的生物性和文化性是怎样相互作用的?要解答上述课题,体质人类学家必须研究比较灵长类动物学、人科动物起源及人类起源研究、人类身体的生物性和微观进化研究、远古病理学研究、生态—食物研究以及营养健康研究和生物遗传学研究等。

自20世纪50年代起,遗传学方法渐被引入体质人类学领域,体质人类学家也开始关注群体遗传学研究。因此,传统的体质人类学研究拓展了自己的视野。它的研究范畴亦开始从灵长类研究、人科动物进化及人类起源的研究、人类体质进化的微观研究等学科进而扩展到对人类群体生物性的考察。这种转型和飞跃使它的关注点也转移到对群体遗传学的考察上来。因此,当代的体质人类学科在欧美有的教科书术语中也被称作"生物人类学"。[①]

综上所述,在体质人类学对前面列举诸领域的研讨中,我们发现,视觉人类学都能够参与且做出关键性的贡献。古人类和上古动物领域的研究需要大量的化石研究,图像模拟,图片分析和比较;这种研究过程中,摹图、影像资料不可或缺。这种读图比较可以用多维、立体全方位成像或形象研究;同时也可以发掘对化石、古生态场地的模拟以及场景还原等方法来进行体质人类学模式探讨。

在科学技术昌明、发达的今天,很多有力的科学手段能够被有效地

---

① Ellison, Peter T., "The evolution of physical anthropology", *American Journal of Physical Anthropology*, 165.4, 2018, pp. 615–625.

利用来破译远古文明和人类进化之谜，而视觉人类学方法的引入和实践活动成了当代体质人类学发展的一个推手。除了图像分析以外，现代科技已经能够通过一些片段化石进行总体复原摹画设计出古生物和古人类的形态，并以之为基点，构造上古生态环境及模拟生境进行史前史研究。

此外，不只是视觉人类学研究促进了体质人类学发展，体质人类学研究的成果从另外的角度也成就了视觉人类学的很多重要研究领域。它用比较动物行为学的理论充实了早期人类和灵长类动物视觉表述方面的不同的研究。同时，它也从人类智力发育和抽象思维能力形成等进化因素方面证明了画图、读图和释图及至最后能够发展到书写系统乃人类独特的进化历程。这一验证在直立行走、工具的创造和使用、用火等成就作为人类进化完成的标志以外，也有机地强调了创造和操作符号来表达、记事是人区别于动物的另一重要分水岭。

也正是在这种意义上，美国著名视觉人类学家费德瓦·圭因迪指出体质人类学对视觉人类学的贡献也是不可估量的。这两个学科在破译人类文明起源时的作用是相辅相成的：

> 灵长类动物学研究及实验性观察亦鉴识灵长类在其图像绘制中扮演的角色。根据泽勒的研究，"在以非语言状态的对抽象理念表述潜力方面，猿类的洞穴绘画在其试图表达行为和制造、形状和意思、自然和心理基础等方面足可以匹敌我们自己的远祖的洞穴绘画"。

早期的人类用绘图来表达他们理解的世界，这些图像储存了他们的所思所想，并将它们所代表的想法变成了可以被用来学习、破译和研究的可视性的物质材料。我们当然知道在成千上万年前，人类依靠在墙上图画或在石刻的碑上保存记录来交流他们关于生活的想法和记载他们的成就（例如人类第一部书写的法律，美索不达米亚的汉谟拉比法典就是如此）。在五千年前，图像化的符号开始得到了更加系统化地发展。这种图像化表达符号的系统发展渐渐触发了最早期的符号化展示系统,即字母和书写系统的生成。这种系统即古闪米特人的楔形文字和古埃及人的象形文字。

到了这个时期,人类开始以图像间的内在的系统关联而不是使用独立的单一图形内容来表达他们的想法。这种系统使得那时的人类可以使用一种在当时被叫作"字母"的东西来交流信息。这种书写的字母系统是用一种可以互相破译的符号构成。字母跟其他当时的发展贡献在一起,把人类社会引进了一个新的发展阶段,即人类文明的时期。在文明阶段,人类开始依赖一种更加复杂的视觉记录系统工具。他们开始用文字来记录他们的文明成就、用来组织记述大型的公共劳力和经济生活,用来表达抽象的想法,同时也被用来作为对内和对外的交往和传递信息的手段等。比如说,古代埃及的统治者们会将他所要表达的信息用象形文字写出来送给美索不达米亚的统治者,而后者则将这些象形文字破译成他们的楔形文字,再用楔形文字来回复;而埃及统治者再将这种复函翻译成象形文字用来官方交流等等。这种以视觉形象为基础创造的国际交流方式远远早于今天传真机、互联网和卫星通信的交流方式。如果我们把自己的视界放得更加广阔,放到千百万年前,放到人类的诞生和发展之初,那么我们就会察知这些绘画行为和视觉图像几乎跟人类的文化本身一样古老,甚至比人类的文化还要古老。这就是一个起点。①

以上事实充分证明了在科学研究高度发达的今天,任何一门科学的进展和飞跃都不是孤立进行的,视觉人类学发展也伴随着时代科技前进。体质人类学科的新研究成果也能够促进其他学科的联动和进

---

① Fadwa El Guindi, *Visual anthropology*: *Essential method and theory*, "Preface, ix – xii", A Division of Rowman & Littlefield Publisher, 2004.

步,而视觉人类学的进步也能够用它的成果反过来推动体质人类学新的成长。

第四节 视觉人类学与史前学/考古学

人类学的第三个分支是史前学与考古学。史前时代一般是指人类产生到文字出现之间的年代。而史前学则以没有文字记载的历史和文明为研究对象。据考古发现,理论上的史前时期约有一千四、五百万年之久。这段漫长的历史阶段发展对我们至今仍然大部分是谜。研究这段历史的科学叫作考古学和史前学,它对认识人类社会发展的规律性、人类进步以及了解现代全球人类历史都有重要的意义。

根据地质科学研究的成果和结论,地球自形成以来至今,它已经经历了约46亿年的演化过程。

地质学研究地球史动辄以百万年为单位,据考约在35亿年前,地球上开始出现生命现象,生物成为一种地质营力;而最晚在距今300万到距今200万年前,世界上开始出现了人类。原始期的人类为了生存和发展,他们一直在努力适应并改变周围的生态环境。早期人类开始利用天然石器和木器、兽骨等作为用具或工具,后来他们渐渐学会用坚硬岩石做工具,这就形成了历史上的石器时代。石器时代在人类生命史上很漫长,一般认为这一阶段距今大约250万年到距今1万年的时间。后期学者又将石器时代较细地划分为旧石器、中石器和新石器时代。

其中,新石器时代离我们的文明最近。它大约从公元前1万年开始,其结束时间从距今7000年至距今余年不等。其中有一段短暂的中石器时代。由于在考古学认定和其发展过程中跟新、旧石器时代的界限较难划分而且在世界各地分布情况不够典型,所以关于中石器时代定义的说法至今仍有争议。

在距离成文史最近的这个新石器时期,人类已经迈入了文明的门槛。此期世界各地的人类族群已经发明了简单的农业和畜牧业,学会了驯养野生动物和采集、播种植物果实的原始农牧业。人类不再仅仅依靠大自然提供食物,而借原始农业活动有了相对稳定的食物来源。农业和畜牧业的经营开始促进人类建立了逐水草而居的模式。定居下来的人群生活状况得以改善,有了初步的保暖和部族群居生活,使人类有余力发展求生之外的生命活动。这为人类创造文明奠定了物质基础。这一阶段,人们不只是使用相对精致的石器,而且学会了组合石器工具的使用。到了后期,人类更能从矿石中提取铜、铁等金属。这些新工具的发现和使用,对人类社会的历史发展产生了划时代的影响。这一阶段就接近人类文明真正的曙光了。在新石器时代的最后阶段,人类发明了文字和书写系统,从而有了文字记载的文明史,也就是成文史。但是这段有文字记载的人类历史仅仅不足7000年。

图4-2 考古学研究人类文明包括人类早期视觉资料可以回溯视觉记事和文字记事等相关内容

图片来源:Howard, Michael C. & Dunaif-Hattis, Janet, *Anthropology: Understanding Human Adaptation*, HarperCollins Publishers, New York, 1992, p.78。

从上面这个宏观的人类发展史年代的比例上看,可以得知,我们人类成文史或曰有文字记载的历史简直只是人类整个文化进展这个巨大的冰山的一角,有文字记载的人类历史小于人类出现时代的几百分之一。如果研究人类学和人类进化,忽略了这一段悠久的岁月,我们是不可能发掘出人类文明发生和发展的真谛的。

在今天,一般教科书历史学意义上"史前"概念笼统指的是有文字记载以前世界人类文明史。但是，由于地球各地人类族群发明文字的时间不同，因此这个"史前"的基准其实并没有一个确定的、全球适应的概念（比如世界上大多当代原始部族的人到今天还没有文字，因此他们的文明仍然被人类学家考虑为"史前"文化）。

但是，作为一个学界的泛称和相对认可的共识概念，一般教科书上的史前时代通常被指为公元前4000年以前的时期。具体地说，在人类的石器时代（即公元前250万年到公元前4000年）这一漫长时期的历史一般被公认为史前史，而青铜时代（约公元前4000年）以后是信史时期。以中国为例，夏朝就被划为史前时代，而商朝因为有了甲骨文，就被列入了信史时期。考古学就是研究从史前到我们逝去的古代的一切物质文明和精神文明的遗迹的科学。它为史前学和人类学、历史学研究人类文明提供物质和资料性的论据。

基于此，我们发现人类学意义上的史前史的研究主要依据考古发现的人类遗存和历史实物资料，但它的学科范围却不仅止于此。譬如说，作为考古学的研究对象，旧石器时代的时间最长，它从二、三百万年前开始至一万年前为止，占人类历史的99.8%。但在人类学研究中，"历史"却并不仅仅是个时间和历史概念，它也是个"文化"概念。

例如，一般学界认为美索不达米亚和古埃及人进入现代文明时段比较早，他们也较早创设了人类书写系统暨文字，他们的史前时代大约在公元前3200年结束而进入成文史时期。但是非洲的新几内亚的"史前时代"要到20世纪开始才结束。同理，中国在公元前16世纪的商朝已经出现了阶级社会和国家，而欧洲的古典时代却始于公元前6世纪；以成文史为标志的文明在世界各地时间大异。

按照这个基准，世界上有些地区的"史前史"的延续期则时间更久，比如说新大陆的美洲大部分都要晚推到16世纪，而大洋洲则更晚到18世纪中叶——这些地区在殖民主义者入侵以前的文明，大都属于史前考古学研究的范畴。而且，根据上述经典史前学研究的原则，直到今天，这个世界上仍然有不少新发现或未被发现的当代原始部族群体生活在"史前"阶段。虽然今天已经是 21 世纪，但这些部落或者文化持有者的成员在文化上仍然生活在文明史意义上的史前甚至石器时代；他们或过着茹毛饮血刀耕火种的生活，或者正在承受原始生境的折磨、为生存而挣扎。这些当代原始部落人的生活正是万年前我们先民生活的写照的"活化石"。也正是在这种意义上，即使他们跟今天身处在"后现代"的我们生活于同一时代，他们仍然是生活在人类学意义上的"上古"，而研究今天他们生活史的文化志仍属于史前史的范畴。

　　史前史的研究跟历史学研究方法和目的大相径庭。史前史研究是研究文明起源和文化走向的，它一般研究的是人类文化考古的普遍进化特征，而不以研究具体的人物或个人为目的。它着重研究有文明代表意义的遗迹、文物、材料、工艺而不以某人某事个体特征为目标；因此史前时代研究对象大多是"无名"的、现象性的。它的研究结果倾向于是一种文明状态的整体研究，甚至是对整个人类生存状态的推理和比较研究。[①]

　　总而言之，史前史研究文明的目标首先要研究人，它研究人类本身及其进化和形成的生物性和社会性特征。它从研究最初能够使用工具的能人，至直立行走的直立人、再到早期的智人。同时它也研究人类的生产和生存活动。史前学和考古学研究上古人类狩猎、采集等生产活动以及工具使用情况。同时这门学科也考察人类制造工具、居住和群聚活动，以及人类对火的使用；乃至于人类产生氏族和部落形成原始社会的仪式、劳动、文化和艺术等活动；史前考古学当然也考察人类体能和智慧程度以及人类思维和语言能力的形成。[②] 据研究，人类大约在距今四

[①] Fagan, Brian, *World Prehistory: A brief introduction*, New York: Prentice-Hall, Seventh Edition, Chapter One, 2007.

[②] Milford H. Wolpoff, *Race and Human Evolution*, New York: Simon & Schuster, 1997, p. 348.

十到五十万年时期因复杂社会互动和交流的需要而产生了语言;语言刺激了人类思维和对事物的命名及抽象思考能力,这是人类文明发展的一个巨大的杠杆。①

进入新石器时代,人类智慧和技能都得到了突飞猛进的发展。在此一阶段,人类社会发展了强有力的组织功能,随着社会需求的增加,人类社会出现了劳动的分工,而且初级的科技也开始萌芽。本期的生产和科技创造特征体现在农业和畜牧业生产工具的发展方面,人们能够制造更加精致有效的石器,本期也出现了陶器,而且原始的纺织也出现了萌芽。其后,人们发现了天然金属铜,并在这基础上创造了冶铜技术。随着金属开发技能的采用,青铜时代出现,人类历史上漫长的石器时代终于结束了。

据史前考古学对人类社会的研究,在史前文化中已经出现比较成熟的农业形态,包括园艺、林业和养殖业的雏形。大约在 1 万年前新石器工具出现了革命性发展,也诱发出现原始农业和畜牧业。苏美尔人在公元前 9500 年前后开始出现了系统农业,而在公元前 7000 年,印度和秘鲁人也分别开始了农业活动。② 而且古埃及和古代中国人也开始了农业种植和畜养动物的活动。据考,中部美洲的农业活动在公元前 2700 年也已经开始。

在进行史前文化和先民部族社会的文明起源考察中,史前考古学发现人类大多文明起始点都是在河谷地区或三角洲位置出现,如古代美索不达米亚的两河流域(底格里斯河和幼发拉底河),埃及的尼罗河流域,印度次大陆的印度河盆地以及中国的黄河和长江中下游。美洲的农业文明也跟它的大河地区相关。而史料证明,一些离水源较远的游牧民

---

① Nettle, Daniel, *Vanishing Voices: The Extinction of the World's Languages*, New York: Oxford University Press, 2000, pp. 102 – 103.

② 1) Price, Douglas, ed., *Europe's first farmers*, Cambridge: Cambridge Univ. Press, 2000; 2) Anthony, David W., *The horse, the wheel, and language: how Bronze-Age riders from the Eurasian steppes shaped the modern world*, Princeton, NJ: Princeton University Press, 2010.

族则一直到近代才开始接触农业。①

上古农业的发展促进了文明的嬗变和递进。农业的成熟养活了更多人口而形成部落、家庭的雏形。古代气候、种植和生产的稳定以及聚集人口发展刺激产生了渐变的原始社会，这是文明的先声。其后，在部落和氏族文明形成的基础上，渐次建成了村落、市镇、市场和国家形态。定居人口的大量集中和交流的需要激发产生了交通和通讯术，文字、艺术、神话传说、宗教、法律以及复杂的人类社会生活形态缘此开始发展。此后，人类开始进入了成文史即有文字记载历史的时代。

当然，在整个地球上，文明发展并不是整齐划一的，有些地区或文化带并非循上面的传统线索行进。比如说，我们前面讨论的欧亚旧大陆等地区进入新石器及青铜时代后，由于书写系统的发展而进入成文史暨我们今天熟知的"世界史"；但世界上很多地区并没有同步前进。因而按照史前学和考古学的理论，我们所理解的世界史是残缺和有局限的。比如说，美洲和大洋洲的很多地区就没有经历过青铜时代直接跨入了铁器时代甚至直接进入了近代科技时代；因为这些地区的铁及近现代工具的使用是由欧洲探险家和近代西方殖民势力的外力带入，而不是自然发展和形成的。

虽然迟至18世纪后才真正有了科学考古—史前学和真正意义上的人类学—史料研究科学，但人类自有了自觉的文明意识开始，就没有一刻放弃过对自己的由来探讨和对人类文明形成的好奇心。

其中最有史证记述意义的文明记录手段应推人类早期的各类刻痕、摹像、具记号—符号记事状物功能的岩壁画洞穴画以及小型雕刻、法器、装饰物和神圣礼仪物品等。当然，上古人类记述日常生活和表情状物的物品肯定不限于上述视觉证据，比如说，如我们已知的结绳记事证物和应有在更容易标示记录痕迹的木器和其他柔软物质如在皮革和其他纤维物质上涂画的视觉符号记录等等。但是，由于这些物品不易保存和

---

① Manning, Richard, *Against the grain: how agriculture has hijacked civilization*, New York: North Point Press, 2004.

难以在几千年甚至数万年的考古学挖掘中被发现,所以后人研究记述上古人类生活和文明起源的大多视觉物证只能从那些较容易保存的洞穴画岩壁画和坚硬的石器刻痕等视觉考古资料中撷取。①

上面述及这些视觉物证材料如原始人即景标示的记号、刻痕、原始图形、图像和符号、雕塑—堆塑等就是上古和史前人类企图记录他们的生活或表示其思想感情的可信资料,是典型的视觉人类学研究素材。这些形象资料随着人类抽象思维能力和智慧程度的发展而在后期逐渐演进成更加抽象的符号化表述形式而成为人类书写系统产生暨文字发明的先声。

在人类书写系统形成以前,世界上各种族人民除了原始稚拙的视觉表述以外,也皆有自己的口传历史即神话传说和追溯远祖图腾崇拜等非文字史料。遗憾的是,上古更没有录音和记音手段,这些口头记述和声音随着岁月只能永远飘散在了山野。但是人类口语却随着人类发展而发展,到了人类新石器—青铜时代和迈向文明的门槛时,原始人代代相袭的民间口头传说会以史诗、谣谚、神话等口述形式流传。这种口传历史也是世界几大文明史上追溯其文明源头的一个史证。譬如说,上古苏美尔人的《吉尔伽美什》、古埃及的散片韵文诗、古印度的史诗、中国上古神话传说和早期韵文诗歌等都是证据。比较后起的如古希腊荷马史诗等也是以口头方式流传于民间数世纪迄至文字发明以后方记录成文的。而古希伯来人的《旧约全书》等,也是这样先是通过口头流传后来整理成史书和经典的范例。

值得一提的是,对考古学和史前学的学科定位在欧美和我国有些不同。在欧洲,考古学属于一门独立的学科;在美国,它则从属于文化人类学,是其中一个分支学科;在中国,考古学隶属于历史学的范畴。从其在不同体系的学科分工定位,我们能够看出这门学科在研究人类文明史的路途中它在欧美和我国学术范畴承担角色的不同。这种不同充分说

---

① Ucko, Peter J. & Rosenfeld, Andrée. *Paleolithic Cave Art*, McGraw-Hill Book Company, New York, 1973, pp. 9 – 29.

明了它在从事科学研究中扮演的功能。从笔者个人学术兴趣而言,我认为美国学派将考古学—史前史设立在人类科学史上的定位有其独到的意义,因为它比较准确地确定了这门学科在研究宏观人类文明史上的意义,从而能够正确地在比较宏观的坐标系中找准目标和位置、全方位地考察人类文明的起源和发展,高屋建瓴地审视地球生命发展史和人类文明史。

在前面的总体论述中,毋庸讳言,我们不难看出在整个考古学和史前学研究中,更是须臾离不开视觉人类学的参与。我们已经讨论过,视觉人类学在收集史前资料、协助发掘和复原史前人类生活形态、还原人类生活模式及其文化、宗教、社会结构、形式方面功不可没;此外,从技术层面,它也在协助发掘和记录、忠实记载工作过程以及为未来储藏资料等方面贡献卓著。而在科技高度发达、成像技术和多维立体呈现等新科技更多被运用于人类学研究的今天,视觉人类学的图像还原、场景模拟、生态学重构以及其他新科技都会是协助今天考古学和史前学研究人类文明的利器。关于这方面的具体内容,我们在以后相关章节中还会详述。

第五节 视觉人类学与语言人类学

人类学的第四个重要的分支是语言人类学。语言人类学是一门研究人类的沟通和交流形式和功能的科学。它研究人类的信息交换行为和沟通过程;研究口语与非口语的信息传递,同时也研究跨越时空的语言变异和嬗变、研究语言的社会用途以及语言与文化的关系。

语言人类学研究语言的方法不同于狭义专门的语言学研究。它不着重研究语言学方面具体的技术技巧如语音、语法结构和语言技术分析,而主张用人类学的方法来宏观地探讨人类语言的功能,以及它在整个人类文明—文化史上的作用。语言人类学还从语义—语用符号意义出发去研究语言的社会文化功能。它以内在的认知体系和外在的使用方法为基本课题，去探讨语言的结构究竟是由与其共生的文化形式与内容所决定，还是后者决定前者。①

语言人类学是人类学中较活跃且较富有学科争议性的一支。最早它被用来进行田野工作和民族志研究，特别是用来作为方法—模式去探讨尚无语言文字记载的当代原始部族人部落和社区的交流和语言系统以及如何用文化志的形式来记录、保存这些文明证据以待人类学家作为素材进行研讨。其后，这种研究方式发展为对文化进化理论和多元文化研究发展的认知领域模式而由著名的文化人类学家博厄斯（Franz Boas）引入他的文化相对主义的理论研究构架，并引发了其后的一系列假说和争议。

博厄斯在他早期在北极的田野工作中试图了解爱斯基摩语，并发现它是一种特殊的难以捉摸的复杂的语言。其后他把自己的观察和洞见融入了他的反进化论观点即历史特殊论体系。博厄斯的观点构成了其"语言相对论"的理论基础，这一理论后来由他的学生们进一步做了修整和完善；其中最著名的是"萨皮尔—沃尔夫假说"，这一假说提出人类观察世界的方法因语言而异。此说至

图4-3　语言人类学家在采集民族语言资料

图片来源：Miller, George A. *The Science of Words*, Scientific American Library, A Division of HPHLP, New York, 1996, p. 15。

今仍未得到全部证明，也未能完全推翻。虽则人类学家都同意各种语言的词汇差别显然与文化差别相关，但这种相关性到底有多大，还没有做

---

① Teeter, Karl V., "Anthropological Linguistics and Linguistic Anthropology", *American Anthropologist*, 66 (4), 1964, pp. 878–879.

出结论。该假说后来由沃尔夫（Benjamin Lee Whorf）的学生霍耶尔（Harry Hoijer）进行了修正和推进。与博厄斯共同进行语言人类学研究的最著名的人物还有萨丕尔（Edward Sapir）。在语言学领域，他感兴趣的范围非常之广，他从心理和文化两个方面研究语言的功能。此外，他还是语言与性别，历史语言学、心理语言学的先驱，萨丕尔对于本土美洲人的语言现象也做了大量的研究。

  作为杰出的语言人类学家，博厄斯对语言功能的理解非常独到。他认为语言学研究和对一种未知文化的理解应直接深入地通过体悟其语言和概念来洞察人们的思想和意识形态。传统的人类学研究因为不可能领会千差万别、没有文字记载的当代原始部落语言而往往需要一些翻译或当地"线民""报道者"来作为中介去探讨某种未知的文化。

  由于在这种原始田野工作中参与者和报道者有既定的政治、宗教、经济、亲属关系及其他社会习惯理念的隔膜和先入为主的判断，这种"第一手资料"其实只是"二次加工（Secondary Rationalizations）"后的记录，里面往往充满了臆断和虚假信息。因此，博厄斯非常强调接触一种文化的原始步骤是掌握它的语言和概念，要通过本民族原始的语言描述来研究一种未知的文化，这样才能提升语言人类学的实证意义。其后，英国著名的人类学家马林诺夫斯基（Bronislaw Malinowski）也对语言学对人类学研究的互动作用进行了探讨。他论述了语言的认知和翻译的问题，而且他以特洛布里恩岛的巫术用语的翻译为例展开论述，他认为只有深入地了解了其社会文化背景之后才可以准确地做出翻译并了解一种未知文化的本质。他的见解比较积极并富有启发性，这一观点直接影响了后来的阐释人类学家吉尔兹的见解。①

  今天的语言人类学发展仍然十分繁茂。通过语言和认知而了解异民

---

① Clifford Geertz, *Local Knowledge: Further Essays in Interpretive Anthropology*, Chapter III, New York, Basic Books, 1983.

族文化的"民族语义学""新民族志"和认知人类学、心理人类学等已然成了备受瞩目的语言人类学理论。这类新的方法有助于了解人类语言的形成、人们的分类逻辑,从而了解人们隐藏在其文化行为背后的认知过程。

在发掘和记录当代原始部族人的文化和语言的"活化石"的语言人类学研究等方面,视觉人类学也是贡献巨大。在现代人类学意识到了语言的认知对探讨文明起源的意义以后,就开始注重对当代原始部族人语言的认知和记录保留;现代语言人类学把这种手段作为一种平行研究比较其对上古语言发源和发展研究的有效模式。在初始阶段,语言人类学对新发现的原始部族语言记录和保留的方式是比较被动的。人类学家试图用录音的方式来储存活色生香的原始部族语言。可是人类的语言和交流活动是一个完整的立体存现。当我们只是记住了语音和一般的声符而忽略了语言内在的语义基础的时候,语言就成了被剥离出生命之树的一片干树叶,它不可能真正地再现出百鸟啁啾的原生态森林河流。这种只记住语音和语言语素的早期方式只是标本性的、死的语言,它不可能展现出原始部族人的语言互动在原来生活中的意义。

而视觉人类学适时地补充了语言人类学对人类语言保真和保鲜的要求。我们知道,人类学所要研究的语言对象大都是无文字记载的原生态语言,而绝不是我们今天成熟的、记载文明史的国际语言,如汉语、英语、法语等。人类学之所以选择那些原始意义上的语言作为研究和认知的对象,恰恰在于它们的原始认知意义和它们在人类早期社会承载概念和意识的鲜活和浑浊"生猛"性。介入成熟的人类文明和承载人类文明基础的规范化的国际语言由于千百年文明的洗礼教化的打磨,它们已然被纯净化、转义或在其漫长的使用过程中跟原始语义脱节,它们已失却了人类童年时代语言中的初始认知意义。

因而,考察人类语言的发展史,那些原始语言、那些从上古起讫的语言呈现方式跟今天承载着文明社会概念的现代语言间有着一条尚待逾越的鸿沟。今天高度发达和表现力丰富的现代语言跟原始生态下的语言有着很大的歧异。这个人类文明和语言发展的历程中出现着大量的缺环和断链现象，而对当代原始部族人们语言现象和其功能的研究，应该是我们了解语言进化和在人类文明发展过程中所起杠杆作用的解谜之钥。今天的人类学家通过研究上古遗留下来的考古学遗迹以及原始的文字、交流痕迹和语言资料，并将其跟当代原始部族人的语言现象和文化志材料进行参征比较，俾使我们能够尽量复原我们先祖语言和概念形成以及思维发展史的重要的努力过程。这是破解人类文明史发生和发展之谜的终极途径之一。

准此，记录和研究当代原始部族人的语言现象，仅用笔来记述是不够的；而且，像过去那样仅仅用机械的、抽象的录音机来记录语言和声音也是远远不够的。在照相机和摄影机发明以前，人类学家们往往是要借助语言的描写和民族志的记述来传递其语言和声音以外的潜语言现象和副语言现象来还原其"话外音"和"画外音"。而在发明了摄影术这个利器以后，则极大地便利了人类学家们记述语言和保存语言情境之目的的完成。

利用照相和摄像机器来记录、摄取的民族志资料不仅是声音，更有情景；而且它还有上下文背景的交代。特别难得的是，摄像资料还保留了可贵的氛围。它是一种空前完整的、立体化的储存。我们通过自己的生活和社会实践得知，一句同样的话，在什么样的情景下使用，在什么样的情绪下使用，以什么样的口气说出来，强调什么重音，发泄什么样的情绪，它所表述出来的意义往往是大相径庭的。

除了人类学家在今天可以利用摄影摄像机器来记录语言的表述以外，请别忘了，视觉人类学的另一个更大的功能是研究和破译原始的视觉符号来还原古人的思维，通过辨识和解释上古人类所使用、所遗留下来的视觉符号、岩画、洞穴画以及器物、图案等等，来配合有声的语言去解释上古世界人类的语言发生之谜和人类进化和文明的源头。这个意义应该说是有着更深层次的功能。

图 4-4　人类学家在录制印第安语言资料

图片来源：Miller, George A. *The Science of Words*, Scientific American Library, A Division of HPHLP, New York, 1996, frontispiece。

第六节　视觉人类学与应用人类学

应用人类学属于人类学科里面的一个模糊地带，它在定义上有广义和狭义之分。其英文名称亦有多种（Applied Anthropology, Practical Anthropology, Practicing Anthropology, Anthropology in Action, Action Anthropology）。名正则言顺，这些定义看上去很纷繁或者标新立异，其实它们标示着定义者对这门学科的关注和着力点的不同，是有其特定的和切实的语义内涵的。①

广义的应用人类学乃是强调将人类学研究的方法和理念贯通应用于实际的人类学研究中，它涵括了人类学理论在整个人类学领域，即文化人类学、体质人类学、史前—考古学和语言人类学等方面的应用。所以，在上述各个领域里的人类学实践活动都可被视为应用于人类学的范

---

① Kedia, Satish, and Willigen, Van J., *Applied Anthropology: Domains of Application*, Westport, Conn: Praeger, 2005, pp. 16, 150.

畴。广义的应用人类学从人类学这门学科诞生就与之共存,属于人类学与社会互动和它的实践部分。

而狭义的应用人类学则发展成了一个专门的领域。它注重人类学原生理论以外的实践,并以实践的成果来验证并能动地发展人类学理论;同时,它在实践中开拓人类学的范畴。特别是它紧跟时代和社会,着力于关注现实问题;因而自 20 世纪中期以来它被独立出来成了一门学科或被认定为是人类学一门重要的分支。应用人类学强调用人类学知识、理论和方法来研究及解决人类社会所面临的问题。近一个世纪以来,随着人类社会的飞速发展,社会问题亦日益增多,传统的人类学在介入社会问题上有很多不足,而这些,都被应用人类学逐渐弥补。因此它的重要性在当今社会也越来越突出了。

应用人类学之所以被认定为是一门人类学新兴起的分支学科,主要在于它秉持着人类学的基础理论,与自然科学、社会科学相结合,而运用经典人类学的理论与社会调查的方法,来研究现代社会结构和人民的社会生活模式。应用人类学对今天的农业与工业,农村与城市,医药与保健,环境生态与自然保护,科技和生物遗传工程等内容都进行应用研究,提出设想和方案、积极介入。应用人类学几乎渗透到了当代的各个学科领域,包括今天社会生产的各个方面。应用人类学的涉猎范围极为广泛,它已冲破自然科学、人文科学和社会科学的藩篱,进行跨学科合作;它协同研究可分为环境生态学、结构人类学、医药人类学、生物人类学、老年人类学、人类工程学、分类人类学、经济人类学、社区人类学、人口人类学、媒体人类学、教育人类学、都市人类学、空间人类学、发展人类学甚至旅游人类学等分支学科。[1]

一般说来,应用人类学被认为是在承认人类社会是不断向前发展的一个有机体的前提下,把人类学家对人类、文化、社会的认识和知识应

---

[1] Villigen, van John and Kedia, Satish. ,"Emerging Trends in Applied Anthropology", In *Applied Anthropology: Domains of Application*, Satish Kedia and John van Willigen, ed. , Westport, CT. : Praeger, 2005, pp. 51 – 95.

用于改善人类社会现状和促进人类社会发展的学科。"应用人类学"这一名称据考是美国人类学家布林顿于1896年提出的,其后几十年来虽有一些其他的提法,如"行动人类学""实践人类学"和"实用人类学"等,但大多数人都赞同使用"应用人类学"这一名称。应用人类学的实践性研究肇始很早。自19世纪80年代,英国人类学家泰勒就提出:人类学是一门决策性的科学,它可以被应用来促进人类社会间的互相理解并改善人类的生存条件。其后,英国人类学家开始把人类学知识运用于实践中。例如在1899—1902年南非战争结束之后,英国皇家人类学院写信给政府建议把当时不同的南非各部落的法律和习惯记载下来,以便为今后制定开明的管理政策打下基础。美国人类学家摩尔根在研究印第安部族易洛魁文化的同时,也曾为该民族跟政府和行政沟通等方面做了些实际的工作。然而,也因为人类学家参与了政府组织的计划工作以及向行政机关提供咨询等活动,使这门学科受到了不同的评价和社会批评。在两次世界大战以及以后的社会运动中,人类学对社会管理和社会行政的参与度增加,在学界和文化界造成了深刻影响。这种影响产生了不同的社会评价,这些评价有正面的,也有负面的。[1] 批评者认为,文化人类学者介入功利性的实践层面工作容易失去学术立场而成为社会服务的工具;而支持者认为,人类学的服务社会和参与社会实践应该是它的学术使命和宗旨之一。

进入21世纪以来,人类学开始全方位介入生活,与时俱进,应用人类学成了人类学中最为活跃的一门分支学科。它与当代自然科学、人文科学和社会科学等相结合,运用人类学的理论与社会调查的方法,着重研究现代社会结构和人民的社会生活规律。应用人类学对农业与工业,农村与城市,医药与保健,环境破坏与环境保护,生物工程、遗传工程等进行应用研究并提出对策。应用人类学渗透到各个学科领域和社会生产的各个方面,它的应用范围极为广泛。同时,应用人类学广泛进

---

[1] Eddy, Elizabeth M. and Partridge, William L, ed., *Applied anthropology in America*, Published New York: Columbia University Press, 1978.

行学科间的合作,协同研究。

其中一个比较突出发展的领域是应用人类学跟视觉人类学结合所取得的成绩。前面部分我们已经论述到了视觉人类学在当代的发展和对今天社会生活全方位地介入。视觉人类学在今天几乎涵括了人类生活以及未来发展的各个方面。从影视、广告、美术、新闻、多媒体、建筑、服装设计,到工农业、城市生活、市场学、生态学、美学乃至于医学、教育学、社会学和太空研究,人类今天的衣食住行等各个方面都凸显着视觉人类学的渗透和非凡的影响力。

在人类学本体论和科学研究的主要领域,如文化人类学田野工作、认知人类学、史前学和考古学研究以及语言人类学考察方面,应用人类学的方法如绘图(Mapping)、空中摄影(Aerial Photographs)、组际互动、图表方法、量化比较研究、卫星图像阅读、模拟游戏、角色排演、各种成像技术分析和多维环境造境分析等方法都被广泛采用而且有效地协助各个学科加深并拓宽了视野,做出了积极的贡献。[1]

从应用人类学角度探讨它跟视觉人类学在今天合作的意义更是自不待言。显而易见,应用人类学和视觉人类学二学科中有很多领域和研究方向是交叉和重合的,它们有着很多共同发展的可能性和互动的空间。在这种发展中,二者间结合和互惠效应是充满希望且值得期待的。因为这二者都着眼于理论的建设和重铸,也都重视实践和学理分析;它们都既是理论同时又是方法。我相信,在这种跨学科的交流和实践中,应用人类学和视觉人类学的结合在将来一定能够发挥各自学科作用的同时叠加有效的复合作用,起到一加一大于二的实践效果。

---

[1] Ervin, Alexander, *Applied Anthropology: Tools and Perspectives for Contemporary Practice*, 2nd ed., Boston: Pearson, 2005.

第五章

视觉人类学语言与人类书写系统形成

第一节 视觉人类学与人类认知

视觉人类学在近卅年能够得到突飞猛进的发展,跟人类学的本体理论发展的影响是分不开的。如前面章节所述,人类学在20世纪大量实践的基础上,在理论上得以细化和提高;在其不同领域都有进展。而被称为新民族学(New Ethnography)和"民族语义学"(Ethnosemantics)的认知理论不只是人类学在心理学和符号学领域里的探索成果,它也为破译人类文明起源和视觉人类学研究远古文明提供了必要的理论武器。

其实,在20世纪末视觉人类学领域就已经开始了其学科重塑。它越过了影视疆域,而经历了阐释人类学、认知人类学和符号人类学的理论洗礼,开始将触角指向纵深,探讨人类所创造的视觉文明的语义内涵。重新定义的视觉人类学极大拓宽了其理论视阈,在纵的历史轴线上,它把研究目标拓展到了史前时代甚至人前(Pre-Human)时代;从古生物灵长类化石学和人类进化角度研究人类感官进化和视知觉形成等体质人类学课题,并将其后人类制造的原始视觉符号,如原始刻痕、洞穴画岩壁画、史前雕刻等上古视觉材料,以及文明史萌芽后的绘画、造

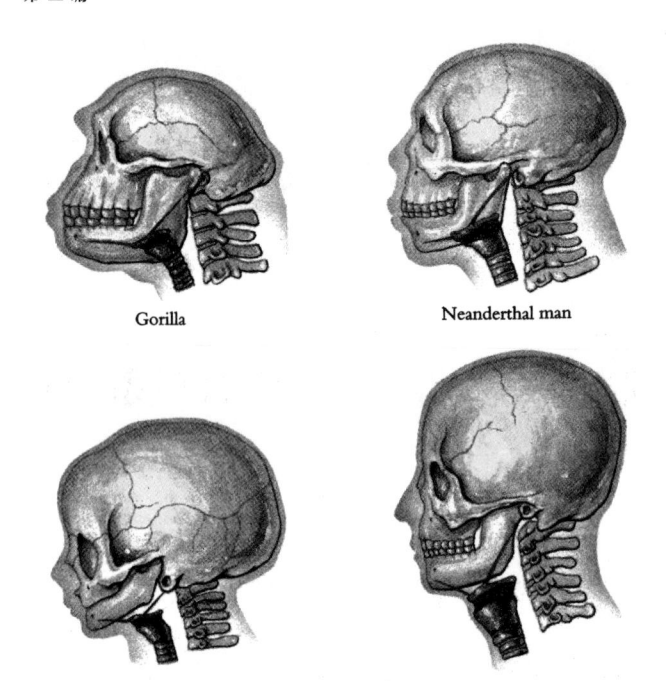

图 5-1　史前学和体质人类学对人类原始文明的溯源贡献巨大

图片来源：Miller, George A. *The Science of Words*, Scientific American Library, A Division of HPHLP, New York, 1996, p. 74。

型艺术以及全部人类创造的视觉资料等等纳入视野。[1] 特别重要的是，它今天还在无限拓展自己的研究视阈，将包括未来世代的视觉呈现乃至预设未来的空间人类学等全部视觉资料，拓展到自己关注的理论范畴。[2] 而在横的空间线索上，视觉人类学将人类与其社会及世界其他物种关系的视觉研究都纳入自己的视野，因此，它形成了无远弗届的格局。

譬如说，视觉人类学研究人类史前文明中的视觉呈现，如原始契刻、洞穴画、岩壁画及原始堆塑—雕塑等符号意义，以及它们从图到符

---

[1] Gosden, Christopher, *Anthropology and Archaeology: A Changing Relationship*, Routledge Taylor & Francis Group, London and New York, 1999, pp. 62 - 69.

[2] Beller, Sieghard; Bender, Andrea; Medin, Douglas L., "Should Anthropology Be Part of Cognitive Science?", *Journal of the Cognitive Science Society*, 2012, 4 (3), pp. 342 - 353.

号乃至到最后如何抽象成文字来推动记录文明的；这是后来被划分"成文史"及"史前史"的分水岭（Watershed）。

此外，人类是世界上唯一能够将具象图形转化为抽象符号并用它们来记录文明、推动文明发展的动物。用视觉符号和图形、绘画等来呈现文明发展在人类历史上也早已被看成并采证为是一种文明记录之手段。[①] 因而研究人类的表达行为和表述习惯乃至这些表述的物化证据时，我们不能仅仅把目光专注于晚近的成文史资料上，而且还应该开阔视野，将人类从史前时代到其在整个进化过程中的各种"人为"的记录手段，特别是文字发明以前的视觉记录手段包括刻痕、记号、原始绘画和雕刻、各种塑形（雕塑、堆塑、二维平面刻及凸刻）等内容作为视觉分析的对象来研究。

恰如文字发明以后人们用笔和文字来写作、文字发明以前人类视觉"写作"的工具是燧石、史前人类能找到的天然锐器硬物；而在近代发明了摄影摄像术以后照相—摄影师是用造像器材"写作"——人们用燧石—硬物和笔、用造像机器来表达思想和构思、以图的形式来呈现文明无疑是视觉人类学和符号—认知人类学设定的研究课题。我们不要忘记，在人类进化漫长的历史中，摄影术发明后的历史只是冰山一角上的一小角，而此前人类无数万年成长和进化的历程中，他们也在用图像和视觉形式记录自己的所思所想，并记述他们认为重要的历史事件。我们断然不应该只认定摄影术发明以后的视觉记录暨影视材料才是视觉人类学研究对象，而将人类文明和进化历史上绝大部分的视觉资料剔除在其研究视野之外。

作为"视觉写作"的一种，今人的摄影—摄像跟古人用燧石契刻"写作"图像、跟史前堆塑和岩壁画等的原始目的和功能是一样的；它们并没有本质的不同。其不同只是工具工艺和表现能力的不同而已。在文字发明前，人类只能靠刻痕、记号、粗拙简陋的图形和符号来"写

---

① Tomasello, Michael, *Origins of Human Communication*, The Massachusetts Institute of Technology Press, 2008, pp. 72–98.

作";即使在文字发明以后,人们用视觉形象暨图像来"写作"的方法仍然与文字书写并行不悖(如主题绘画和各种壁画、雕塑甚至富有文化符号意味的建筑如宗庙、殿堂、纪念碑等等;及至近代以来发明了综合图—文二者的电影电视、连环画、卡通系列画作等都是图文并行形式的呈现)。到了现代,特别是在今天,人类更是似乎又重新回到了欣赏图文并茂的"读图时代"。所以,在整个人类文明发展史中,视觉写作跟文字写作一直是并行不悖的两条平行进展记录文明的手段。这些当然都应该是视觉人类学研究的基础课题。

如果我们承认视觉呈现也是"写作"的一种,那么它的构思(构图)结构里就应该有其基本"视觉词素"的构成,有其组成部件如寓意象征记号—符号(它们相当于文字的偏旁部首、语音语义)、有其基础的视觉词汇和字、词、句、章。一幅有意味的视觉作品当然也应该有其谋篇布局和起承转合。在这个意义上,视觉语言一定也应该有其自己的语法结构。

因之,如果尝试对人类创造的视觉资料进行解读和破译,视觉人类学应该从它最早和最核心的素材暨最原始、最小单位做起,来研究其视觉词素、视觉语言和语法所表述、记录的人类生命活动。在诠释和破译视觉语言方面,近代以来已经发展比较成熟的当代人类学理论可以提供很多足资参考和效法的方法论,特别是在语言人类学和认知人类学领域有着大量先验性的成果可供参照。此外,视觉思维和视觉心理学等方面的理论也为研究视觉表述及功用等方面的探索有启发。

人类语言学涉猎多个哲学和心理学领域,它的范畴已经不局限于语言学,而是牵涉人类认知和思维本身。这一学科对文明起源研究的最大贡献,是它对人类思维结构和认知的理论基础给予了科学性的分析和阐释。它的实际意义早已超出了对语言起源和语言学研究本身的范畴。

在这种研究中,人类语言学之语义研究目的在于找出语义表达的规律性、对其内在结构的解释以及不同语言在语义表达方面的个性以及共性;从而将这种语义认知跟认识论结合在一起,将人类产生概念、综合概念及进行逻辑分析的心理机制结合一起，最终完成思维和表述。而语义学中的逻辑语义部分则是对其认知和思维中逻辑系统的解释；认知科学对语义学的研究在于人脑对语言单位的意义的存储及理解的模式的探讨。

学界一般认为现代语义学的发展有两个分期。第一阶段被称为是结构主义语义学时期。它被认为是依据20世纪上半叶以美国为主的结构主义语言学背景发展而来的。结构主义语义学研究的内容主要在于词汇的意义和结构，比如说它着重研究语素分析，语义场，语义词素之间的结构关系等等。这种研究也被称为词汇语义学，它关注词和词之间的各种关系，认为从词汇的基本语义例如同音词、同义词、反义词等原始词构造出发，是回溯词语本源、确立正确认知概念的重要一环。

这一学派的第二个阶段是生成语义学阶段，它是20世纪六七十年代流行于生成语言学内部一大分支。它也是早期结构主义语言学向后来的形式语义学过渡的一个理论流派。这个理论流派继承结构语义学的语素分析方法并延展了其中音系—音位理论，而主张研究语言的深层语义结构，并通过研究对词汇和句法的手段及人类认知—心理句型构造等方法来研究思维和句法形式构成要素等内容。①

语义学跟认知科学结合对词汇的研究对整个思维科学都有启发。它早已超越了传统的结构主义和语言学的框架，研究人脑中词汇起源、形成和储存机制，研究词根扩展以及词族的产生，词组、片语以及句子—句群的意义等。在认知和心理科学上，它从研究结构入手，研究一个词汇如何激活相关词汇以便引发心理机制的概念联想以及形成词网认知（WordNet）等等。这些，对此后的视觉语言研究分析都是有启发意义的。

除了语义学，现代语用学也对视觉人类学的分析方法有着卓越的启发和贡献。现代语用学的目标是探讨特定语境对语言含义产生影响的科学，它强调背景（上下文）（Context）对语义的理解的意义。语用学不仅止于研究语言本身而且强调行为科学的总体意义。它强调语言的社会

---

① Kroeger, Paul R., *Analyzing meaning: An Introduction to Semantics and Pragmatics*, Language Science Press, Berlin, 2019, pp. 3–11.

功能和行为学功能,它研究交流行为、对话含义并从哲学、社会学、语言学和人类学等综合角度来解析和破译人类的语言行为。① 语用学扩大了语言研究的意义,它并不仅仅孤立地研究语言,而把人类语言和言语交流看成是一种文化行为(如招呼、应答、争论、劝说和结论)并分析因之产生的人类互动模式。语用学还试图通过研究人类的语言交流方式去了解不同文化间的潜语言结构如民俗、习惯法、礼仪等非语言背景在语言交流活动中的意义等,并通过这类研究来揭示跨文化和跨语际(Cross-Lingual)交流中言语的意义、误解误释及其使用禁忌、规则等问题。

20世纪后期的语言学研究在某种意义上说早已超越了语言研究的藩篱而介入了思维和认知研究的前沿领域。现代语义学和语用学的对人文科学和社会科学的介入极大地开拓了当代人类学研究的视野,也对视觉人类学的分析方法有启发意义。正如人类学大师列维－施特劳斯所指出的,晚期的结构主义语言学已经试图将文化行为、庆典仪式、血缘关系、婚姻法规、烹饪法、图腾制度和各种组成部分皆看成不是固有的或无联系的实体,而是相互间保持的对比关系;这些关系使它们的结构和语言的音位结构相类似,从而,得出深刻的结论:"每个系统,即亲属、食物、政治的意识形态、婚姻仪式烹饪等等都是整个文化的部分体现,而整个文化最终将被看作是一种巨型语言。"② 当代认知科学和语言学对视觉人类学的影响是非常积极和巨大的,在下面的章节中,我们将详细论述其具体的内容。

第二节 语义—语用学理论的视觉引申

当代语言学理论作为富有启迪意义的一种前沿理论,它不只是为新

---

① Robinson, Douglas., *Introducing Performative Pragmatics*, London and New York: Routledge, 2006, pp. 104 – 107.
② [英]特伦斯·霍克斯:《结构主义符号学》,瞿铁鹏译,上海译文出版社1986年版,第26—27页。

兴的人文—社会学科提供发现问题和解决问题的新视野，而且也提供帮助视觉语言介入阐释和探索视觉文本（Visual Text）的分析方法。语义学的研究强调正本清源，它试图从每一个原始词素细胞入手，介入认知主体来确立研究对象。而语用学则进一步要求还原认知和交流的原始现场，从上下文背景（Contextual Environment）入手确定其含义、验明正身，这样才能准确无误地阐释和理解所研究客体对象的本质。

如果我们将人类文明的主要特征放大，把它看成是一个富有象征意味的有机体，那么用语义学和语用学的象征符号学意蕴来理解这些寓意图景，我们将会受到更多意想不到的启示。

比如说，任何一项有意义的文化活动，如宗教、政治、文艺、仪典、民俗、娱乐……，都有其原始和基本的内涵，有其起讫点和发展的线索。而这些富有象征意味的社会活动本原皆是由一些最原始的细胞素组成的。在一般情形下，人们往往只关注现象，大而化之地对其内容和结果进行描述和总结。但是作为人文科学和社会科学家，这样做是很不够的。只有从其根本构成或基本"语义"上去分析事物形成的根源和过程，才能认真地辨析并纠正人生中很多"常识"的起源并改写我们对概念的误读。

比如说，任何一门学问或者人文现象的构成都有其内在"语素"和言语表达的逻辑。这些客观现象的肌理和结构有的比较容易看出来，而有的比较隐晦。

我们可以拿人们比较喜闻乐见而且富有概括性的舞蹈这种艺术形式来做一个个案来分析见证。举例而言，世界上的舞蹈多种多样；虽则其表现形式和技巧千差万别，但中国百姓大多能够一眼就分出西方舞蹈和中国民族舞蹈的不同。因为它们的舞蹈语言基本构造有其民族化和地域化的刻痕，很难跟其他国家的舞蹈语言混淆。同样，如果我们再细分，即使同是中国的舞蹈，一般百姓也不难从地域性、历史性和民族特色来区分出南北方和不同民族的舞蹈风格；同时，从舞者使用的道具（如扇子、手帕、长绸、披风、芦笙、面具、礼器、手鼓、单鼓、花棍、花灯、花伞、刀剑、其他具地方特色性饰物等）也可以辨别出这些舞蹈的功能、意蕴和其承载的文化—社会意义。

按照文化人类学的符号结构理论，舞蹈肯定是有舞蹈语言的，而且这种"语言"有国际性和地域性之分。在地域性语言的范畴里面还可以细分出不同文化带、不同国别和不同民族的形式和风格。如果再往深里探讨，一个国家甚至一个民族内部还有很多种不同风格：虽然同是舞蹈，秧歌跟芭蕾的舞蹈表达语素南辕北辙，弗拉明戈和拉丁舞的视觉述说句型泾渭分明，华尔兹跟伦巴的视觉呈现逻辑风格迥异，而广场舞跟探戈的视觉述说风格也是大相径庭的。①——这些，即使您不是内行，也一看便知。这"看"就是简单的破译，因为你从它们的视觉词汇句法中就看穿了它们不是同类。这种"看"的情形恰如即使您听不懂法语意大利语和葡萄牙语的不同，但您却能判断这些都是外语。所以，舞蹈的视觉语言里不仅有"外语"，还有"国语"和"方言"的不同。同时即使在同一"方言"内，还会有细分的"发音"和"唱腔"等个人因素的不同，这些不同才能呈现并塑造出百花齐放的舞坛，才能营造出百鸟啁啾的春天。

舞蹈除了语素和其视觉语言表达等外在形式，它的视觉语言的另一呈现因素还在于其功能的实现。比如说，这种舞蹈的目的是娱乐（娱神、娱人、娱己）还是社交（宗教、仪式、操练、竞技、联欢），属表演型还是参与型，是为实用目的还是属表演和象征目的，等等。而这些不同类别和范畴，再加上前述文化、地域、民族、政治、社会功能、经济利益等等因素，又会混纺和排列组合成无数新的内涵。这样，一场简单的舞蹈活动，经过深度描写和语义学的细究，能够挖掘出不少被一般观察者或者肤浅描写者所忽略的文化内涵来。②

---

① Judith Lynne Hanna, *The performer-audience connection: emotion to metaphor in dance and society*, "Introduction", University of Texas Press, 1983.

② Albright, Ann Cooper, *Choreographing Difference: The Body and Identity in Contemporary Dance* (Studies. Engineering Dynamics Series; 9), Wesleyan University Press; Hanover, NH: University Press of New England, 1997, pp. 119–120.

幸好舞蹈是一种空间性的视觉语言，上面言及的这些各自的不同功能和风格都能通过视觉的形式体现出来，让人们摸得着看得见。而编舞学则是一门被应用最广的视觉人类学语言应用的例子。①

虽然音乐是一门时间性的即时语言，但它的文化语义学要素也是一样的。如果我们用人类学方法来分析其深层结构和听觉语用功能，里面同样也有语汇、语法结构等极大的阐释空间。

不只是用于抽象的科学研究，当代语言学和符号学研究的意义也可以体现在我们每日每时岁月的方方面面。譬如说，在日常生活中，人们在服装打扮，化妆风格上，居家装潢甚至颜色选择、生活—工作空间塑造乃至工具—文具风格的选择偏好上，都能看出个人背景、性向、美学取舍和心迹。② 比如说在美国，经常有人会说他们很难分出中、日、韩国人。但若真是有心人，即使不用听其语言各异，仅从他们外貌风格、行为和衣着装饰就能基本辨识无误。学者或研究者往往能够注重视觉材料的分析，从形象、身体语言、文化语境的角度去进行实验性分析。

在日常生活中，只要有心，一般民众也能从某个人家常的视觉语言和视觉语素的暗示中发现一些细致的个性、文化取舍甚至人生态度等符号化因素，训练自己的视觉辨识能力，进行视觉上的比较文化学分析。

其实这类文化人类学的语义分析方法并不仅止于视觉领域。它能够以方法论的启迪性在富有社会符号表述意义的各个领域内运用。

让我们举个更家常的例子。比如说，前面列维-施特劳斯提到了烹饪作为宏观的"语言"的象征性意义。就以日常生活为例，如果我们把基本食材和调料当成语汇，世界各国的烹调方法当成句型，而把传统、地域风格当成修辞，那么这里面的内容自是气象万千。虽然都是美

---

① Foster, Susan Leigh, *Choreographing empathy: kinesthesia in performance*, Routledge, New York, 2011, pp. 112 – 124.

② 海龙：《服装的语言》，《编译参考》2003 年第 9 期。

食，中餐和西餐的风格、味道、呈现方式乃至就餐的仪式、摆设、环境千差万别。仅就食材本身，世界各地内容各异，调料更是百花齐放。而以地域论，我们称为西餐的内容在欧洲各国则大异其趣。不用说法国跟俄罗斯内容不一样，即使邻近法国的意大利、西班牙、奥地利、比利时的风格还大不一样呢！——如果再细分，仅仅法国内部的美食还分南北方，南北方还分不同地域……这些正如如果仅仅中华美食就有"八大菜系"，而八大菜系远远不能囊括中华美食的全部。往具体说，即使不在"八大"里面的每个省、市、地区皆有自己不同特色和风格。而且再往具体探讨，即使同在一时一地，千家万户的风格仍然有不同。天下之大，人文资源之丰饶是我们的想象力无法企及的，因而，人文理解和阐释的空间是无限的。

让我们仍然回归到视觉人类学和观察的例子。日常生活中我们几乎每个人都有能够在万人丛中轻松自如寻找出自己家人和朋友的经验。即使他们跟别人个头差不多，衣服打扮也没什么特别新奇突出之处，我们也有这种自信——为什么呢？因为你记住了你心中的那个他/她之为他/她的最基本的视觉细胞词素。人的视觉神经感官是非常精致和细密的，它不会混淆代表着某个人或某件物质最本质的视觉特征；而我们在构造对这些词素认知过程中，已经在潜在的视知觉中刻印下了这些模板，它们成了我们的无意识和"下意识"。这种下意识不只是文化性的，也是认知和生物性的。人体是个精致无比的机器，它比任何电脑都好使。这些视知觉的认知语言成了我们的一种本能，而我们视觉人类学的语言研究就是为了发掘和探讨这种本能的意义，用于破译人类文明起源和发展之谜。上面这个万人丛中"认人"的例子充分验证和表明了只要我们用心把握了视觉词素的根本内涵，万变不离其宗，研讨、发掘和辨识大千世界的形象本质不难。

用这种方式方法去理解和探索史前人类的视觉语言以及其后文明世界人类的视觉交流意蕴，应该是大致合理并符合人类生命实践活动实际的。

第三节　史前记号和记事

　　从史料学和了解人类文化史角度，如果我们发问人类文明是如何传承的，一般读者会随口而出用语言文字记录传承。譬如说，中国有三皇五帝传说，有甲骨文、有神话传说和史记，有记载文明传播的各类专书。世界上其他几大文明的情况也基本上是如此。

　　但是，我们若追问语言文字是什么时候创造出来的、又是谁创造出来的，为什么世界上的语言文字有那么大的不同？能够回答这些疑问者就不多了。有些常识性的问题看似人人能够回答，但其实情却是似是而非，人类文明和人类历史起源的话题看上去每个读书人都能说上几句可几乎所有人都难以给出一个真切的答案。

　　前面章节我们提出过这个话题，作为人类学分支的考古学研究对上古的史前人类如何记事、记录及表达思想，当代人类学在这方面做了不少工作。人类学家和考古学者通过出土的证据进行了仔细探讨。而文化人类学家同时对今天生活在与世隔绝远离"文明"的人类进化活化石——当代原始部族人的文化传承行为进行了比较行为学的研究，这些比较研究的结果验证了人类文明的发展和记录的某些轨迹。可以渐次给我们掀起文明起源解码的神秘帷幕。

　　当然，今天没有时光隧道，也不可能有返回远古的时间机器让我们回到史前时代，但所幸我们有考古学发掘的古人类生活的证据化石和其群居、生产劳动以及精神生活等多方面的考古遗址物证；再加上我们今天能够在这个地球上寻找到某些生活在史前状态的当代原始部落人群"活化石"比较验证。文化人类学家深入地球各个角落从事田野工作和民族志研究，从那些由于种种原因没能走向"文明"发展大一统序列轨道而生活在"不知有汉、无论魏晋"的当代"先民"中发掘人类文明起源的讯息。虽然当代原始部落人的生活未必等同于人类祖先生活的复制，但这些类似活在几万年前的人类先祖时代的当代原始部族人

第二编

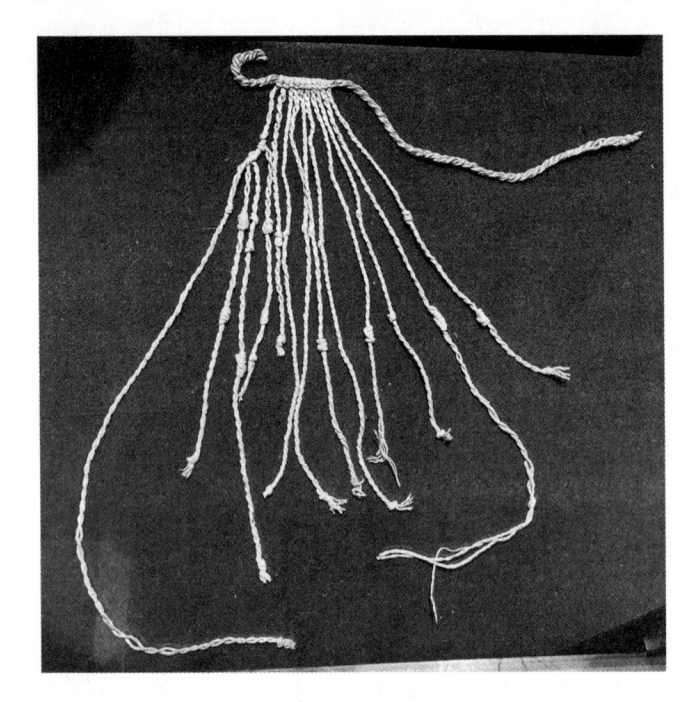

图 5-2　从简单的结绳记事到复杂的结绳说明了思维的进步和人类社会实践在不断复杂化和进步

图片来源：Representation of a quipu（1888）https：//en.wikipedia.org/wiki/Quipu。

"活化石"般的旁证能够给人类学者一种类比和平行研究的参考，俾使他们在这种追根溯源和比较研究的探讨中发现人类文明发源的种子。"礼失而求诸野"，幸好有了这些不同的证据，使我们破译人类文明的初始和进化的工作有了可以验证的参照物。

世界史上各种文明和文字创造的发源和过程或有其相似之处，为了便于说明问题，我选择中国读者比较熟悉的汉字创造过程来讨论这个课题。

按照史料记载，在上古无文字部落社会前的初民时代，为了便于记忆生活事件和内容，人们往往给自己的提示和存储的方式是做暗号或做记号。其最普遍的方式是结绳记事。结绳作为最早的记录方式的发展是由简到繁的。据考最早的结绳大概就是用手边随处能拿到的干草、藤索或各种纤维自然物（后来有了人工发明制造的绳子）做个记号。大事做个大的结，小事做个小的结。上古时代人们的生活和人事都非常简单，记事系统当然也没有必要复杂。①

图 5-3　当代原始部族人用绳结、贝壳、砾石等和颜色线等编织成复杂的结绳记事形式来记述部落中较为复杂的内容

图片来源：王海龙拍摄于美国自然历史博物馆，2005 年 8 月。

可是到了后来，随着原始氏族组织内部形式的扩大，生活形态社会和人际关系开始复杂，需要记忆的事情就开始复杂化，产生了各种各样的交叉关系和关联。此时，简单的结绳记号就不再够用。人们需要发明一些新的方式来记载他们认为重要的生活事件。这样，结绳的内容和形式就发生了变化。②

比如，绳子的粗细和编结方式，绳子的纵横走向和穿插其间的记号

---

① Brokaw, Galen, *A History of the Khipu*, Cambridge: Cambridge University Press, 2010.
② 1）Hyland, Sabine, "Unraveling an Ancient Code Written in Strings", *Scientific American*, 11 November 2017; 2）Alex, Bridget, "The Inka Empire Recorded Their World In Knotted Cords Called Khipu", *Discover*. 4, January 2019.

等都有了变化。它们各司其职,人类学家田野工作时在当代原始部落发现的"结绳记事"实物(即他们部落的视觉"史诗"和"史记")中,我们发现其中粗绳为经,细绳为纬;除了粗细的变化,这些绳子还被染上不同的颜色,每种颜色又有深浅和过渡,代表着不同的意义(如祭神、劳作、收获、狩猎、疾病、死亡等等)。[①] 同时,记事的疙瘩大小不同代表事件和意义的不同。其后,这样的结绳记事功能渐趋复杂,出现了交叉的繁复关系。除了上述处理方式外,原始人同时又给结绳记事叠加上了新的内容来表示更加复杂的意思。比如说,把某些结绳的部分和位置加上贝壳、穿孔石头、珠子等物以表达多重含义和复杂文化内容。现在,越来越多的人类学家开始承认这种结绳记事应该是一种"原始的书写文件"。[②]

原始结绳记事的好处是它比较灵活、能够随时补充和无限延长记事内容和范围,但它的缺点也是显而易见的:绳类这种植物纤维物质不利于保存。所以,除了在古人口头传说和发明文字以后的记载中出现,在人类文明起源远古年代考古实物中比较难以发现原始人结绳记事的实证遗存。而在同样的遗址,原始刻痕记号、洞穴画岩壁画和堆塑等文物较容易发现。我们今天之所以相信人类文明早期曾经有过这样一个结绳记事时期,除了获知于成文史以后记录之遥远口头传说中人类自蒙昧进入文明的朦胧记忆,幸运的是,在今天文化人类学对当代原始部落人群的田野工作调查中,仍然发现了有的部族原生态文明中部落人仍然在使用这种方法来作为记录工具。

初民社会事务也在日渐复杂。经历了无数万年,随着人类文明的不断进步,结绳记事和繁复编织记事的手段已经显得比较麻烦且不便于即时性记录,上古人开始更加普遍地使用契刻的方式代替了结绳(或者

[①] Hyland, Sabine, "Writing with Twisted Cords: The Inscriptive Capacity of Andean Khipus", *Current Anthropology*, 58 (3), 2017, pp. 412–419.

[②] Urton, Gary; Brezine, Carrie J. (12 August 2005), "Khipu Accounting in Ancient Peru", *Science*, 309, pp. 1065–1067.

第五章　视觉人类学语言与人类书写系统形成

图 5-4　人类进化漫长岁月中结绳记事也在不断发展。从简单结绳到染色、搭配贝壳和珠子宝石，再到后来形成图案和织毯；类同于书写语言的词素到短句再到短篇的表述形式

图片来源：Hunter, David E. & Whitten, Phillip, *Encyclopedia of Anthropology*, Harper & Row, Publisher, New York, 1976, p.42。

在结绳记事的同时初民已然采用了契刻方法，实行了"双轨制"）。这种契刻实践促成了后来文字的发明。

当然，文明发展有可能是多维度前行的。人类学研究表明，也许在结绳和契刻的同时，古人有了图案和绘图的概念，并能用一些原始和粗拙的图像来记录他们的所思所历所想。在这漫长的时光里，人类尝试着记录文明的手段是渐进和多元的。今天有科学家认为，这种结绳记事可以被看成一种三维的立体书写系统，是一种"会意文字"[①] 它有数学和记录功能，而且也被用于交流，已经可以被证明是一种记录—交流信息的符号和工具了。

[①] Newman, Oscar, *Secret Stories in the Art of the Northwest Indian*, New York: Catskill Press, 2004, pp.19-25.

第二编

其实，复杂的结绳记事也有可能沿着它自己的形式和符号化功能发展，根据当代原始部族发现的一些物证显示，这种结绳和编织有可能后来跟后起的原始纺织结合在一起，创造成了图案和挂毯记事系统。这样有记录也有仪式和法器内涵的挂毯上有记事的编纹，也有纹章意味，同时还有特殊的书写和表述功能。上述种种视觉呈现还产生了不同的变种。比如说，这些记号、图纹和图画展示性的内容被制成多维或立体的形式就成了平刻、圆刻、浮雕或堆塑，在有的文化中它逐渐演变成了更富有表现力的视觉形象如石碑、堆塑、木乃伊甚至图腾标记，最后发展到部族标志如图腾柱等内容。① 可喜的是，上面推测的发展过程我们还能在当代原始部落里找到本族人现身说法地解释它们的意义。

可以想见，结绳以外，古人们最早的契刻大约是在手头上随便能找到的器物上或住所附近进行的。他们契刻的目的大约是在某些器具和工具上做记号和符号，用来作为标识和标志表明所属、记事、责任和完成形态等等。当然，我们也可以推算上古时期人们可能也会在自己的猎物、财产等物品上做些记号之类标示财物所属。这些粗疏的符号就是富有文化意味的内容，它们应该就是在原始社会私有制的产生和财产和物权概念的标志了。这些是我们研究人类社会进化的视觉物证。

我们今天发现的上古文字和各类书写符号基本上都是保留在硬物上或者骨质、角质甚至石头上。但我们切不可以为这些就是最早契刻起源的标志。因为，我们可以想见，上古人最初没有理由在这些坚硬而且难以契刻的材质上耗费时间来做这些让我们后人从事研究的"书写起源"符号，他们这样做大约是缘于巧合或者特殊需要，而我们今天能够得到这类材料进行研究应该是源于幸运。

我们完全有理由相信，古人发明图画、契刻的原因是发自于非常实用和实际的目的。他们将契刻作为实用的符号首先应该是刻划在木质的劳动工具、刻划或涂染在动物的皮毛和羽毛（恰如今天的农民们为了

---

① Kramer, Pat., *Totem Poles*, Vancouver, British Columbia: Heritage House, 2008, pp. 22–24.

第五章 视觉人类学语言与人类书写系统形成

便于自己的家禽和家畜便于辨识而仍然做的那样）甚至刻划在泥土洞穴墙壁、树木和随手使用的器皿上面的（如某些契刻在原始陶器上的符号等等）。

只可惜，上古人类创造文字以前的那些结绳记事和在木头等柔软物质上契刻的那些实用产品和物证由于时代久远而且这类材质物理性的无法保存，在今天的考古我们能够发掘出来的文物往往不能得见它们，而只能找到后期那些较容易保留的材质如甲骨、陶器和青铜器之类。其实，可以推断，人类最早期在这方面的尝试产品绝不可能是这些坚硬材质的东西，它们只能是在后来的新石器时代和青铜时代人们发现了更坚硬的工具来处理材质以后才能出现的。

所幸我们今天在当代原始部族考察和田野工作中仍然能够找到上述推理的例证。这些当代原始部族人创造的符号和视觉资料产品补足了我们考古学资料对原始社会早期契刻内容方面的不足和断链部分。

原始人除了在手头上常用的工具、猎物和住宅左近刻划标记和简单图案以外，先民也会因为各种各样的原因开始发现并创造使用天然燧石、硬石头或天然金属矿石等工具在木头、竹片、石片和甲骨等材料上契刻各种符号以作为记事的方式。这就是中国古书上所载"始作书契，以代结绳"的过程。这个过程是漫长的，但这是一个了不起的进步——须知，初民到了契刻阶段，就已经接近进入文明史的大门了。我们今天能够发现的中国历史上最早的文字甲骨文就是契刻的成果。契刻之发明，显然让文字的发明向前革命性地迈进了一大步。

但世上的事情绝非能一蹴而就。我们可以想象，在上古时期，古人最早的契刻产品不可能一下子就是抽象的字或语言符号；它们更可能是一种稚拙图形和写实的画。因为文字是一种抽象的表述，比起一般对事物的描摹和画作来，它是一种图像高度浓缩的产品，是一种属于更高级阶段的抽象表述。对文字出现合理的推断应该是，原始人只有在大量写实的基础上才能撮其要而简化、抽象描摹并制造出这类符号化的晚期产品来。

这样，我们就可以推想出来，上古先民的文化进化和记忆传承系统

图 5-5 考古挖掘猛犸象牙化石资料中呈现的视觉图像，疑似史前狩猎图腾仪式

图片来源：Marshack, Alexander, *The Roots of Civilization: The Cognitive Beginnings of Man's First Art, Symbol, and Notation*, McGraw-Hill Book Company, New York, 1972, p. 207。

大约是用两种体系和思路并行前进的，它们就是通过记号系统和造型系统交叉发展、平行递进和嬗替合力推进；从具象的图形渐渐发展成抽象的符号，而形成后来的书契和文字书写系统的。

因此，初民最早创造发明的应该是以标记为形式的记号系统，记号的内容是简单明了、目的明确的。

图 5-6 考古发掘史前时代人们在猛犸牙上的刻画——视觉记事，以及古人刻注的原始天文图

图片来源：Marshack, Alexander, *The Roots of Civilization: The Cognitive Beginnings of Man's First Art, Symbol, and Notation*, McGraw-Hill Book Company, New York, 1972, pp. 41, 48。

第四节　从图像到符号

但原始的记号系统本身失之于太简单，如仅仅一个横划、直划、三角形或圆形可以代表很多事物，这类过于宽泛的代表性符号往往容易使人混淆。古人需要更加明确的指代信息。因之，原始人后来对其记录的事件和内容有时还需要一些描述和解释性背景类视觉资料，于是就逐渐进化到了图解性和原始的绘图记事方法。绘图记事的好处当然在于其直观和叙事详细，但其弱点也是明显的。第一，它需要的绘画技巧并非人人可为，第二，同时，图画记事本身容易陷入琐细，且难于表达抽象的概念。

由于后来人们有了比较先进的工具，无论是制作符号和在坚硬的、较容易保存下来的物质上（如萤石、玉、牙、龟甲、兽骨、鹿角等）刻划都开始变得比较流行，使得我们今天能够发现较多这种上古绘画类视觉记事的文物。比如，今天我们能够发掘出的比较早的这类契刻和图像有三万年前的欧洲原始社会的文物，足以使我们了解那时候先民的生活状况和他们的所思所想。[1]

当然，其后原始人发明了制陶等工艺又给这种符号和绘画的制作和保存提供了极大的方便和可能。由于陶器是使用软性泥土制作然后再烧制成型而且经烧制后其材质坚硬容易保存，它成了一种更便于古人刻制和绘画的"书写"载体。陶器被认为是人类最早的发明之一，它开始使用的历史可以被追溯到新石器时代的公元前29000—前25000年之间。[2]上古先民们可以很容易地在古陶上使用锐器工具较为随心所欲地刻划符号，这样就极大地提高了他们的表现力，并刺激了他们的视觉创造欲望。古人因此得以绘制图形、图案（如动物纹、几何纹、编织纹和利用手掌

---

[1] Ucko, Peter J. & Rosnefeld, Andrée, *Palaeolithic Cave Art*, World University Library, McGraw-Hill Book Company, 1973, pp. 116–117.

[2] Lienhard, John H., "No. 359: The Dolni Vestonice Ceramics", *The Engines of Our Ingenuity*, University of Houston, November 24, 1989.

和自然物体如树叶、贝壳等制造的原始图纹等），甚至创造了如后来被认为类似抽象的文字样的视觉素材（如被认为是早期文字起源雏形的陶文符号等）。史前人类以此来表述并记录他们的所思所想。我们今天通过考古发掘了大量的这类史前文物，是我们研讨文字起源学的宝贵材料。

此后，又经历了无数的变革和创新，在世界上最早的一些文化发源地开始出现了文明的曙光；这些文化策源区域也几乎不约而同地出现了古文字朦胧的雏形。通过对这些文字发源视觉物证雏形的研究，我们可以发现它们的共同特点也符合我们前面关于契刻记号、绘制图形等文字起源学预测的要素。上古埃及、两河流域、古印度和上古中国基本上都经历了这样一个文字起源和发展的脉络。[①]

在早期阶段，这些图案和刻痕都是简单记号类的稚拙契刻图形，其后这些绘制图像、契刻图案阶段开始合而为一；互相补充，逐渐演变成原始图文并茂的文字雏形（譬如说，古埃及的早期象形文字纯粹是图画。愈是官方的圣书体图像则愈规整，而世俗体则可以使用简化；演化到后期则更加抽象化，以致最后演绎成了符号[②]）。几乎是同时代的古印度也出现了图像文字及印章书版，这是一种图形化非常明显过渡到文字的雏形，它们脱胎于基本画图的渊源关系非常醒目。毋庸讳言，汉字的出现也是循着同一条道路的。

在原始文字出现初期，它们并不是文字，而是一种人造的协助记忆和互相交流的符号。在这种意义上，所有的原始文字应该说都是一种象形文字。它们差不多类似于一种简笔画，或者是一种以偏概全的特征描述（如中文甲骨文中的以头像图形代替整体的"牛、羊"等）手段。

---

① Denise Schmandt-Besserat, "An Archaic Recording System and the Origin of Writing", *Syro-Mesopotamian Studies*, Vol. 1, No. 1, 1977, pp. 1 - 32.

② 这里的附图是本人拍摄的古埃及碑铭。上面用三种文体发表的是同一内容。这里三种书体的代表是圣书体、官方文书体和通俗书写体。这种形式表明其中愈是神圣庄严和官方的呈现就愈是使用古老而原始的形式。但其后在民间，在实际书写的过程中人们开始去繁就简，渐渐采用更为便利的通俗书写方式了。这种趋势是人类文字和书写系统进化和发展的表现。中国文字的发展演进也几乎是循着同样轨迹的即由繁及简，由古渐近，由具象到抽象。这些从汉字发展由大篆小篆到隶书到正书行书和草书的过程可见一斑。

第五章　视觉人类学语言与人类书写系统形成

图5-7　古埃及碑铭中的官方书体中"大写"的更接近图像，而"小写"和"速写"更倾向于符号化

图片来源：王海龙摄，纽约美国大都会博物馆，2004年8月。

随着时间的推移和初民表现对象范围的增加，简单图形表现力受到了局限，于是出现了需要用上下文符号互训的方式来拓展其表述系统。再往后，原始表意的符号渐被赋予了表音的功能。这个新的一步是巨大的飞跃。有了表音功能以后，大多原始文字形成了字母和拼读的意义，并逐渐发展成了拼音文字。而古代中国的汉字则经历了由表意为主向意—音兼顾的漫长过渡过程，其后则发展成形音合流的模式。直到现代，汉字中大部分造字的方法还是以形声字为多。

早于此期的两河流域苏美尔文明之代表巴比伦文字的起源则走了另一条路。由于发现了跟古代的陶器制作有异曲同工之妙的泥板烧制技术，古苏美尔人无虞保存书写内容之困难，盖因其拥有在柔软泥板上"写作"并可将其烧制坚硬后保存的便利，使他们在"写作"工具使用上得到了较大的自由。

据考，楔形文字的原始形态并非"楔形"而是源于图画的形式；可考的证据演示它最初的形式是图。它以图喻事，皆是图画象形文字。渐渐地，这种图画文字发展成苏美尔语的表意文字。其后，它把一个或几个符号组合起来，表示一个新的含义。比如用"口"表示动作"说"；用代表"眼"和"水"的符号来表示"哭"等等。随着其后这种文字的推广和普及，苏美尔人干脆用一个符号表示一个声音，如"箭"和"生命"在苏美尔语中是同一个词，因此就采用了同一个符号"箭"来表示。后来又加了一些限定性的部首符号，如人名前加一个"倒三角形"，表示是男人的名字。这样，这种文字体系就渐次基本完备了。①

考古发现证实，在古代美索不达米亚，这些最初的文字外观形象并不像楔形而只是一些平面图画。显然，被后世称为楔形文字的美索不达米亚古文字，正是起源于图画式象形文字。经考证，其缘起时间大约是公元前3200年左右。这是关于世界上最早的文字记载。这种文字写法简单且直观。有时复杂的意思和抽象的概念就用几个符号结合在一起来表达，除了前面举例把"眼"和"水"合起来就是"哭"，还有"鸟"和"卵"两个符号合起来就表示"生"等。这种文字是象形的。如若要表示复杂的语义，就用两个符号合在一起，例如"天"加"水"表示"下雨"等等。

随着社会发展，原始社会人际和各类社会交往增多，不同个体间要表达的事物愈来愈复杂、抽象，原始的稚拙图形越来越不适应人们的需要。于是，苏美尔人对文字进行了改造。一方面是对图形进行简化，往往用局部来代表整体；另一方面又增加了符号的表述意义，比如"足"的符号除表示"足"外，还能表示"站立""行走"的意思；"犁"的符号除表示"犁"外，还可以表示"耕田"和"耕田的人"的意思。这样，象形文字就慢慢衍生成表意文字，即符号意义不直接由图形表达而是由图形引申出来了。

---

① Boudreau, Vincent, *The First Writing: Script Invention as History and Process*, Cambridge University Press, 2004, p. 71.

第五章　视觉人类学语言与人类书写系统形成

图5-8　纽约中央公园有一个几十米高的古埃及巨大方尖碑，每个象形文字都约二尺见方，是美国人从那里弄来的。现在它日日夜夜指向着无涯的穹际，用无声的古老象形文字叩问着苍天

图片来源：王海龙摄于纽约中央公园，2000年3月。

苏美尔文字是逐步产生的。正如我们现在所知，其间由借助图形表达某种观念到文字的出现经过了约1000年的演化过程。公元前3500年左右，苏美尔人开始将图像刻于石上或镌印于黏土上，以此作为拥有某物的标志：或者用一块岩石表示"铁石心肠"，用一棵树表示一幢房屋。[①] 这种符号的组合或其展示出来的引申语义的拓展跟书写系统即文字的发明其实已经仅只隔着一层纸，它下面再走一步就是人类文明史上巨大革命的实现，标志着新时代象征的文字终于开始出现了。

---

① Daniels, Peter T. & Bright, William, *The World's Writing Systems*, Oxford University Press, 1996, p. 38.

第五节　从符号到书写系统

经历了漫长岁月的酝酿，在新石器时代的后期，由图形—符号向文字的演化速度大大加快。到了那时，苏美尔神庙的管理人员开始使用许多规范化的简图，并把它们结合起来保存神庙的财产档案和商业交易档案。尽管这一时期的书写文字仍具有象形文字特征，但它们已超越了以图画表示人及具体事物的阶段，发展到了用图画表示抽象事物，例如：一只碗表示食物，一个人头加一只碗则表示吃的意思。而且，这些符号的用法开始渐渐固定下来，成了公认的表述符码；这些功能，已经跟其后呼之欲出的文字意义基本上相似了。

又过了几个世纪，苏美尔人较成熟的文字表现系统全面取代了旧有的类文字符号，因为到那时最初的图画已变得非常系统化和抽象—符号化，以致人们不再把它们视为图画，而须视之为纯粹的符号；这些符号有许多已不再表示特定的词，而成为与其他同类符号结合在一起的富有词素和词根意义的音节符号了。[1]

公元前 2500 年左右，苏美尔地区的这种文字体系达到了充分发展阶段。楔形符号共有 500 种左右，其中有许多具有多重含义，这就使得楔形文字体系比后来的字母文字体系要难以掌握得多。尽管如此，在几乎两千年间，楔形文字一直是美索不达米亚唯一的文字体系；到公元前 500 年左右，这种文字甚至成了西亚大部分地区通用的商业交往媒介。

由于苏美尔人书写工具的便利而渐至将其书写系统发展成了抽象表达符号；后来，苏美尔人用削成三角形尖头的芦苇秆或骨棒、木棒当笔，在潮湿的黏土制作的泥版上写字，字形自然形成楔形，所以这种文字被称为楔形文字。为了长久地保存泥版，需要把它晾干后再进行烧

---

[1] Krejci, Jaroslav, *Before the European Challenge: The Great Civilizations of Asia and the Middle East*, SUNY Press, Albany: State University of New York Press, 1990, p. 34.

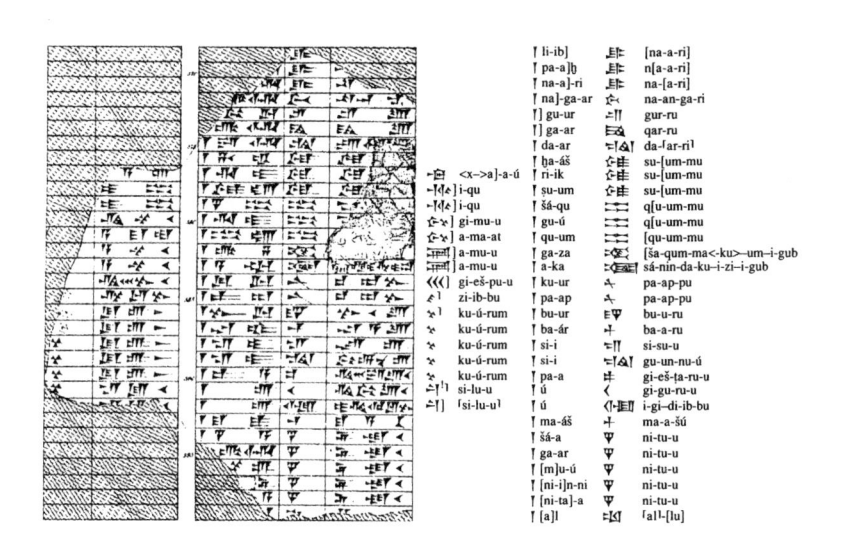

图 5-9 古代两河流域书写起源和早期文章的图版

图片来源：Deniels, Peter T. & Bright, William. (ed). *The World's Writing System*, Oxford University Press, New York, 1996, pp. 121, 147。

制。这种烧制的泥版文书不怕被虫蛀也不会腐烂，经得起火烧。但美中不足的是，泥版很笨重，每块重约一千克，每看一块都要费力地搬来搬去。到现在，发掘出来的泥版共有近一百万块，最大的有2.7米长，1.95米宽，可谓是巨书！

应该说，楔形文字是苏美尔文明的独创，它最能反映出苏美尔文明的特征。

楔形文字对西亚许多民族语言文字的形成和发展产生了重要影响。西亚的巴比伦、亚述、赫梯、叙利亚等国都曾对楔形文字略加改造来作为自己的书写工具。楔形字有意符和音符。经过上古西亚不同民族的使用和不断改造，它最后演变成了一种半音节文字。它在字母发展史上有所贡献，甚至腓尼基人创制出的字母也含有楔形文字的因素。[①]

图 5 – 10　上古印度河流域的纹章文字雏形

图片来源：王海龙拍摄，纽约，大都会博物馆，2001 年 4 月。

[①] Aubet, Maria Eugenia, *The Phoenicians and the West: Politics, Colonies and Trade*, Second Edition, translated from the Spanish by Mary Turton. Cambridge, U. K.; New York: Cambridge University Press, 2001, pp. 6 – 11.

第五章 视觉人类学语言与人类书写系统形成

在比上面稍晚的公元前26世纪至公元前20世纪,在印度河流域也出现了成熟哈拉帕时期文明之代表的印度河流域古文字(Indus script)[1]。这些文字多以字符、图形和印章的形式出现。科学家和人类学家对之进行了漫长时间的解读,但迄今对于它的性质仍然众说纷纭。因为这些铭文的书写是由视觉图像词素符号组成,其基本构成平均为五个符号,而最长的甚至有二十六个符号;[2] 而且这种原始文字的书写方向的基本走向已经被破译为由右至左的形式,在例外的情形下,也有左右互相逢迎的走向方式。

虽然自1873年被发现以来,学者们对这种上古印度书写文本的性质归属究竟是文字还是"前文字符号"的争议不断,但大家公认这种书写系统属于原始印度河流域文明的印记这一点是没有争议的。印度河流域古文字传播和涵盖的地区范围很广,自印度河谷至巴基斯坦地区皆有出土。自这种书写形式最早被发现和问世起至今,考古学者已发现有四千余种刻有这种古文字的文物;而且不止是在印度河流域,甚至在远至美索不达米亚地区也有这种文字或符号被发现,这种事实似乎验证了在遥远的上古时期,这些区域就已经有了交流和文化关联。[3]

据研究者考证,这种印度河流域古文字的大量部分还都是图画类的摹形符号,但其中也已经出现了不少抽象的符号。因此可以推断,它应该是古文字系统中由意符向音符演进过程中产生的一种前文字的书写发展向高级阶段的过渡。

有的学者研究这种印度河流域古文字是一种反书(镜书,通过折射阅读),因而它比较难以破译,而且它们包含有大量的图形和徽号;

---

[1] Farmer, Steve. Sproat, Richard. & Witzel, Michael, "The Collapse of the Indus – Script Thesis: The Myth of a Literate Harappan Civilization," Electronic *Journal of Vedic Studies* (*EJVS*), vol. 11; issue 2 (Dec) 2004.

[2] Robinson, Andrew, "Ancient civilization: Cracking the Indus script", *Nature News.* 526 (7574), (Oct 22) 2015, pp. 499 – 501.

[3] Mahadevan, Iravatham, "The Indus Script: Text, Concordance and Tables", New Delhi: *Archaeological Survey of India*, 1977, pp. 6 – 7.

另有学者倾向于把它们解释成一种跟宗教、家族、神祇和原始图腾形象有关的混合书写体（有点像原始符号如图腾柱等性质的表象）。这种假说更增加了对它们释读和破译的难度。对于这些符号到底是语言学符号还是非语言学的符号的问题，至今学界还有争论。但学界对这种书写基本上应属于一种原始文字的结论大致上是统一的——虽然世界上的很多谜我们迄今无解，世上的很多文字基于年代久远和缺乏上下文背景知识的缘故我们现在无法破译，但我们并不能因此就否认它们属于文字和人类创设的书写系统这一本质。

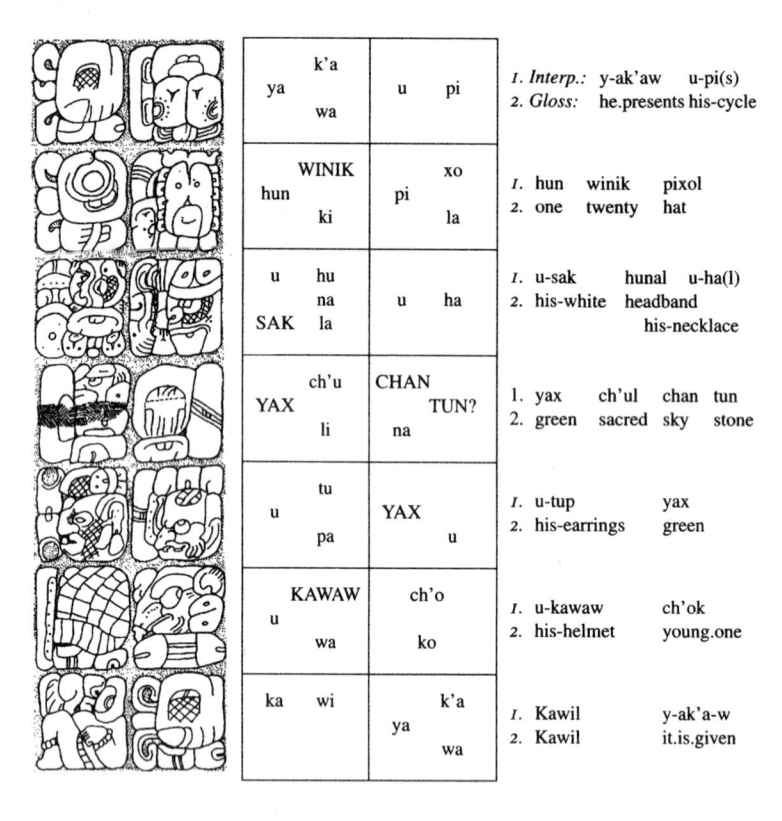

	ya k'a wa	u pi	1. Interp.: y-ak'aw u-pi(s) 2. Gloss: he.presents his-cycle
	WINIK hun ki	xo pi la	1. hun winik pixol 2. one twenty hat
	u hu na SAK la	u ha	1. u-sak hunal u-ha(l) 2. his-white headband his-necklace
	YAX ch'u li	CHAN TUN? na	1. yax ch'ul chan tun 2. green sacred sky stone
	u tu pa	YAX u	1. u-tup yax 2. his-earrings green
	KAWAW u wa	ch'o ko	1. u-kawaw ch'ok 2. his-helmet young.one
	ka wi	k'a ya wa	1. Kawil y-ak'a-w 2. Kawil it.is.given

图 5-11　比较后起的玛雅文字系统现在也被破译，它也是一种由象形文字转移到声—义符结合最后形成了可以拼读的书写系统

图片来源：Deniels, Peter T. & Bright, William.（ed）. *The World's Writing System*, Oxford University Press, New York, 1996, p. 179。

第五章 视觉人类学语言与人类书写系统形成

今天的学界倾向于把这种至今无法破译的文字称作"未解读文字"（Undeciphered Writing Systems）。它特指一些今人无法得出统一结论和尚未被破译的书写系统。这些系统有的是文字，有的也许是符号或者向文字过渡时期的视觉呈现形式——其中或许有的已被声称破译但其结论没有得到主流确认。有的因为字例—符号太少尚无法研究，也有的符号可能最终被验证不是文字。但总的来讲，在没有确凿证据以前，学界主张对上古文明和其视觉物证的研究持审慎态度，世界上的知识千差万别，而我们对这些内容的已知往往甚少；在没有确证的情形下否认它们是容易的，但是这样做容易造成一些武断和作茧自缚情形。

特别是对上古原始文字的解读，人类学界提倡慎之又慎。因为世界上很多原始状态的书写形式我们未能解读和破译，往往是因为上古文化跟今天文化的呈现形式截然不同。这种不同的认知使得古人跟今人的概念系统大相径庭，这中间隔着无数的"代沟"和文化、地域等各种各样的"沟"、缺环和断链，我们很难以我们今天的思维去揣摩并复原现代语言学上难以证明的符号是不是原始文字或书写系统的发源或原始形式。基于上述种种原因，有些原始文字或符号，在我们看得见的未来，可能仍会处于一种无法被解读乃至于甚至永远无法解读的情形。但眼下它们不能被解读却并不能成为反证，或被误判其不是文字的事实；正如在今天，仍然有不少的上古埃及象形文字、苏美尔的楔形文字和我国古代甲骨文字未能被破译，但它们这种一时无解的事实却并不能被用作否认它们是古文字的论据一样。

前面我们讨论了古埃及的象形文字、巴比伦楔形文字和古印度也是以象形文字为基础的图像文字及印章书版。那么我们中国上古的汉字情形是怎样的呢？事实证明，汉字的起源和发展也没有离开由图画而象形、由具象而抽象的这个基本的套路。前面我们说过，古埃及的文字曾经直接是图。古印度亦然，而古巴比伦是由图而抽象成了楔形。汉字的发展则是走了一条相对中庸的路线。

如同楔形文字刚开始象形后来高度抽象相较，中国汉字则象形和抽象兼而有之。可以说，汉字中最早形成的那些字或独体字大多是象形字。后来它有些部分由象形符号衍变而生成了音符，音符就包孕了抽象义，再把这些音符和象形的义符叠加起来就很容易产生新的字。除此以外，汉字还有大量的指事字和会意字。这些字大致上略如前面举例楔形文字如"眼"+"水"→"泪"，"鸟"+"卵"→"生"；"天"+"水"→"雨"之类。这类组合的会意字在早期汉字中非常多，一般读者都比较熟悉，我不必多举例。

　　从古人关于造汉字的记载中，我们似乎还可以看到远古时期我们的先祖发明汉字时所受的灵感的启发和图画文字间的某种神秘的联系。传说汉字是造字始祖仓颉发明的。仓颉是个神话人物，关于他，我们所知甚少。他造字的情形简直就是个神秘传说，说他造成了字以后，惊天地泣鬼神，吓得天出异象，地现奇景。中国的古书《淮南子·本经训》说："昔日仓颉作书而天雨粟，鬼夜哭。"仓颉造字的故事无端被扑朔迷离地加上了恐怖和迷信的色彩。

　　古人为什么要那么神化造字的气氛呢？因为有了字万物就有了名，万物有了名，人类就对它们有了命名权和记录权。古人认为给某个事物或山川河流起了名字，就等于拥有了它或占有了它，成了它们名义上的主人（直到今天，父母给孩子起名给宠物起名字仍有这个目的）。同时，有了书写和命名的权利就等于有了操控被命名物的神秘力量。上古时期只有巫觋和特定的祭祀、神职人员才能识字、书写和有掌管文字记录的能力。甚至很多的国王、皇帝和部落头领都不识字，故而古人不只是把识字看成是一种本领，它更是一种通灵和权力授之于神的标志。故而，仓颉造字和古人的识字绝不是一件普通的事，而是一种神秘的符咒和庄严的仪式。

　　今天，如果我们剥离了造字传说里面贮存的刻意和神秘色彩，我们会发现，不管传说中夸张仓颉有多少神功异能，但相关的记载都说仓颉善于绘画，在他以前是结绳记事。仓颉的善绘和摹形，是他造字的基础和造字的利器。

传说上古黄帝让仓颉造字，可仓颉当然不能凭空生造出字来。他先是日思夜想，后来只好到处观察。他观尽了天上星宿的分布情况、地上山川脉络的样子、鸟兽虫鱼的痕迹、草木器具的形状，然后才开始描摹绘写，造出种种不同的符号，并且定下了每个符号所代表的意义。据载，仓颉造字方法甚至直接受到启发于猎人。传说仓颉造字一再失败后，他发现猎人们能够根据野兽的蹄印随心所欲地找到他们想找的猎物。于是仓颉请教猎人。猎人告诉他每一种动物都有自己的特征，只要仔细观察比较，仅通过它们的蹄印特征就能辨认出是哪种特定的动物，因而有把握得知其全貌而捕获其期望得到的猎物。仓颉因此从一个小小的脚印特征能辨识虎、狼、牛、羊、鹿的道理得到启发：你不必画出动物全图，只要厘清每一种动物独特的细节，抓住主要的标识符号，就能造出象形文字。据《平阳府志》载："上古仓颉为黄帝古史，生而四目有德，见灵龟负图，书丹甲青文，遂穷天地之变，仰视奎星圆曲之变，俯察龟文、鸟羽、山川，指掌而创文字，文字既成，天为雨粟，鬼为夜哭，龙为潜藏。今城南有仓颉故里碑。"仓颉从自然界捕捉万事万物的特征而用自己的刀笔描摹事物特征以状其物，最后取得了巨大的成功。有人判断他所处的年代约为公元前26世纪，据此推测，四、五千年前，我国的文字就比较成熟了。传说仓颉"观奎星圜曲之式，察鸟兽蹄爪之迹"，仰观天象，俯察万物，首创了"鸟迹书"震惊尘寰。

事实上，汉字真的是仓颉造出来的吗？鲁迅先生在《门外文谈》中曾说过："在社会里，仓颉也不是一个，有的在刀柄上刻一点图，有的在门户上画一些画，心心相印，口口相传，文字就多起来了，史官一采集，就可以敷衍记事了。中国文字的来由，恐怕逃不出这个例子。"鲁迅的揣测应该是正确的。汉字当然不可能由仓颉一个人创造出来，而是由许许多多的像仓颉这样的有心人慢慢创造和丰富起来的。仓颉只不过在这些人当中比较重要、起作用比较大而已。于是，中国人把这一群体融合并塑造成了仓颉所代表的远古文化英雄。这里问题的焦点并非汉字到底是不是仓颉造的,而是造字这件事本身在中华文明进化和完型中的意义。汉字的出现,结束了传说中的"结绳记事"和"契木为文"的蒙昧时代,它标志着中国历史走进了由文字记载的成文史时代。这是中国历史发展长河中的一件大事,对后世有着重要的影响。

　　造字泄露了人类的秘密。字是一种符咒,也是人类命运的记录。人类掌握了字和书写系统就在某种意义上掌握了自己和神的命运,于是神鬼都害怕了;传说中的厉怖异象如天"雨粟"、神鬼"夜哭"等则是人类对其自此能通过自己发明的文字来改写自己命运的奇异力量的震惊和礼赞。

　　前面这一番关于人类造字的传说和考据,印证了人类书写系统的肇始是先有图画后造文字的。因之,可以断定,人类书写系统发展以前,先古原始人类最早的记事形式或在结绳和契刻以后(甚或是同时,在这漫长的时间中结绳、契刻和画图这三者应该有重合和交叉)肯定在相当长的时间内,他们并行发明了以画图来表达、记录其观察和想象的内容。但古人认为画图毕竟太耗时耗力,于是他们渐渐改向半图半写或图写兼具、图写互助互补。但是,人类的文字和书写系统到了后来却都是向着抽象符号的简化形式演进的,以至于到了今天,无论是东方还是西方的书写形式,都跟其原始的图画状态大相径庭。从今天的东西方文字和书写系统的高度符号化的形式来看,我们从中已经几乎看不到它们曾经是图画文字(Pictographics)、看不到这些字里曾经有着稚拙朴素的画面这些远古的影子了。

　　可是,我们不要忘记,人类创造的文字和用图画记事在上万年的历史长河中是一直并行的。即使到了文明后期人们有了发达的文字,却并不妨碍他们画图形式来记述和表达,而且后来人类的文化表述更增加了图文并茂一途。从先古的史前岩画、洞穴画、壁画、墓画,到后来文明高度发展时期的祭祀图神坛画、雕塑、庙里的宣教画广告画、各类雕塑,直至后来的连环画、画报——其阅读对象曾经是不识字或识字不多的老百姓——到今天图像和视觉表述仍然流行。今天的视觉表述并没有

第五章　视觉人类学语言与人类书写系统形成

因为文字的发达而绝迹而是相反，视觉书写却更加史无前例地发展了。

今天的读者不仅读文字，而且更喜欢读图，读富有形象图文并茂的作品；同时电影、电视以及多媒体等形式更成了今人阅读和获取知识的新媒介。从古至今，图画永远是人类的意识投射和直觉的爱宠，也更容易迎合观众—读者的感官需求。所以，有人认为21世纪的阅读习惯是一种"返祖"——从读文复返到"读图时代"。人类通过上万年的时间把图变成符号而最后演绎成文字，今天我们又开始用图来替换文字进行交流和表述——比如说，几乎每一个用手机和微信的读者都有使用图形符号、简图动画或"颜文字"来代替抽象的文字进行写作和表达的经验。

什么是"颜文字"呢？虽然听起来似乎有点生疏，但相信今天几乎无人能避开它。颜文字是一种表情符号，即用一种非文字的形式来传达心情的交流方式。这种颜文字原只是一张网络上产生的次文化形式，但随着网络交流和手机短信的普及，它早已为社会所广泛接受。这种颜文字几乎是国际语言，如用"：-）"及"：-（"作为表情符号暗示心绪，或者更微妙一些，用"XD"（笑到眼睛眯起来）及"：D"（表示微笑）等等。它们可以向对方传递文字以外的幽默和轻松；也有中文的"囧""槑""壕"等表情或会意性引申字符表达文字本身以外的心情和意思等等。发展到后来，更有了一些纯粹的图像或图形符号形象表达自己的心情和好恶，如😀😁😂🙂😃等。而且越到后来越注重图像和图形的逼真度和表现力，甚至出现了彩色符号，其表现内容也充分拓展不限于表情，甚而囊括几乎日常用具和物品，如🍺🍷🍎🍇🍌🔧🔨📱💼👤👥☝👉🚬🎈📷等。在交流活动中，现在这种颜文字的使用几乎无处不在，它们以直观的图形和简化的图像符号来表达意见和交流心得，比文字简洁；有时候还能传达语言以外的心绪，起到优于言语表达的效果（譬如说，有时候收到信息不想详复或不便表达意见时可以恢复一个表达握手、收到、微笑或者一束花之类的图形起到隐晦或幽默的效果等等）。

人类用了无数万年发明了文字，又用了几千年时间建立各种轨范将文字使用到娴熟。但是做到这一切以后，有时候人们却愿意回到用图和符号代替文字表达的情形。需要决定了创造——这个真理在今天仍然适用。它说明了人类虽然发明了文字，有了能够抽象、准确、科学表述的能力，但有时候他们仍然需要直观、模糊、幽默和刻意用图形和符号表述的需求。颜文字和视觉符号在当下人际交流中行为中的复活现象对今天视觉人类学研究是一个新的课题和启示。

第六章

视觉人类学与美术史

第一节　文明起源：美术史的广义与狭义

在人类进步和发展的历史上，有一个领域常常存在着歧义甚至纷争。这个领域跟人类文明的进化和生命史记述息息相关。从古代到现代，它一直受到关注。这个领域被称作"艺术"，而作为视觉人类学研究的范畴，它主要范畴是视觉艺术。这部分的内容有时候也被称作是"美术"。其实，这一话题很复杂，我们有必要从其源头来追溯，以便正本清源地理解视觉艺术作为文明记录和被认作是"艺术"或"美术"的历史过程。

前面的论述中，我们已经牵涉到了视觉文明中的两个命题领域即"艺术"和"美术"。其实，从人类学和文化史的角度而言，这两个术语并不能包含我们将要讨论内容的全部。从人类学和美学理论上宏观审察，这是一个文明史和哲学史的课题，远非讨论绘画和雕塑、建筑的起源和历史内容所能囊括。

从人类学观点审视，"艺术"（Arts, art）是一个文明史的概念和话题。它跟后来的"美术"（Fine Arts）"视觉艺术"（Visual Arts）"造型艺术"（Plastic Arts）等术语的内涵和外延都有着本质的不同；因此，我们有必要从人类学的角度和理念原则来澄清它在不同领域/范畴里的一些不同"能指"和"所指",以确保我们在一个正确的语境中讨论这一课题。

用人类学或者人类文明史的概念去看"艺术",它的定义跟一般艺术史的定义有不同。人类学理论的艺术定义认为:艺术是人类实践。它代表着非常广泛的人类创造性表达、叙述和文化参与的实践。艺术的内容包含在极其广泛的媒介物中并呈现着的多种不同的和多元的思维、行为和存在模式。艺术的形式既可呈现为高度动态和变化的,同时它们又具有人类生活中一贯的特征;它们中有的已经发展成为创新的、程式化的,有时甚至是复杂的形式。这种呈现和追溯通常是通过在特定传统内、跨时代甚至在不同文明之间持续和深思熟虑地研究、培训或理论来实现的。艺术是人类培养的独特的社会、文化和个人身份的象征。它同时跨越时空传递价值观、印象、判断、思想、愿景、精神意义、生活模式理念等;是不同时代人们交流和体验文明的一种手段和工具。[1]

很显然,这里对"艺术"的界定比一般艺术教科书上对它的概念和定义要宏大和深刻得多。为了下面行文讨论的方便,我们不妨将艺术的概念理解成一种宏观的(人类学或文明史研究)的广义艺术定义和在其学科史上(艺术史或美术史)传统的狭义的定义两个范畴来展开讨论。当然,在很多方面和具体领域,这"广义"和"狭义"是有重合和交叉的。

宏观地作为人类学意义上的"艺术"是一个文明的内在结构。它包含着几乎人类生命中所有的实践活动。词源学上它在古希腊时表示艺术和手艺的是同一个字"Techne"("A skill at doing a specified thing, typically one acquired through practice"做特定事情的技能,通常是通过实践获得的),因为当时并不会特别区分艺术跟手艺有什么不同。[2] 其

---

[1] Stecker, Robert, *Artworks: Definition, Meaning, Value*, Pennsylvania State University Press, 1997, pp. 119–120.

[2] *Art Definition: Meaning, Classification of Visual Arts*, visual-arts-cork.com, Archived from the original on 30 May 2020.

实"艺术"一词在古希腊语的词根意思是 Skill，Craft，Handicraft，Trade，Power，它的本原语义是"技能、工艺、手工、商贸、能力"的意思。它跟后来的看起来形式上"高大上"的"艺术"并没有直接联系而仅指一种熟练的技能，所以直到后来的 17 世纪以后，西方才又专门创造了"美术"（Fine Arts）这个概念来定义不同于一般"艺术"的"美术"这个术语（所谓"精致的艺术"）。其实，希腊语词源"艺术"的概念更接近于原始意义暨人类学意义上的艺术的概念。

为了划分方便及便于分类，人类学在文明史的意义上给艺术做了重新界定。原始意义艺术范畴的分类和艺术史上的一般分类有重合和交叉，我们不妨简单地对之进行一番介绍和理论巡礼。在最原始的意义上，艺术的定义是"通常指通过实践获得的做特定事情的技能"[1]；很显然，它并不单指我们今天语义上的"艺术"而是指一种实践能力和技巧；所以在上古时期，"艺术"即意味着实践的技巧和技能，包括劳动和生存的技能和本领。这种宽泛的定义我们其实今天还在使用，如"生活的艺术""军事艺术"等等，这里的"艺术"也指代一种娴熟的技巧和实践能力。

到后来，更确切些的艺术定义则有着更加明确的范畴和指向性。比如说，在著名的《牛津大字典》上对艺术的定义为它一般指"人类创造性技能和想象力的表达或应用，艺术通常以绘画或雕塑等视觉形式，产生主要因其美感或情感力量而被欣赏的作品。"[2] 这个定义有点像我们今天所指的美术的概念。

但是这里"艺术"的概念显然比较狭窄，它定义的基本上只是美术或"视觉艺术"的概念。牛津大字典上更宽泛些的艺术的概念包括"人类创造性活动的各个分支，如绘画、音乐、文学和舞蹈。它主要研

---

[1] Définition de l'art [Definition of art]（in French），Éditions Larousse，Archived from the original on 31 March 2021；*Definition of The Arts by Merriam-Webster*，Merriam-Webster，Archived from the original on 1 June 2017.

[2] "arts" Chilvers, Ian., *The Oxford Dictionary of Art*（3rd ed.），Oxford：Oxford University Press，2004.

究人类发挥创造力和社会生活的学科,如语言、文学和历史等内容。"这个定义的范围显然还不够,在西方,艺术也是一个哲学和美学的概念。

西方比较简短关于艺术的定义认为:艺术是人类生命的一种表现形式,它通常会受文化的影响,而艺术也常常反过来影响文化。艺术是人类内在创造性冲动的一种表现。它主要可以分为文学(包括诗歌、小说、短篇故事和史诗)、表演艺术(包括音乐、舞蹈和戏剧)、烹调艺术(包括烘烤、巧克力制作、烹饪和酿酒)、媒体艺术(包括摄影和电影拍摄)、视觉艺术(包括素描、绘画、陶艺和雕塑)等。有些艺术形式会结合视觉元素及表现(如电影)或是视觉元素及文字(如漫画)。艺术往往是说故事的方式,也是人类传达其自身和环境之间关系的方式,从史前的洞穴画、岩壁画到现在的电影都扮演了这样的功能。[1]

艺术作为文明形象呈现的突出例子有建筑、视觉艺术(包括陶瓷、绘画、电影制作、绘画、摄影和雕刻)、文学艺术(包括小说、戏剧、诗歌和散文)、表演艺术(包括舞蹈、音乐和戏剧)、纺织品和时尚、民间艺术和手工艺品、口述故事、概念和装置艺术、哲学、批评和烹饪艺术(包括烹饪、巧克力制作和酿酒)等。艺术的展现可以是运用技能和想象力来制作的物品、表演、传达见解和经验,并构建新的环境和空间等内容。

艺术可以指普通的、流行的或日常的实践,也可以指更复杂、系统或制度化的实践。它们可以是离散的、自成一体的,也可以是与其他艺术形式相结合和交织的,例如漫画中艺术作品与文字的结合。他们还可以发展或促进更复杂的艺术形式的某些特定方面,如电影摄影。

理论上,根据事实概念,艺术本身很容易被不断重新定义。例如,现代艺术的实践证明了艺术及其生产、接受和可能性的条件可以经历的边界转移、即兴创作和实验、反思性以及自我批评或质疑。而作为培养

---

[1] "arts", *New Oxford American Dictionary*, 3rd, Oxford University Press, 2010.

注意力及感受力的一种手段和目的，艺术也可以同时成为对世界的一种回应形式。因此，它也是一种改变我们对客观世界反映以及我们对人生有价值的目标或追求的方式。从史前洞穴壁画，到古代和当代的各类仪式形式的表演，再到现代电影等媒介呈现的过程中，艺术一直在记录、体现和保护我们与彼此交往以及与世界不断变化的关系。①

很显然，上面的"艺术"定义早已不是狭义艺术学领域关于艺术的定义本身，而是从人类学角度界定了艺术与文明和人类社会进化史之间的辩证关系。人类学界定的艺术概念应该是科学的而不是纯粹"艺术"的。这样界定的好处是，它可以跳脱出艺术本身的层面而从人类文明史的角度来宏观鸟瞰人类艺术的总体历程。但它的局限是不够"艺术"。比如说它把传统意义上不属于艺术的领域，如烹调和民间手工艺等，都纳入了艺术的领域。但是，从另一种意义上讲，作为人类文明史的见证和促进者，如果烹调术和民间工艺等在人类生活中给我们带来了愉悦且对人类生命和生活质量的提升作出了有益的贡献，那么，把它们算作"艺术"又有什么不妥呢？如果我们今天用人类学的观点持宽容和开放的视界来审视大千世界，把艺术的理念和领域放开一些，也许会发现另一个更宽广的领域和百鸟啁啾的新世界。②

第二节　艺术史与美术史的起源和缘起

前一节论述人类学关于艺术的定义虽然新颖有启发，但从事艺术专业的朋友们未必能无条件接受它。因为他们使用和接受传统"艺术"概念已经多年，且受其影响已经根深蒂固，人们一时比较难以接

---

① Pare, Anthony, "Genre and Identity", *The Rhetoric and Ideology of Genre: Strategies for Stability and Change*, Eds, Richard M. Coe, Lorelei Lingard, and Tatiana Teslenko. Creskill, N. J. Hampton Press, 2002.

② Cowan, Tyler, "Arts", David R. Henderson ed., *Concise Encyclopedia of Economics*, 2nd. Indianapolis: Library of Economics and Liberty, 2008.

受宏观或泛化的艺术新概念。那么我们不妨回顾一下传统的艺术概念，并以狭义艺术范畴的框架来参徵比较，以便在对比的前提下区分二者的异同。

　　传统概念中，艺术的分类也是众说纷纭，并没定于一宗。总的来讲，它的分法有功能性的，如将艺术概念分成视觉艺术（绘画、雕塑、建筑等）、听觉艺术（音乐、各类发声媒体）、语言艺术（文学及其拓展类）、表演艺术（舞蹈、舞台表演等）、综合艺术（电影、戏剧及电视）和实用艺术（工艺、装饰、家具、技艺等）。①

　　当然，也有不同角度的范畴划分如将艺术分为空间艺术（视觉为主的以维度形式呈现的造型艺术如绘画、建筑、雕塑、装置等静态形象和工艺美术等）、时间艺术（音乐、舞蹈、表演和历时性听觉为主等的动态呈现形式）、语言艺术（以文字和语言呈现的文学体裁、叙述、抒情和演说等形式）以及综合艺术（戏剧、电影、电视和各类跨学科—跨界的媒体呈现形式）。②

　　在上述诸种艺术呈现的形式中，据考最早出现的是视觉（造型）和听觉（声音）艺术，这里面当然包括音乐和舞蹈这类最原始的呈现形式，而语言艺术肯定比前一组形式后起。语言艺术的产生受制于客观条件，因为人类语言是在其进化后期才产生的；而人类必须有了语言以后才能产生诗歌、神话传说和此后的其他各类体裁的文学艺术作品。

　　人类在脱离动物界时最早的原始艺术呈现形式未必是视觉艺术，但迄今能保留下来的最早从艺术痕迹却无疑应该是视觉艺术。因为诸如原始音乐律动和群舞、原始群聚仪式操演等时间性的"艺术"因为时光流逝而无法溯源，但最原始的刻痕、堆塑和洞穴画壁画等几乎在人类社

---

① Pare, Anthony, "Genre and Identity", *The Rhetoric and Ideology of Genre: Strategies for Stability and Change*, Eds, Richard M. Coe, Lorelei Lingard, and Tatiana Teslenko. Creskill, N. J. Hampton Press, 2002.

② Sullivan, Ceri, "Disposable elements? Indications of genre in early modern titles", *Modern Language Review* 102, 3, 2007, pp. 641–653.

会的旧石器时代已经呈现并保留在不少的遗痕遗址，这些物证材料足以证明它们的存在；而且应用现代科技手段，今天我们已经能够测出它们出现的时代是远远超出我们想象的史前时代。理论上讲，这些是最早呈现人类生命痕迹的"原始艺术"。

据史前考古学家发掘验证，迄今为止，最早发现的直立人雕刻的贝壳被确定为54万年前—43万年前的产物。① 此外，考古学家还发现了一组8个13万年前的白尾鹰爪带有切割痕迹和磨损，表明它们被尼安德特人鞣制加工，可能将其用作珠宝或饰品。② 而在南非的一个洞穴中也发现了一系列大约有7万5千年历史可能是作为装潢用的微小的钻孔蜗牛壳。③ 此外，已发现可能用于盛装油漆的容器的历史可以追溯到10万年前。④ 以上这些近年来新发掘的人类史前史资料足以改写我们几个世纪以来持有的关于艺术发生和起源的固有误解。

人类历史上现存最早的艺术形式应该是洞穴壁画，它们大约在公元前7万年已经存在，可以肯定的是至少在公元前4万年时它们已经在多个远古人类聚居遗址发现。⑤ 而人类已知最古老的乐器，据称是由一个年幼洞熊股骨制成的蒂弗耶·巴比骨笛，它的年代可追溯到公元前4万3千年和8万2千年之间，但这件文物是否真的是一种乐器（还是由动物遗骨创造的其他物体）现在仍然极具争议。⑥ 现在被广泛接受为最早乐器的物品是来自德国施瓦本汝拉地区的八根骨笛；其中三个来自盖森

---

① "Shell 'Art' Made 300,000 Years Before Humans Evolved", *New Scientist*, Reed Business Information Ltd. 3 December 2014.

② "130,000-Year-Old Neanderthal 'Eagle Claw Necklace' Found in Croatia", Sci-News. com. 11 March 2015.

③ Radford, Tim, "World's Oldest Jewellery Found in Cave", *Guardian Unlimited*, 16 April 2004.

④ "African Cave Yields Evidence of a Prehistoric Paint Factory", *The New York Times*, 13 October 2011.

⑤ St. Fleur, Nicholas, "Oldest Known Drawing by Human Hands Discovered in South African Cave", *The New York Times*, 12 September 2018.

⑥ Morley, Iain, *The Prehistory of Music: Human Evolution, Archaeology, and the Origins of Musicality*, Oxford: Oxford University Press, 2013, pp. 38–39.

克洛斯特勒的年代是最古老的，被测定为距今年 43150 年到 39370 年。①在所有能被称作"艺术"的各门类文物中，文学作品出现是最晚的，现存最早的文字书写的文献舒鲁帕克和喀舍寺庙赞美诗，以及其他苏美尔楔形文字片的说明等，被认为仅来自公元前 3500 年。② 上面的考古学资料显示，作为视觉记录文明形态物化证据的雕刻、饰品以及史前乐器出现远远早于作为记录语言形态的文字作品的发明和出现。这些物证材料大致上可以帮助我们了解人类艺术起源的原始过程。

经过上面的一番宏观梳理，我们可以看出，不管从广义还是狭义的标准界定，视觉艺术都是"艺术"这个古老门类里面最突出的奠基者和中坚。即使这里最保守的评估 4 万年，它在人类进

图 6-1　上古洞穴画、岩壁画

图片来源：Ucko, Peter J. & Rosenfeild Andrée, *Palaeaolithic Cave Art*, McGraw-Hill Book Company, New York, 1973, pp. 42, 51。

---

① Morley, Iain, *The Prehistory of Music: Human Evolution, Archaeology, and the Origins of Musicality*, Oxford: Oxford University Press, 2013, pp. 42–43.
② Feldherr, Andrew; Hardy, Grant, eds., *The Oxford History of Historical Writing*: Volume 1: *Beginnings to AD 600*, Oxford University Press, 2011, p. 5.

化历史上虽然只是一瞬,但在人类艺术发展的历史上它却是大半壁的江山。因此,几乎所有的艺术史著作上昭示的人类艺术的起点都是旧石器时代的雕刻、洞穴画岩壁画等内容。① 但是遗憾的是,这些人类原始时代的萌芽"艺术"作品的技艺和表达方式幼稚而粗拙,称它们为"艺术"让很多圈外人感到可笑和不齿,认为这样粗劣的形象和呈现很难算得上是"艺术"。

其实,这种看法代表了不少大众读者的见解。这类看法之所以有市场,第一是大多数的观众—读者往往忽略了人类进化历史的纵深和时代感。他们往往以今天的标准来要求和评鉴原始人的创作。第二则是人们往往有个错觉,即把艺术混同于了"美术",以艺术形象的"美不美"来衡量它的物证价值重要不重要,而忽略了史前文物的初始创造性和它们在人类文明史和哲学意义上艺术的"真不真"的美学准绳。

即使人类艺术史上的大师达·芬奇和米开朗琪罗等也有其稚嫩和蹒跚学步的婴幼儿和童年时代,人类艺术不可能没有萌芽时期。我们不要忘记任何一棵参天巨树都是由一粒小小的种子长成的,人类进化婴幼儿时期和童年时期的作品虽然稚拙,但它们却是熹微的曙光,是日后成长成参天大树的种子——更何况,人类最早产生创造契刻、涂抹记号和图案以及制作洞穴画岩壁画等视觉记录的目的也许并不是为了"艺术",而是为了记录其生命和生活史的传承意义等精神活动的符码和图像;所以在这种以人类学和文化志的视野中,这类艺术的目的其实不是为了美和形象的"似",而是更在于文明史意义上的真。② 以这样的视角去理解原始视觉艺术,会打开我们的视野,给我们一种超越艺术"美"和功利意义,从而产生求真、求实和求证的启迪。

---

① Marshack, Alexander, *The Roots of Civilization: The Cognitive Beginnings of Man's First Art, Symbol, and Notation*, New York, McGraw-Hill Book Company, 1972, pp. 45–48.
② Layton, Robert, *The Anthropology of Art*, Columbia University Press, 1981, p. 91.

第三节 不"美"的艺术与"美术"

在这种意义上，作为视觉艺术起源的原始契刻—雕塑和洞穴画岩壁画的视觉存真和认识意义远大于它们的美术意义。它们的目的是记录和求真，是一种文化和文明史意义上的视觉文化志而不仅在于形象和造型的美。虽然这些早期雕塑和绘画被追认为艺术甚或美术的起源，但从人类学和人类进化史的意义上而言，它们的意义则远大于记录"美"和创造"美"，它们的原始意义大约类同于其后产生的视觉人类学摄影和电影的功能（其功能全然不同于艺术片和商业片），主要在于记录人类的生命和生活，并勉力储存和传承这种活动的经验和过程。

因此，这些宝贵的、后来被称为艺术起源资料的原始粗拙的雕塑和画作其实更重要的目的不是"艺术"，而是记录人类文明和进化。它们的人类学意义超越了其美术意义；仅把它们看作艺术品或"美术"是不公平的。在这样的前提下，我们就更容易理解这些视觉史料—艺术的文化功能了，虽然它们仅是些原始稚拙不"美"的美术。

在这里，我们有必要正本清源，谈谈"艺术"与"美术"之间的语源学关系和它们作为学科间交叉和互动的内涵意蕴。

前面我们讨论了人类学和文明史上广义的艺术和在美学及艺术界流行的艺术的定义的异同。在艺术学科内部，作为视觉艺术的大宗影响人类社会特别是近现代人文社会的一个重要术语是"美术"。那么，美术是一个什么样的概念呢，它跟前述艺术的关系又是怎样的呢，我们不妨对此来一个回顾和分析。

"美术"其实是个西来词，它的原文是 Fine Arts，这里的 Fine 不仅指"美好"，而是有"纯粹"和"精致"的意思。其意并非完全指艺术品的质量，而是根据源自西欧的经典传统的界定指该艺术品在其学科意义上的纯度。① 在这个前提下，欧洲学术传统认为"美术"主要是为了美学或美而发展的，它将"纯"美术与装饰艺术或应用艺术等区分了开来；因此，在 Fine Arts 的后起概念中排除了具有实用功能的工艺美术类别。西方美术理论认为，作为美术的最高境界的视觉艺术形式是能够充分表达和展示艺术家想象力的艺术，它不受任何实际利益因素的考虑和为应用目的而创造的限制。

在这种意义上，美术的另一个学科性较强的定义为"一种被认为主要是出于审美和智力目的而创作的视觉艺术，并因其美感和意义而受到评判，特别指绘画、雕塑、素描、水彩、图形和建筑。"据考"美术"这一概念比较晚出，在 17 世纪以后它才出现，其创设目的是区分纯艺术和一般艺术创造的区别。因为我们前面讨论过，古希腊"艺术"的概念较为宽泛，它囊括了一般"技艺"的内容，而其后发展的专门"纯"（美术，Fine Arts）艺术家们不屑于跟匠人为伍，特别是文艺复兴以后在绘画、雕塑和建筑领域里大师辈出，西方绘画巨匠灿若星汉，故后来的艺术史家认为有必要区分纯艺术和普通艺术（包括工艺/工匠和应用艺术）的疆域，廓清艺术的美学定义，遂创造了 Fine Arts 这个新的术语，这个概念在近代被日本和中国译成了"美术"并盛极一时。② 其实，在今天，西方"美术"概念有因当代前卫艺术理念的高蹈和现代艺术范畴的无限扩大而几乎被摒弃，这个定义几乎又还原到了古希腊词根"艺术"的初始含义。Fine Arts（美术）这个名词除了在高校和博物馆分类学中使用，一般情况下西方艺术史则更多回归了使用其原始语义的 Arts（艺术）上了。"美术"又逐渐沦为了一个历史名词。

"美术"一词初始的定义排除了"有用的"应用或装饰艺术以及被

---

① Clowney, David, "Definitions of Art and Fine Art's Historical Origins", *The Journal of Aesthetics and Art Criticism.* 69 (3), 2011, pp. 309–320.
② Blunt, Sir Anthony, *Artistic theory in Italy, 1450–1600*, Oxford, Clarendon Press, 1964, pp. 48–55.

视为手工艺品的艺术产品。该术语通常仅用于文艺复兴时期以后的西方"纯"视觉艺术品。不过类似的定义和流派划分范畴也适用于其他地区文化的艺术;比如说,近代以来受西方理论影响,东亚的艺术和美术观念乃至美术史等皆以此类概念来区分。在不同的文化语境中,"美术"有时也被称为"主要艺术",这个概念将实践性的工艺美术和装饰艺术等列为"次要艺术"。这种划分甚至把文艺复兴以前的中世纪和古代艺术等都排除在了"美术"范畴以外,当然更不必说,原始艺术和现代的非西方艺术也不囊括在它的定义里——唯一的例外是如果被西方艺术家汲取内容并影响了西方艺术的一些内容,如中国和日本之于印象派和高更、毕加索等人之于非洲、大洋洲和美洲原始主义艺术等①——其实,按照人类学特别是视觉人类学的概念,这些所谓"次要美术"才是艺术的基本主体内容和最大宗的潜在结构,而专业意义上的"美术"应该只是艺术和视觉艺术呈现的冰山一角。

当然,艺术批评界的有识之士也发现了界定"美术"的故步自封和窄化的局限,因而他们也试图从更宏阔的视野来拓宽艺术的视野,这也是当代理论摒弃"美术"而回归艺术原始人类学意义的一个大背景。在这种理论背景下,美学批评界开始重申艺术起源于人类表达和交流情感的需要,而情感表现和想象力等是艺术最主要和原始的功能,这些也是艺术发生和起源的主要动因。在这种意义上,艺术是"美术"产生和成长的摇篮和基础背景,美术是艺术群峰中的一个山头。不管美术取得过何等辉煌的成绩,它无疑属于人类文明活动的一种视觉展现,因而讨论艺术的起源特别是美术的起源当然不能排斥其实践意义和实用的功能。如人类创造最早的"艺术"史前原始契刻、洞穴画岩壁画、小型法器雕塑(石雕、贝壳雕、猛犸—象牙雕、骨雕等)、巨石艺术(史前巨型石阵、日月祭祀台、巨型日晷等)都不是为"美术"的目的而呈现,但它们无疑是艺术和美术的初始的种子。

---

① Clowney, David, "A Third System of the Arts? An Exploration of Some Ideas from Larry Shiner's The Invention of Art: A Cultural History", *Contemporary Aesthetics*, Retrieved 7 May 2013.

因此，关于艺术的起源，我们显然不可能仅靠艺术史的研究得出答案，因为它本身是一个文明史和人类学的话题，绝非艺术研究本身所能解决的。

第四节 向人类学求"新血"的美术和现代艺术

通过前面的讨论，我们可以看出"艺术"和"美术"是相辅相成、有密切关联且又有重合和交叉关系的内涵；我们有必要正本清源，廓清"艺术"与"美术"之间的语源学关系和它们作为学科间交叉和互动的实质。

综而言之，艺术像是一个冰山，"美术"是冰山上的可见部分。艺术是美术的基础和母体，而美术是艺术阶段性最高成就的体现。虽然美术自文艺复兴以后走过了其最辉煌的一段时期，但它的成长和进步仍然脱离不了总体艺术的滋养和启迪。比较明显的例子如"文艺复兴"时期的美术跟古希腊罗马美术的关系就颇具说服力。

所谓"文艺复兴"的语源词根来自意大利语 Rinascimento，由 ri-（意为"重新"）和 Nascere（意为"出生"）构成。它的语义本来是"再生"的意思。再生什么呢？当然是再生古希腊—罗马的荣光。反映在文艺上，则指古代辉煌的雕塑、建筑、绘画等成就。随着达·芬奇、米开朗琪罗、拉斐尔等杰出艺术巨匠在视觉艺术方面的成就（当然，本期在文学和其他领域也有杰出的发展），它的影响辐射到全欧，并由此诱发和掀起了伟大的"人的发现"的思想革命运动。其实，文艺复兴运动的影响是全方位的，绝不是仅仅局限在文艺领域。

但是它为什么被译作文艺复兴呢，考其原因，这个名词其实是近代翻译史上的一段公案和误译，因为在其发源地的西方语言中没有一国文字将其写为"文艺"复兴。而近代日文和晚清翻译成汉语时贸然加上了"文艺"二字做定语——这大约是当时译者的误译或误释。

因为当时西方这一时期的思想极为活跃，它集中体现在了人们喜闻乐见的各类艺术形式中。特别是经历了一千年黑暗的中世纪，整个欧洲呈现出一派亮丽欣欣向荣的气氛，比之于中世纪阴暗、晦涩和充满霾气的表达，这一时期的绘画雕塑和建筑都显示了一种辉煌、灿烂和充满阳光气息的自信与进步色彩，因此这些译者大概受其感染而将侧重面放到了"文艺"的著名感召力上，贸然加上了"文艺"的定语。其实这种增加反倒曲解了这一伟大时代精神的原义，而将这一场人类历史上划时代的思想运动和革命局限在了"文艺"领域。还有一种推测在于当时的日本和晚清中国译者可能惧于时局和专制政治的压迫而刻意曲解其意，委婉地将这场人类思想革命局限在"文艺"范畴。不管属于什么原因，我们可以看出这个误译其实代表了当时某些学人的心态或他们的强调侧重点。在他们的心中，文艺是西方革命的一个引爆点和重要的思想革新的利器。

为了行文方便，这里我们不得不将错就错，仍然使用"文艺复兴"这个约定俗成的概念。以西方最灿烂的文艺复兴时期艺术而论，当时最伟大的艺术家们灵感的来源并不是那时的现实和时人的生活，他们汲取的创作母题和灵感之源大多来自古希腊罗马和圣经故事，其实，那时候最伟大的作品题材不是最重要的，关键是它们的形式体现了辉煌的人文主义精神和对人性的再发现和人类学意义上的"再生"。比如说，这些艺术大师们借取的理论见解乃至表现手法都是古代希腊罗马人文主义的遗泽，甚至其题材都是陈旧的，如圣经题材、神话题材和古代传说等。可是，达·芬奇、米开朗琪罗和当时的巨匠们却能旧瓶装新酒，在这些陈旧题材中重新灌注了人文主义的伟大内容——由于他们生机勃勃的艺术呈现和优异的新的艺术手法革命，使得当时和后来的观众往往忽略了他们题材的局限（圣母、施洗者、救世主、圣母子、神圣家族、圣经人物和故事、创世纪、最后审判、大洪水、希腊罗马神话传说、雅典学园……）而惊异于其伟大人文主义精神的宣扬。

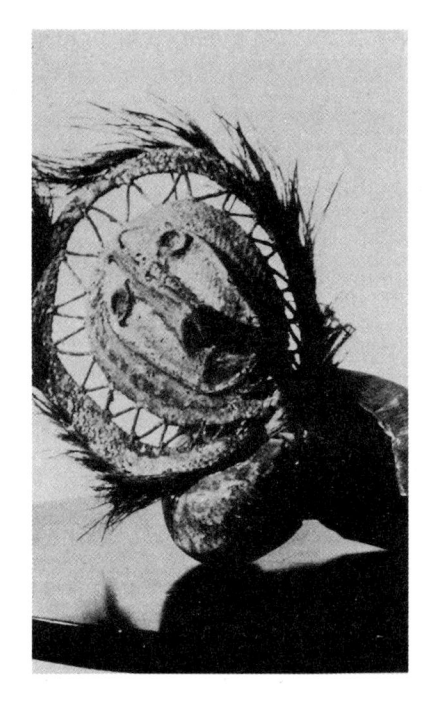

图6-2 非洲原始部落信仰的女神跟圣母玛利亚。虽然在形象工拙上大相径庭,但其表达的意义是一样的。人们用共同的视觉语言表达他们的崇拜和信仰

图片来源:Billig, Otto. & Burton-Bradley, B. G. *The Painted Message*, Schenkman Publishing Company, and John Willey & Sons, New York, 1978, p. 40。

从上面所举的题材和他们创作时所受到的技术手法技巧等来看,这些大师们的成就不是无本之木而是传承有序的——而这种传承的一部分源头,就是被排除在后起的"美术"概念之外的古希腊罗马艺术的模范。再往前推,古希腊罗马艺术当然也不是无源之水、无本之木,它们也是沿着更加古老的古埃及、巴比伦和腓尼基—迈锡尼文明的基础演进和发展的。当然,古希腊所继承的上面一组的艺术也不是源而是流。所以,研究人类的艺术史或美术史乃至于文明史,我们是不可能割断其发展线索或割裂其宏观的传承轨迹来"研究",这就是人类学和视觉人类学理论给我们的启示。

因此,可以这样说,西方历史上最伟大的一场艺术革新"文艺复

兴"并不是一场"文艺"内部的复兴，而是一场文明复兴和思想史革命。它是艺术学科向人类学和人文主义领域汲取营养和新鲜血液、借旧瓶装新酒，借用历史上视觉艺术和思想文明的资讯和手段来呈现并宣示新思想的一场伟大的文化革命。文艺复兴冲破了人类文明史上迟滞和漫长的一千年黑暗宗教局限，而终于引来了一场新的思想、文化、技术和科学的革命。西方今天的文明框架和思想意识形态基本上是在这场革命的理念下生成的；甚至现代西方国家的起源也大都得益于这场革命——没有文艺复兴运动，就没有后来西方国家的形成。正是文艺复兴思想的启迪，唤起了欧洲思想家们和欧洲人的自觉意识而由此形成近代民族思想，人们开始在欧洲纷纷建立起民族国家并形成了民族语言。可以这样说，文艺复兴是西方近代文明的摇篮和缔造者。在某种意义上说，文艺复兴的影响不只是塑造了西方，也塑造了今天世界的基本格局。所以从人类学意义和文明史的意义上看，这场革命不只是革新了艺术、给艺术输入了新血，而且也塑造了其后的人类社会的发展模式。

图 6-3　虽然在视觉形象上呈现不同、视觉语言表达有异，但世界上不同文化对于自己民族神祇的敬仰和崇拜同理相通

图片来源：Clark, Kenneth, *Civilization*, Harper & Row Publishers, Inc. New York, 1969, p. 2。

除了伟大的文艺复兴运动以外，西方美术史上艺术家向人类学和视觉艺术领域以及非西方主流艺术世界求"新血"的文艺事件还有不少。这方面最突出的例子是在欧美艺术发展到瓶颈期或者需要革新时艺术家们总把眼光转向异域或远古，特别是转向人类学和视觉人类学的领域找题材和充电，从而在理念和技巧上寻求新的出路。这方面突出的例子还有印象派艺术和现当代欧美艺术的个案。

众所周知，在19世纪西方艺术史发展到了后期写实主义和自然主义阶段，它走向了窄路，急需发现另一种方法和参照系来革新当时陷于滞顿的艺术。在这种时代精神召唤下，很多优秀艺术家在绝处寻找出路。于是出现了新一代的理念暨印象派画派诞生。早期印象派不断标新立异其声势势如破竹。到了它进入瓶颈，本期艺术家又开始另辟蹊径寻找新灵感。这时候高更、马蒂斯等人几乎不约而同地转向了异域、到远离西方社会文明的场地去体验异域生活、寻找题材并接受原始艺术的熏陶。通过这种手段他们开始探讨美术的新路，用另类文明作为参照系并淬炼自己的美学敏感，学习原始文化和当代原始部族文明来给自己的理念输血，从而创造出了不朽的全新艺术品并另行开宗立派。他们这种成就的获取，跟他们从人类学素材或者视觉人类学角度去重新学习是有关系的。

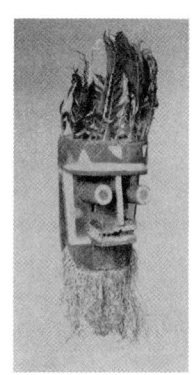

图6-4　非洲原始艺术的视觉表述对西方现代派理念和形式的影响巨大

图片来源：Blier, Suzanne Preston, *Picasso's Demoiselles: The Untold Origins of a Modern Masterpiece*, Duke University Press, Durham, 2019, p. 93, Color Gallery Plate 1。

无独有偶，除了印象派和野兽派之类，现代画派的大师毕加索也受这种史前艺术和原始艺术（包括当代原始部族艺术）的影响甚深。这里面的成就跟视觉人类学理念和原始艺术的影响血缘关系应该更深。这里我们所说的"原始艺术"是指类型学上而非时间轴线上原始社会的艺术。这种"原始"社会处于相对孤立的清净之地而使在地的艺术家们免受外国风格的影响。其实，这些"原始人"是西方艺术家们的同时代人，但他们的理念和认知属于初民状态。他们的艺术是稚拙的，但又是本原的、生猛有力的，这些原生态的艺术语言启迪了毕加索以及后来诸多流行的现代派和当代五花八门的艺术流派，使他们在几乎走向艺术死胡同的时候找到了一种新的视觉艺术语言和表达方式。

在这一段时间，很多西方艺术家遇到创作瓶颈的同时也尝到了吸收异域或远离西方文化概念艺术的甜头。他们开始走向大洋洲、非洲和中南美诸地乃至岛国开启发现新血和充电之旅，向当地民间文化学习、向当代原始部落表现手法学习，从而创造出了全新的当代艺术手法和流派。在他们的作品中，借用原始民族的传统艺术的风格被誉为新发现，他们借用的形式风格被目为是对其激进风格和现代艺术的支撑。因而，现代艺术出现了返祖现象，而原始艺术被誉为现代派艺术远古的兄弟。

在这一阶段，除了去各大洲以及当代原始部落探索新路的艺术家，其他探索者也乘本期整个西方世界人类学理念大盛、整个社会关心这个话题的东风，利用此期欧美"文化救险"和大量建造人类学博物馆及自然史博物馆的便利，可以遥距离地感受当代原始部落的展览、艺术藏品等等而汲取新的理念。因此，一时间，一些原始艺术形式，特别是非洲雕塑、中南美洲的图腾艺术、亚洲的民间艺术等等，都通过这类途径进入了当代西方艺术家的作品，如毕加索和布拉克等人的大量创作。其后的各类现代派艺术也充斥着这类从"史前"和当代原始部落及异域借来的理念。

毋庸置疑，西方艺术界本期对原始艺术产生了浓厚的兴趣，这种现象也引起了艺术史学者们的关注。这种现代派与原始艺术的启迪和嫁接现象的确在形形色色现代艺术上创造了一些成功和成就；然而，毋庸讳言，这些非人类学导向的艺术创作和艺术评论家的误释、误解、误导也有遗患，它们在增进人们对原始艺术的理解方面做得很少。甚至有些艺术家自己在借用或抄袭原始艺术时对它们的理解也是知之甚少。与此同时，不幸的是，人类学家对这些话题也大多缺席或是已经远离了对艺术的考虑，因此虽然在西方艺术史上此期热闹非凡，但人类学和民族志专著中提到史前艺术和当代原始部族艺术时，很少对这种跨界的繁荣和文化现象给予严肃的理论分析。

而其后泛滥的现代派艺术对史前—当代原始部落艺术的借用和抄袭却造成了对这种文明现象的毁损，它使原始艺术成了一种肤浅的标签和被误用的重灾区。其实，不只是对原始艺术的诠释，在不同国度，甚至在亚洲和中国艺术界也有对岩壁画、民间艺术、剪纸、砖雕、纺织图案等的借鉴和采用。很多专业的艺术家们也到这些古代和民俗—民间文化中汲取营养并寻找灵感。中西文化和当代美术及各种行为艺术对史前艺术、图腾艺术以及当代原始部族生殖崇拜母题等皆有借鉴，这方面有着不少成功的经验和失败的教训。成功的当然启迪了后来者并开宗立派，而那些生搬硬套和囫囵吞枣学"原始艺术"的也不乏败笔。近现代以来，艺术界"主义"迭出，有时为了求新求异而用概念代替形象毁掉了艺术的真谛，把艺术领域造成了哗众取宠的泥淖，这些生搬硬套名不副实借用和抄袭的教训是应该记取的。

第五节　两种书写：诗与真

人类书写行为无疑最早是从绘图开始的。人类书写的原始目的应该不是为了美术或艺术，从人类学理论考其初衷，大概率目标和愿望是为了记录和传承。记录和传承什么呢，应该是记录重要的事情和传承历史的经验。考察当代原始部族人们的同类行为，我们可知原始视觉符号大约有记号—区分的功能、记事功能和保存信息的功能等。① 所以，后人追溯并命名的"艺术"概念在原始和初民社会并非为闲情逸致的艺术而是一种功能性很强的一种视觉记录或曰生存手段。那时候它们的功能大约相当于后人的书写。在这种意义上说，"史前艺术"其实是原始人生命活动的视觉记录，它的功能跟后代的艺术不一样。因此，到了其后人类书写系统形成暨文字发明以后，有些史前"艺术"内容就不期而然地消失了。

但是，人类用视觉形式来记述和表达的传统方法并没有退出历史舞台，而是以不同的形式在顽强地、跟文字平行地发展着。文字方便而且便捷、准确，但文字却不能代替绘画和视觉记录。除了人类感知客观世界需要多种视角和认知取舍外，在人类学习新事物和记述事实时有一种叫做"形象思维"的天性让人们本能地喜欢接受视觉形象，并用视觉优势来感知世界。文字虽好，但它毕竟是抽象和间接的。而且，读书识文是需要训练和长期学习的——在古代，能够识文解字是一种难得的本领。那时候，不论在中国还是在西方世界，整个社会文盲率非常高，社会上只有极少特权阶层能够得到受教育和拥有学会识读的奢侈。相对读书识字而言，视觉呈现的图示、雕刻和画像等更受一般民众欢迎因而其宣教和宣传意义更大。所以它成了官方和私人宣示内容时的首选。

即使在世人普遍受教育、读书识字在全世界高度普及的今天，读图和利用形象—视觉优势来吸引读者/民众和消费者仍然是出版业、广告业甚至政府、新闻和教育界关注的一个重要话题。图文并茂的宣传手段和广告效果大多超出了单一文字呈现的效果。这是视觉感知的优势所决定的。不止在史前原始社会是这样，即使21世纪高科技时代也无法改变这样一个基本史实。人类的生物规定性中就有着视觉感知优势的先天存在。

---

① Wingert, Paul S., *Primitive art: its traditions and styles*, "introduction", Published New York: Oxford University Press, 1962.

因此，今天我们发掘出并被追认为"原始艺术"的内容并非仅是艺术而是人类文明远古的视觉文本，它们是"视觉写作"和记录文明的手段。这里的原始契刻符号、图像、图案就是最早的视觉词汇，它们的不同组合和呈现形式就是最原始的视觉句子，而这些句子的组合会形成视觉段落和视觉短文。我们今天审视它们、解读它们的任务就是要通过人类学和视觉人类学认知手段来阐释破译里面包含的文明信息，而不仅仅是欣赏"艺术"。

这种对图像的审视和研究并不是新概念。在西方历史上早就存在着通过研究图像所蕴含意义来破译其携带的内在信息的"图像学"（Iconology/Iconography）其后还有将之进行细化研究的符号学（Semiotics）以及宏观分析层次构筑的结构主义（Structuralism）分析等内容。而在中国历史上就更不缺乏这样的学科，中国古代的训诂研究和图像学、甲骨学金文学及研究文字起源的古文字学等都借鉴和采用诠释图像符号来获取信息和意义的手段来理解文本，从形、音、义几个方面的综合来提取必要的信息。

第六节　东西方认知方式异同

在考察和审视东西方艺术史实践时，观赏者往往会看到东西方艺术在感知和呈现大千世界及用视觉形象表述它们时有着比较明显的方法上的不同。譬如说，在以古希腊造型艺术为标志的雕刻作品中大多以精美的写实手段和现实主义方法刻画为代表。如美轮美奂的维纳斯、太阳神阿波罗和其他神祇等雕像的精致的美感足以给两千年后今天观众带来心灵震撼。而同期东方以中国古代美术为代表的先秦两汉雕刻和画像石等则以充满幻想主义和浪漫手法的写意手段为主视觉形象来呈现。这种从文艺和民族视觉语言起始期表述技巧和方法的不同开启了东西方美术不同的发展道路和视觉呈现思路的不同。

总的来讲，西方美术自古有一种视觉形象求真、写实的传统。他们强调视觉技术和技巧对现实描绘的"真"来模仿现实、呈现现实。当然，这里面有以集中—典型的方式对美的形象进行集中、撮合、提高和视觉修辞效果的呈现。但整个前半期的西方艺术史追求的是反映现实社会的基本大原则。在这种视觉理念和哲学的支配下，我们可以看出从古希腊罗马到文艺复兴甚至浪漫主义时代的西方艺术史都是以真、善、美的视觉语言来模仿和表现现实、再造现实和美化现实。这里面视觉语言的强调是现实主义，虽然有过中世纪的苍白和扭曲阶段的影响，但这种求真的视觉话语体系一直是垄断西方艺术哲学的主流，直到其后期阶段现代主义流派渗入其间后才形成了基本改观。

这种理念也强化了西方艺术视觉语言的语法修辞和构思及谋篇布局设计视觉篇章的主题绘画语言。同时，这种哲学认知论也决定了西方艺术史基本的发展趋势甚至人才培养方法和美术体系构筑的方式。

比如说，在求真的视觉呈现哲学指导下，艺术本身成了再现现实的工具，而呈现现实"真"的方法被看成了一种技术手段；完成现实的"真"到艺术的"美"需要视觉语言来构筑。这视觉语言有词素、语法、修辞和逻辑关系；建构一个真与美的艺术品就是一个构思和视觉写作的过程，它需要了解视觉语言和视觉构思的技术技巧——在这种意义上，绘画和雕塑乃至建筑等艺术创造工作就是一种宏观的结构工程，其中有着视觉语言构筑的字、词、句、章和谋篇布局的技巧性和科学性的逐步逐级过程。在这种意义上，喜欢逻辑思考和程序的西方人往往把艺术创造的过程也分解成不断进行而且有序、按部就班的一种"工程"（艺术创造工程）。以文艺复兴时期巨匠达·芬奇和米开朗琪罗等创造作品的例子我们就能看出他们的伟大成就除了不可替代的天才因素外，其严谨的、持之以恒的努力和整体化宏观构思的效果是成功的保障。因此，西方艺术史上不乏鸿篇巨制般崇高和雄伟的作品，因为他们把艺术分解成了技术，把七宝楼台当成一针一线每日每时的努力。

换句话说，他们可以用十年如一日的恒心来创造鸿篇巨制，因为他们有一种理念上的全景意识而且知道其作品是一个视觉语言的"长篇",他知道自己每天在用视觉语言和语法来书"写"的是这长篇中的哪一章哪一节哪一段甚至哪一行。这种结构性和视觉语言的自觉意识是其逻辑性和系统性特点的支撑。

西方艺术史上的这种认知理念不只决定了他们的创作内容和过程,也决定了他们构思、创作、体认艺术的基本原则和人才培养的方法。西方艺术史上之所以能做到人才辈出和流派不断,其对艺术本身的认知和人才培养手段也是其美术生命得以薪火相传延绵不绝原因的重要的一环。

前面我们讨论过,西方自古有其崇尚实践性和科学、求真和重逻辑思维、喜欢寻求总体结构和规律的传统。同时,他们也在理念上把"艺术"同"技艺、工艺"等视为同类。加之他们较早地用科学方式破译、分解了艺术中绘画、雕塑和建筑等技术技巧部分的结构,而把整个艺术创造的过程分解成视觉语言呈现的过程,因此他们很自然地就把艺术创造过程看成了一种可培训的(Trainable)技巧和技能的过程。基于这种理念,西方艺术教育中比较少有神秘主义的玄学理论而把培养艺术家当作一个切实可行的手段。这一点,我们从西方古代和近代的美术教育理念和设置中都可以看出。

如同在西方教育读书识字的人要先使之了解语法(直到今天,西方很多国家仍然把小学叫做 Grammar School,虽然他们在小学甚至大学都不再讲语法了),西方的早期美术教育也是从培养学习者对美术技巧特别是视觉语言语素的基本认知和理解入手。他们善于把艺术语言跟科学语言结合并联手,用培养科学的方式来教育画家、雕塑家和建筑师。譬如说,他们能够按部就班就像教科学和数学一样地从头培养一个门外汉成为画家,有着一系列行之有效的教程和方法。从教视觉语言开始即看物象的立体维度、透视和方位感等,先练习观察和表现几何图形(如世人熟知的达·芬奇早年入门时练习"画蛋"的故事),然后由简及繁,开始画石膏几何图形,各类复杂组合及身体—五官局部,最后逐渐扩大和整合既有知识,开始画石膏头像和身体整体,其后再练习画背景和环境，然后通过速写和素描、色彩练习而臻至自由创作的过程。他们把美术教育系统化，当作一项基本技艺和技能来看待。所以虽然在其艺术教育早期，虽没有现在这样现代化的美术学校，但是他们有大量的美术家的作坊，它们的功能像是今天美其名曰的"工作室"。这些作坊进行纯粹的技术教育而不搞神秘主义和天才训练，使之可以确保带出合格的徒弟。这种方式后来加上了其他一些必要的人文科学和其他科学科目，逐渐演变成了今天的学校和学院培养模式。

其实仔细总结一下这种培训和培养过程可知，西方艺术教育也非常类同于一种普通教育的学习识字和读写的过程。只不过这里的识字和读写语言从语素—文字这一对象变成了视觉形象，这里的文字语法变成了视觉语法。而回顾艺术教育的过程就等于是让初学者从学习视觉的"认字""拼写""识读"到"造句""写短文"最后到"写文章"和创作的整个过程。西方的这种艺术教育方法因行之有效而至于成了典范为世界各国采用。

这种方法延续至今，实际上是它是从古代及文艺复兴前期艺术家师徒作坊式集体培训和工艺培养的流水线过程开始的。这种方法快速有效，它不只是教授技能技巧，而且教授观察方法和整体的视觉思维，这样的方法遂成了以后西方建立美术学校和大学美术学院的千年不变的准则。这样方法的好处是其行之有效而且造就了模式、成了轨范而且系统化程序化；坏处也在于它既成了模式就会有局限和束缚。模式的功能在于统一和规范，它往往强调效率、标准化而容易导致千篇一律无差异，重复自己。所以这种艺术教育发展到后来要创新，就必须跳出窠臼另辟蹊径去学原始部族、学儿童画、重新创造参照系和观察方法等，并用这样激进的新的手段和内容来摒弃技巧之类，才能破茧而出。

第七节　中国方式与视觉思维

与西方美术认知和技术技巧方法不同，中国美术从其初始视觉语言和构造上就完全创设了另一条道路。考其上古时期作品，中国视觉认知和视觉语言跟欧洲古希腊传统有着根本不同。

除了视觉呈现方式各异以外，其表现手段也有不同。视觉语言和语素上，中国上古形象刻画和塑造喜欢用线条，不似西方喜用块面和立体形象呈现物体本质。在透视上中国方式喜用平面和散点透视，西方则更善用写实主义的画面透视技巧。雕塑艺术上，西方着重现实主义塑造手段，强调采取集中的手法刻划典型，而中国和东方式视觉语言则喜欢呈现个性纷呈和随意效果。同时，西方强调描摹和写实的"真"，中国视觉认知和视觉语言则强调表达一种率性稚拙天真烂漫的写"意"；从出发点上说，这两种艺术呈现理念的不同决定了它们其后发展道路的不同走向。

因此，举例而言，如果有人拿古希腊美轮美奂的古代写实主义雕塑和中国古代以写意形式呈现生猛混沌天真烂漫的雕塑相比，并硬性探讨其形式的优劣，其结果会是缘木求鱼误入歧途的。因为从其原始认知上，这就是两种不同的视觉语系和不同的视觉语法系统；它们的认知、语素、表述和呈现手法自然不可能用同一种语言的语法规则和标准来规范和破译。

中国艺术（美术）传统的形成如同中国文字演变和形成所走的道路一样，它经历了一条中国自己独特的道路，因而它形成了自己的认知理念和视觉表述风格。这种风格决定了它的独一性和不可替代性。从上古开始，中国先民创造了自己民族的视觉认知和视觉思维方法，并用这种方法来表述自己的世界。从考古发现的上古岩壁画和洞穴画时代到其后不同时期发现的民族志材料和当代原始部族艺术作品等等，都几乎可以发现其一以贯之的民族艺术特征和文化 DNA 胎记。

经历了远古结绳及刻痕记事传统以后，我国先民后来逐渐发明了文字书写系统。在其后岁月里出现了图像—文字二者相辅相成的图文并茂记事时代。再往后发展，用图像和雕塑等艺术形式进行表述，逐渐独立出来成了中国早期美术的发祥和滥觞。跟西方传统不同，虽然中国古代美术中雕刻和建筑分支多被工艺匠人和相关人士把持和薪传，但因中国的书写工具和知识结构的塑造，决定了中国早期书画作者多是文人而不是艺人和匠人。

中国文人素有"书画同源"的说法。因为中国上古文字的创造曾经有过原始"象形、指事、会意"等的图画描绘暨绘形阶段，所以在上古书写和原始绘画有着异曲同工之处。有人甚至认为中国最早的字就是画，原始的文字就是象形文字，它跟绘画没有分别。

这样，以图画形式造就的文字是中国书写的基础，中国文字和中国绘画从其原始混沌时期就是难分难解的，它们其实是源于同一个母体。所以不少西方文艺理论家认为中国书法是一种绘画。[①] 不止在西方，在国内也有艺术家把中国书法当成是一种绘画和视觉艺术的合体。除了理念和认知上的体认以外，在实践上，中国古代的画家大多本身就是文人、学者或诗人。这一点也跟西方历史上艺术家或画家的群体构成很不一样。西方绘画艺术家大部分是一些专业人士或者专职手艺人—匠人，其中当然不乏巨匠、高手甚至像达·芬奇那样的思想家和科学家；但是，就其整体人员构成而论，他们基本上是由一些由专职受过特殊美术技术和技能训练的专业人士构成的。

而在中国古代，我们可以看出，除了一些专门选择绘画作为生计及求生职业的工艺—匠人外（这些人往往虽然创造了伟大的艺术却终生默默无名，如敦煌壁画、书卷和中国著名寺庙、石窟和丛林中的佛道艺术造像和佚名书画家等），中国美术史上大多画家都是著名学者、诗人、官僚或著名僧道人士。这些人的共同身份应该是学者；作画大都是他们的业余活计儿。

这是一个有趣的现象。而且中国古代的这些由学者出身的画家往往并没有受过严格的绘画专业和美术技能和技巧训练和经历过西方画家那样严格地把绘画作为一种技术的造型、观察、写生、素描和速写以及色

[①] Stokstad, Marilyn. W. Cothren, Michael, *ART HISTORY Volume I*, The United States of America, New Jersey: Pearson Education, Inc., 2017, p. 343.

彩学方面的课业训练。他们中大部分的绘画本领往往来自其观察、天才、悟性和对前人作品（画帖、字帖、壁画、碑铭等）的揣摩。即使是有成就和开宗立派的大画家们往往也自认为其最重要的身份是文人、学者、官员而不是画家。这种现象的形成当然跟中国书画同源和中国书画的工具同是毛笔和墨有关，当然还应有其他更内在的原因。

其中一个比较突出的因素除了中国视觉认知和视觉思维的独特性以外，还因中国古人受教育的传统是精英体制。由于古代社会种种经济和文化原因所限，注定了中国得以受教育的智识阶级往往只能极大限度地局限在社会精英即文人阶层。中国古代文人的意识形态当然认为"万般皆下品、唯有读书高"，是故他们不可能将所有努力和事业全情地和终生不断地投入到绘画和美术事业。

因此，一部中国美术或绘画史，我们看到的名画家（包括书法家）大多是著名文人、学者和地方官，有的甚至是高官巨僚、政治家甚至皇帝。而且绘画和美术大都被他们当作业余而非主业。这种现象从某种意义上说影响了中国视觉艺术向专业性、科学性和实践性富规模性质和方向的发展。历史上除了皇帝推崇或因个人趣味而设立画苑和皇家专门机构来满足其艺术享受外（这类画苑并非为了培养人才，而多是为了依附皇帝和皇家需要御制和创设美术作品）较少像西方那样制度性培养绘画技艺的学校。民间绘画的授受多是私人间的交流。中国开始大规模从事系统美术培养教育和普及并创设艺术类专门机构和学校，是在近代受到西方影响以后的事情。

基于上面的美术从业人员基本构成和意识形态上的限制，这些古代艺术家们的视觉修养、他们所表现的题材和体裁难免深深打上了其阶级和文化的烙印，因而他们的视觉语言所表达的境界和追求也体现了他们所崇尚的美学标准。这些内容，专业的中国美术史和美学研究著作都有阐述，此不多赘。

从上面的简短巡礼和回顾，我们能够看到中国视觉思维和表现的基本特点在其美术作品中的反映大约有以下值得留心的内容：

第一,程式化。我国古代美术特别是绘画成就非凡,但是它有其一以贯之的特征。以山水画为例,我国古代画家的成就起于观察自然和师法造化,在这个基础上他们总结了用笔墨表现山水的技巧或皴法。这些技术方法后来逐渐形成模式和规范,最后基本上定型而成了后人学画的圭臬。比如学习中国山水画必须学会水墨山水画的皴法,《梦幻居画学简明·论皴》云:

> 古人写山水皴分十六家。曰披麻,曰云头,曰芝麻,曰乱麻,曰折带,曰马牙,曰斧劈,曰雨点,曰弹涡,曰骷髅,曰矾头,曰荷叶,曰牛毛,曰解索,曰鬼皮,曰乱柴,此十六家皴法,即十六家山石名目,并非杜撰。

学人物画要学"人物十八描"的基本笔法,学花鸟画也有画帖(如后期比较流行的《芥子园画谱》等)。这样的训练虽然必要、也有效,但是它也用程式化的方法束缚了初学者观察的眼睛而往往依赖格式化的技巧来代替自己的观察。以至于最后走向极端和迟滞的境地。这种现象到清代"四王"时代而终至出现了反动之反动的革新局面,程式化的美术方法才得以改观。

第二,继承性强。这一点跟上一条程式化有紧密相连关系。程式化有利弊。好处当然是造成了技巧的借鉴和延续,其坏处也是显见的。在因袭的风气指引下,画家和艺术家不再师法造化和自然而去强调师法古人和师法程式。强调"无一笔无来历",最后把视觉语言和艺术的发展领向了死胡同。这样的结果是写实的技术性不够,画家们往往不在乎描绘现实的真而更在乎借绘画说理、抒发心情;不重写实重传承,重视笔笔有来历。所以,传统的中国画教学不是看世界、不是培养观察客观事物形象而是先以模仿前辈、临摹画帖和临摹古人为主,遂成窠臼较难逃脱。

第三,抒情性和神秘主义的倾向。由于古代文人画家的视觉认知和视觉语言跟西方美术是完全不同的两种语法体系，故它的美术语言一般不强调科学的观察和现实主义的表达手法，因此，画家往往并不注重纯粹属于技术技能方面，诸如西方绘画雕塑的基本功如素描、速写的功夫的研习。他们往往把绘画作为一种业余生活的调剂、修养身心的闲情逸致和抒发情怀的诗文之余的手段而非对客观世界的写真和描绘。

不论是画山水、人物还是花鸟画，文人注重的是其胸臆的发抒，他们的作品写情写意多于"写真"。这种倾向使得很多优秀画家作品并不介意描摹客观世界和对象的形象，而在于用这些形象来表达自己的主观情怀。如郭熙《山水训》曰"春山淡冶而如笑，夏山苍翠而欲滴，秋山明净而如妆，冬山惨淡而如睡。"这里的"山"恰似辛弃疾词中的"我看青山多妩媚，料青山看我亦如是"的山；它不仅是画家们描写的对象，而且也是画家情感的载体本身。山，只是文人或画家笔下的一种寄托和手段，表达的都是作者主观的情怀；所以山的形象是否属于现实主义描写并不重要，借他人酒杯浇胸中块垒才是要义——山水的描绘是如此，人物、花鸟乃至草虫和大千世界的视觉描绘语言大抵都可做如是观。中国画不仅可以不写实，它甚至可以忽略现实、时空倒错乃至反自然，这些不仅因其有"艺术的特许证"不被谴责，而且甚至被认为是理所当然和创新的。沈括在《梦溪笔谈》中曾说过一个古人论画的故事："（张）彦远《画评》（《历代名画记》）言：王维画物，多不问四时，如画花往往以桃、杏、芙蓉、莲花同画一景。余家所藏摩诘画《袁安卧雪图》，有雪中芭蕉，此乃得心应手，意到便成。故其理入神，迥得天意，此难可与俗人论也。"

这就是中国绘画史上独特的"文人画""写意画"的美学意义。譬如说，徐渭、朱耷等人的画作几乎完全没有现实形象的基础而且甚至不必跟自然界的花鸟草虫"像"，但它们却因其抒情性而成了中国文人写意画和以画言志作品的巅峰。因此，中国美术视觉语言独特性，培养了中国审美独特的领悟和视觉欣赏习惯。中国水墨画的视觉语言早已超越了西方写实主义美术的形式自古就走了另一条道路，它既不同于西方美术和绘画语言的表述，也不同于非洲大洋洲和南美等地区原始主义美术语言的风格，而是创立了自己独特的中国水墨语言和语法。这是值得进行专门论述的另一个话题。

第四，基于中国美术史上对其传统和视觉表述语言和延续性的坚执，它的风格基本上是依据时间轴来展现其传承和影响的，亦即中国文化中强调的"传承有序"。因此，我们会看到在中西美术史和流派划分—研究时有一个比较突出的现象：那就是西方美术多以艺术流派和作品呈现出来的风格命名，如文艺复兴以后的巴洛克、洛可可流派，其后有古典主义、启蒙主义、浪漫主义、写实主义、印象派艺术、野兽派、立体派、抽象派、拉斐尔前派、象征派、达达派、波普艺术……等等。而中国美术史的流派和理论研究则基本上不以派别而以时代的自然代序命名。比如说，不论是西方还是中国的美术理论家和美术史家在讨论中国美术发展史时对中国美术史的传承和分期大都是以朝代作为讨论其美学理念和美术实践活动的依据。如从上古先秦，到两汉魏晋南北朝、然后隋唐五代到两宋、辽金西夏，最后元明清，以民国和现当代来收煞。一部中国美术史俨然像是一部仅因美术发展时间积累而成的断代史的流程——虽然这种命名方式并不意味着中国美术发展史上没有百花齐放的流派和风格，但它至少突出强调了一点，那就是中国美术的发展是有着一个比较一以贯之的传统在承继和延续，它强调的是扬弃为主，而并不注重推陈出新或对前辈风格的彻底改弦更张。

需要说明的是，不论是在庙堂还是在民间，中国美术史上一直不乏视觉叙事和用绘画形式描绘和表现社会人生的现实主义作品。这些内容有的以宣扬教化的名目出现，如顾恺之的人物画集《女史箴图》，还有不同时期的《历代帝王图》、各类《二十四孝图》《列女传》；有的以宣扬宗教形式来呈现，如《佛本生经图》《朝元仙仗图》《八十七神仙卷》和庙宇的壁画、各地洞窟和石刻中的系列故事、连环画和浮雕故事、雕塑故事等。另一类有为皇家歌功颂德的《康熙南巡图》《乾隆南巡图》《平定准噶尔回部得胜图》等宏大的系列长卷等，它们的功能介乎连环画、宣传画和后来的电视电影《新闻简报》和文献片之间。① 当然，其中最优秀的是一些以现实主义手法描绘社会人生和市井生活的《清明上河图》《姑苏繁华图》《胡笳十八拍》以及同类作品描画人生和民间百态。这种形式甚至延续到现当代。比如说，直到中国现代画家徐悲鸿的《愚公移山》《九方皋》蒋兆和的《流民图》等依然可以见到这种中国绘画中现实主义传统的表现，虽然这种视觉语言的表述和呈现有时是曲折的和间接的。

第八节　文明史与美术史的互释

在本章第一节我们讨论了两种关于艺术的定义。一种是人类学意义上的艺术，另一种是更倾向于艺术学和美学意义上艺术的定义。这两种定义皆有其功能性意义和主动性功能。艺术从来就不是抽象的概念，它在人类进化和进步的不同时代都扮演着不同的角色。

人类艺术不是无源之水，它跟人类文明前进是同步的。因此，它用自己特有的方式来呈现人类的文明。一般而言，人类早期的视觉语言扮演着记录文明的功能，它的语素是形象。而到了人类社会发展后期，艺术的视觉语言也在变化。它已经不仅仅记录现实而且也用自己的方式改变现实，同时艺术也用抒情和自己独特的视觉表述（如形形色色的现代主义）来表达主观情绪和对文明的理解、反叛和先锋意识。

在漫长的人类文明早期，艺术或者说视觉艺术扮演角色的主要功能是记述历史。特别是在人类书写系统暨文字发明以前，视觉艺术跟人类文明史的关系基本上是一种记录和表述关系。

诚如后来人类学家和美学家们所总结的：文明求真，艺术求美——当然，艺术的最高境界应是在求真的同时也求善和美，但人类学的主要责任在于研究"真"的记录和传承。在这种意义上，所有后来被艺

---

① 王海龙：《"大都会"的中国古代连环画》，《文汇报》2017年3月2日。

史家认为是"原始艺术"的视觉记录都不能被仅仅看作"艺术"而应被看作是人类视觉认知和视觉语言的产物。人类创造视觉语言不能仅仅被理解成"艺术"——它们的认知意义其实远远大于艺术本身，它们是人类文明的物证和上古人类记录文明的方式。

比如说，考古学家发现差不多世界各地都有旧石器时代原始人用红矿石色涂抹死者的习俗。这种现象被推测为原始人认为人死的原因与缺乏血（红色）有关——死者的直观形象是苍白无血色的；因而，原始思维或许认为，注入这种似血的红色因素即使不能让死人复活，但至少能够给他们添加生命的能源和活力，让他们能在未知的世界里复生或生活得更好。这种使用赭石或赤铁矿粉的意图显然在于呼唤和祈愿生命。

南非著名古人类研究家菲利普·V. 托拜厄斯认为，这种现象在人类极早的原始期就有发现，而且这种红色赭石与真人骨骼同在一处遗址发现的事实可以说明在十多万年前就可能有人把这种当作颜料使用的铁矿石材料用于了宗教仪式。[①] 如果托拜厄斯的这个假说可以成立，那么作为人类早期生命活动的巫术和宗教活动象征的历史要比我们今天学者们设定的要早很多年。尽管原始人在工艺水平和表现手法及其视觉语言表述上的能力很稚拙，但是他们的文明结构和其原始宗教仪式等方面的内容可能要比我们想象的复杂得多。而如果按照人类学和艺术史学者的手法，这种对颜色使用或者寄托的手法无疑应该算作艺术象寓或象征手段的一种萌芽。若照这样的标准去推理，人类艺术，或者至少说人类艺术思想的萌芽，就要被前推到了十多万年前的旧石器时代了。

在这种意义上，我们可知，不管是使用红色还是关于人类生命跟宗教想象的关系乃至于艺术起源的话题，都不能以我们今天对文明的理解来定义和设限；因为我们对人类文明史知识的掌握毕竟有限，对这个话题的发言权因此也受限。令人高兴的是，不只是西方学人关注这个话题，中国考古学家也在中国旧石器时代北京人、丁村人和山顶洞人等遗

---

① Phillip V. Tobias, *Man's past and future*, Johannesburg, Witwatersrand University Press, for the Institute for the Study of Man in Africa, 1969.

址发现类似物证；而且同样值得高兴的不只是人类学家，中国美学家和艺术研究家们也开始将这些远古物证的研究和分析成果导入了艺术起源和视觉语言研究的话题。①

在这种意义上，我们可以看出，人类早期文明史上，人类首先考虑的远不是艺术而是生存和生命。我们今天理解或推测的"艺术"的起源大多只是他们生命活动的一个部分。后起艺术史著作意义上的人类艺术定义大约只能是一种奢侈，它只能是在人类有了基本生活条件保障以后的产物。有了衣食饱暖以后人类方有基本的社会分工，才能提供有人常年从事抒情等精神追求的物质条件和可能。而这种先天命题的功能性意义决定了人类的早期艺术首先应该是写实的和为实用的目的，然后才能是抒情的和主观、浪漫的。

第九节 艺术的视觉功能与人类社会

基于上面的历史事实我们得知，艺术在人类社会中相当长的时间内其存在的目的是很富有实践性的。我们看到的大多人类艺术品多是属于人类文明的产物而不是在美术馆的展品。这一点更像我们前面讨论的"艺术"这个词在古希腊的定义和其在人类学意义上的定义。那时候，艺术没有后来被专门分出来而变成"美术"或者"为'艺术'而'艺术'"的那种奢侈。

在人类文明史上，艺术的主要功能是服务社会。我们不必讨论作为艺术大宗的工艺美术和实用美术，即使是被尊为"纯艺术"的内容其原始功能也是富有实践性的。比如说，上古的洞穴画岩壁画显然不是为了美术目的而是具有实际社会功能的绘画——虽然我们今天尚不能完全破译其原始目的和功能，但它不是为美术而创设的这一点即使在艺术史理论界也没人怀疑。同时，被称为原始艺术的上古雕刻或装饰品显然也

---

① 就这个话题进行研究的中国人类学家和美学家有贾兰坡和李泽厚等人。参见李泽厚《美的历程》，生活·读书·新知三联书店2009年版，第2—4页。

不是为纯艺术的目的而作。作为人类艺术创造骄傲的美轮美奂古希腊雕塑也不纯粹是为了艺术目的而造；即使文艺复兴时期达·芬奇、米开朗琪罗等大师的艺术作品也自有其现实和应用的目的，这一点几乎古今中外概莫能外。中国的古陶、青铜等原始艺术品和其后相当一个时期的美术品都不是为了"美"的目的而作的。

当然，我们更不必说古埃及和巴比伦艺术及早期的绘画、雕塑都跟其记录功能和原始从图到文的转化功能有关。在文字被发明以前，人类只能用图来记事，这些古代壁画和雕塑乃至于坟墓和纪念碑、图腾柱等等都是原始人和上古文明中文字发明前的视觉语言作品，属于视觉史诗、视觉歌谣和视觉原始文件。等到人类发明的文字以后，原始视觉艺术的某些功能才被文字取代，而形成了文章书写的史诗和文本。此后的视觉语言记录渐渐跟文字部分分工。由于文字的高度抽象和简洁、方便等因素，后起的它逐渐代替了视觉语言记事的角色和功能。但是由于人类的欣赏习惯和认知感官的自觉性需求，用图和视觉语言记事这一古老的方式永远没有过时和退出人类文明的记述舞台而是参与了图文并茂和伴随文字共进的手段来记述人类文明实践活动。

这种方式直到今天仍然活着。其实，人类视觉艺术的发展一直跟文字是合流并行的。特别是在漫长的史前时期以及其后不算短的人类文明大部分阶段。即使在文字发明以后，由于识字和读写的困难以及人类因经济和社会发展等因素的限制，能够幸运地受教育者始终是社会成员的少数或极少数。人类历史上，绝大多数人曾经都是文盲。只有到了近现代，一般人才有幸接受教育。

既然不能识读文字书写的语言，普通人接受知识和感知世界的方式就大多仰赖更富于直觉性的图像和视觉语言。因此在人类文明大部分时期，艺术，特别是视觉艺术承担了知识的记录、传承、表述和社会教育的功能。这就是视觉人类学要从事研究的一个基本史实。

譬如说，古代的社会教育手段很多都是通过视觉表述来实现的。仅以中华文明而言，从上古传说的大禹铸九鼎昭示丰功伟绩戒示忠奸进行社会教育开始到历代王朝使用图像、图腾柱—华表、牌坊和纪念碑、陵墓等从事宣传；再到各类宗教采用绘画、雕塑造像以及连环壁画形式来传递福音和惩罚，警示信徒和百姓；从古代图书《山海经》到近代《点石斋画报》、再到20世纪受西方各类大型画报的宣传及今天好莱坞及各国电影电视的宣教模式影响的电影电视和社交媒体等，都仍然没有逃脱图—文这种综合表现的终极模式。特别是在今天，虽然绘画的本领并非易得，但手机照相机功能亲民，人手一机加上自媒体的便利，人人都是摄影家和媒体人，将图文传播的模式发展到了史无前例的极致。这个问题是视觉人类学面临的最新话题，我们将另题详论。

第三编

第七章

人类学电影简史（上）

第一节 摄影术——电影的前世今生

人类学电影缘起和成长的基础是电影。它只能是在电影术发明以后才能诞生。但是，诚如我们前面讨论的，远在电影发明前无数万年，人类就用视觉语言和影像的方式来描述人生、记录事件和表述意见了。这些视觉表述的方式存在了无数世代，而在人类发明文字后，一般情况下，绘画或者用视觉—符号叙事的传统逐渐被后起的更简单、便捷、实用而且表现力强的文字取代了。但人类用视觉形象来表述思想和美学理念的愿望从来就没有止歇过。人类用古老的绘画、雕塑等视觉语言表述的形式一直伴随着文字共同参与表述。我们将这种表述称作"视觉表述"。视觉表述有时候辅助文字以图文并茂的方式呈现，有时候也单独以单幅主题绘画、连环叙事绘画、插图等方式进行。电影艺术的诞生，使视觉表述和文字表述形式发挥各自叠加优势，并为将它们结合起来进行综合性表述提供了技术上的可能。

在各种人类艺术形式的发展进程中，电影的发明和成形较晚，它的诞生跟现代科技的发展是分不开的。电影的前身是摄影术。摄影术的成形虽然很晚，但它的萌芽或者理念的出现却很早。这种理念的源头甚至可以溯源到史前时期的穴居人时代。

史前人类跟我们一样，经历生生死死，跟生活搏斗，他们并非没有要记述的事情。但是文字发明前他们怎样记述和传承自己的文明呢？最原始的证据我们没有，或许要凭合理想象来推测。但今天考古发现的证据至少呈现了上古人类用绘画和刻划各种简单稚拙的图形来表述和传承他们的原始文化——这就是最早的视觉表达语言；用图画出他们的心声、来记述事件、传递知识、传承

图7-1　由于洞穴里火的呈现和原型记忆激发和人们的视觉表达的原始性，人类远古时期的洞穴画岩壁画中就有了突出地表现光和影的效果

图片来源：David, Bruno, *Cave Art*, Thames & Hudson Ltd, London, 2017, pp. 39, 151。

氏族历史等等是世界各地原始人惯常使用的方法。这种表达方法远早于文字的发明。

早在这史前时期，人类就发现了光与影的意义。最早原始人生活在天然洞穴，这里往往阴暗潮湿，为了生存和防止野兽侵袭，他们在洞穴里常年生火。因此，在远古，史前人类就在洞穴里发现了火源和光的影子的物理光学意义，特别是在光的映射下生成的各种投影激发了他们的想象和视觉表述的灵感。因此，在原始洞穴画和岩壁画中我们发现了大量上古动物（野牛、鹿、猛犸象、古羚羊、野马等等）形象的描绘，有的像是投影，有的光怪陆离。而且这种穴壁上的折射画面有的竟有透视学的基础。此外，洞穴画中也有明显的明暗法描绘的作品，甚至出现大量的手掌和肢体光拓印痕等史前图形。这些应该是最早的人类跟光与影的合作"艺术"的案例。

后来人类发明了文字，他们有了更便利的记录工具。但是用图或者图文并茂形式来呈现人类生活一直是其并行不悖的传统。除了绘画，使用光和投影等来映像和成像的手段仍是人类感兴趣的一个课题。最早应用机械形式获取影像的想法产生在久远的古代。早在两千多年前，人类就意识到了暗箱折射投影取像的原理。史载最早发现照相原理的是我国先秦思想家墨子。[1] 他注意到光线通过小孔可以形成倒立的影像。希腊学者亚里士多德在其著作《论问题》和欧几里得在著作中也提及了暗箱成像的概念。[2] 据说古代的游牧民族白昼在帐篷内休息偶尔发现透过空隙投在帐篷上来自后方倒立的影像，也给了他们暗箱成像的灵感概念。公元10世纪阿拉伯学者海桑为了观察日食而制造的针孔装置跟我们今天针孔相机的原理已经相似。

在15—16世纪，西方用暗箱投影成像方法已经比较发达。有艺术

---

[1] Needham, Joseph, *Science and Civilization in China*, vol. IV, part 1: *Physics and Physical Technology*, Cambridge University Press, 1971, pp. 81–84.

[2] Krebs, Robert E., *Groundbreaking Scientific Experiments, Inventions, and Discoveries of the Middle Ages and Renaissance*, Greenwood Publishing Group, 2004, p. 20.

家用此法作为绘画草稿的辅助工具。大艺术家达·芬奇甚至在他的手稿中留下了暗箱的设计草图等。① 到了18—19世纪，暗箱技术已经发展得比较完备。而且据载比较方便携带的暗箱已经大量涌现，它们已经被画家们视作旅行中帮助取景和打草稿的工具。到了19世纪初，英法等国摄影发明者已经开始用暗箱拍摄影片而且取得了初步的成功。刚开始的摄影比较难以将拍摄的影像固定下来，照片经光线映射后影像容易消失，所以早期摄影作品现在已经几乎无存。

后来，人们尝试用蜡、沥青、硝酸银和金属腐蚀版来保存和映制照相图像。最早的照相机需要很长曝光时间，有时要几个小时甚至更久。后来发明了卤化银的银版汞蒸气显影，大幅缩短了显影时间，为照相术的发展突破了难关。19世纪20—30年代，摄影技术在英法两国得到了长足的进步。19世纪中期以后，摄影技术在欧洲基本上取得成功而且渐渐被一般人使用。

摄影术的成功是人类学与影视形式产生结合的第一步。随着这种结合，早期的人类学家在进行田野工作时已经开始了比较频繁的摄影记录活动。根据现在能够发现的资料可见，当时的探险家、地理学家、殖民者和各类探矿和商业等相关人士已经启用照相器材来记录和协助他们的工作。学界一般的书斋学者对新发明的摄影术却不够敏感和及时反应——互动，可是人类学家却得风气之先，较早在田野工作中使用了照相手段来辅助其研究。这些人类学照相和摄影资料是"文化救险"运动的一部分重要内容。而其后紧接着发明的拍摄电影技术更是人类学家记录文明的利器，虽然新发明的电影机械笨重和技术性要求强等高门槛吓退了一些一般的研究者，但是人类学家还是适时地关注这种新科技并用它来促进自己的研究。从此，人类学对当代原始部族文明和其他领域的比较研究翻开了新的一页。

---

① 王海龙：《达芬奇手迹解读手记》，《纽约意识流》，中国发展出版社2000年版。

第七章 人类学电影简史（上）

摄影术跟电影其实并不是一回事，它们中间还有着很长的一段距离。但是现代照相技术的发展的确给电影技术的发展提供了基础和助力——既然已经有了相对精确和保真的视觉形象成品，那么下面的努力就是如何拍摄连续的形象以及怎样把它们以接近还原的形式再度呈现出来。当然，还得有电，否则何以称其"电影"？所幸，那个时代是一个发明的时代，摄影、连续拍摄和发电用电几乎都在同一个世纪中渐次发展了出来。

其实，用连续呈现画面的方式来展示现实或用影像的方法来描述故事等是人类自古就有的愿望和行为。前面我们谈及了史前时代人类就开始使用火光造就的阴影术来制造投影壁画，而且他们发现这种绘画形象在移动和转动的情况下可以呈现出错视和运动的幻觉，这种在光影运动下的画面就有一种光作用下的幻象，可以看成是光影表演的内容。此外，考古学家发现，在旧石器时代的洞穴壁画和圆形物品上的旋转图像亦可能造成移动的幻象。比如在伊朗发现的距今5200年历史的陶碗和在贝尼哈桑公墓的科努莫特佩（Khnumhotep）墓中发现的大约4000年

图7-2 古代的旋转盘图案和转动后的错视效果在光与影的作用下能够给人以迷幻和运动的效果

图片来源：1. Phenakistiscopehttps://translate.google.com/? ui = tob&sl = en&tl = zhCN&text = Phenakistiscope%0A&op = translate；2. Wengrow, David. The Origin of Monsters: Image and Cognition in the First Age of Mechanical Reproduction. Princeton University Press, Princeton, 2014, p. 42；3. 搜狐新闻："金沙文化'太阳神鸟'实为火烈鸟，我国古人为何有火烈鸟崇拜"，https://www.sohu.com/a/459044929_381442。

前的埃及壁画和其他的例子中呈现出的情形；有人认为这些原始旋转设计跟其后的幻影移动频闪盘和动画呈现形式是有关联的。这种影—动形式的结合跟古人用移动画面来呈现和表演的意图有关。

这样的例子在中国上古文明实物中也有，比如在中国史前古陶图案中有一些圆形器物有旋转图案和延续性的动图。这样的图案在光影作用下旋转，能够给人以神秘和活动的画面感。然而，也有人认为，在19世纪30年代频闪动画发明之前，这些视频形式不太可能在运动中被观看。这些，也许是后来电影发明的原始灵感？

当然，说到电影起源，我们不能忽略皮影戏的影响。据考，最早的图像投影表演可能在史前洞穴原始阴影术中就有呈现，后来渐渐发明过渡到用偶像的表演形式，各种俑和木偶在光影下呈现出不同效果。再后来，这种偶像慢慢演化成了用半透明和加上颜色等更复杂和有表现力的形式来呈现。西方学者认为柏拉图在他的洞穴寓言（大约在公元前380年）中就暗示了皮影戏的表演形式。但古希腊历史中并没有皮影戏表演的迹象和记录。

史载皮影戏大约公元前200年前后在印度有发现，后来自古代到中古在印尼、马来西亚、泰国、柬埔寨、西亚地区和中国以及尼泊尔等地都有其悠久发展的历史。再后来皮影戏传到奥斯曼帝国，17世纪后传到欧洲。[1]

提到影戏，我们当然不能忘了中国人发明的另一形式走马灯。据考，走马灯早在中国秦汉时期就有了，那时候它被叫作"蟠螭灯"，[2]唐宋以后国内比较流行，在元夕、元宵和中秋等节日常见。其原理是灯内燃蜡烛产生热力造成气流，令轮轴转动，带动剪纸或图画投射在灯屏上，图像便不断走动。这种方法后来被传到西方，被称作"魔灯"。

---

[1] During, Simon, *Modern Enchantments: The Cultural Power of Secular Magic*, Harvard University Press, 2004, p. 87.

[2] 见《西京杂记》卷三，原文："……高祖（刘邦）初入咸阳宫，周行府库，金玉珍宝，不可称言。尤异者，有青玉五枝灯，高七尺五寸，作蟠螭，以口衔灯，灯燃鳞甲皆动，焕炳若列星而盈室焉……"

第七章 人类学电影简史（上）

据传西方工程师乔瓦尼·丰塔纳（约1420年）、列奥纳多·达·芬奇（约1515年）和科内利斯·德雷贝尔（1608年）等几位学者和发明家可能在魔灯发明之前就发明了早期的图像投影仪。德国博学家亚他那修·基尔彻于1645年出版的第一版拉丁文著作《伟大的光影艺术》(*Ars Magna Lucis et Umbrae*)，里面就包括对他的魔法灯"隐写镜"的描述。据介绍这是一个原始的投影系统，带有聚焦透镜和在反射阳光的凹面镜上绘制的文字或图片，主要用于长距离通信。[①] 这本书影响很大，对后来的"魔灯"技术的改进者很有启发。

其后17世纪50年代开发的这类魔术灯开始在欧洲流行。这种魔灯在教堂和民间表演中比较受欢迎。而且容易产生奇幻和震慑效果。有神职人员特别是在教会、寺庙宗教崇拜仪式中借用表演来展示一些古老的神灵目击事件，这种演出被学者认为可能是通过暗箱或原始魔法灯笼投影的方式召唤出来的。据载后来工艺又有了变革，从1790年魔灯开始流行到19世纪上半叶的各类形式的幻术表演，可以采用机械幻灯片、背投、移动投影仪、叠加、溶解视图、现场演员、烟雾（有时用于投射图像）、气味、声音甚至电击的特效等。1770年，法国发明家埃德梅-吉尔斯·盖约详细介绍了如何将魔灯图像投射到烟雾上，以创建一个盘旋幽灵的透明、闪烁的图像。这种技术被用于18世纪90年至19世纪30年代间在欧洲几个地区非常流行的幻影表演，后来还渐渐开发了其他技术来产生令人信服的鬼魂体验。它的手法是手持灯笼以在屏幕上移动投影（通常是一个几乎不可见的透明屏幕，灯笼员隐藏在黑暗中操作）。通过将灯笼移向屏幕，幽灵似乎可以接近观众或变大，有时将灯笼放在轨道上的手推车上，就像电影中的跟踪镜头一样。多盏灯笼不仅可以使"鬼魂"独立移动，在复杂场景的构图中也偶尔使用叠加技巧。通过尝试叠加，溶解视图被发明并成为一个单独的流行魔术灯表演，特别是在19世纪30和

---

① Gorman, Michael John, *Inside the Camera Obscura. Inside the Camera Obscura-Optics and Art under the Spell of the Projected Image* ; Wolfgang Lefèvre (ed.) MAX-PLANCK-INSTITUT FÜR WISSENSCHAFTSGESCHICHTE Max Planck Institute for the History of Science, 2007, p. 44.

40年代的英国常见。18世纪末以后，这种魔灯在法国非常流行。① 大约在电影院发展的前夕，蒙马特的几家剧院放映了非常成功的精心制作的"中国影戏"（Ombres Chinoises）节目。著名的黑猫娱乐场（Le Chat noir）在1885年至1896年间制作了45个不同的节目。

再往后，时间正好就跟电影的出现衔接上了。19世纪中叶静态单帧摄影的成功确保了画面写实的基础，下面的任务就是如何设置拍摄好的连续性动作和把它们再用连贯的方式用光和影合作的形式呈现出来——这就是我们今天的电影的概念。19世纪前中期频闪动画原理已经成形，其后渐次发明了摄影枪和连拍术。

根据摄影史料记载，继静态摄影成功后，以连续、真实的方式呈现客观世界一直是研究和推进摄影技术发展的一个科技目标。在1825年至1840年间，已经有人在持续不懈地尝试并发明引入频闪动画、多帧连动摄影和立体视等相关技术。在19世纪下半叶的大部分时间里，许多工程师和发明家们都试图将新的摄影技术和更古老的投影技术结合起来，以创造一个完整的幻觉跟现实结合的呈现技术。他们先是成功试验了多步摄影连续画面播放，呈现出了活动照片的动画效果。在此基础上，又发明了打孔旋转圆盘放幻灯片的技术，这种新科技的成功已经跟电影发明仅只相距一步之遥了。

连续播放和呈现画面对照相的联动技术提出了新要求。此期法国科学家儒勒·詹森和艾蒂安-朱尔·马雷对拍摄方面的卓越贡献对此起到了关键性的作用。詹森是一名天文学和物理学家。他在其天文研究中为了拍摄记录金星光源制造了一种连续拍摄的大型左轮拍摄枪。后来，他也用这个新型机器拍摄动物和鸟类，记录并研究它们的生活。詹森还是一位探险家和旅行家，他发明的这种连续拍摄并可以重播呈现的方式对电影概念有启发，成了后来电影发展的灵感，有人追认这是电影科技的源头。

马雷则是法国的另一位发明家和科学家。他在心脏内科、医疗仪

---

① Almoznino, Albert, *The art of hand shadows*, Photos; New York: Stravon Educational Press, 1970.

器、航空和连续摄影发明等方面都有卓越成就,因此他被广泛认为是电影摄影的先驱和对电影史有重大影响者。马雷的科学兴趣是多年来一直研究以图像方式来记录动物的运动。他在 1873 年发表了著作《动物机械、陆地和空中运动》,启发了其他探索者拍摄马的跑动;1882 年马雷开始使用他发明的计时摄影枪进行动物运动的拍摄和研究,当时他已经能够每秒连续拍摄 12 帧。其后,其他摄影研究者继续努力,摄影遂逐渐向"动态图片"发展。这方面,马雷的贡献意义重大。因为他们从物质和"硬件"方面为人类学电影的产生提供了技术基础。毕竟,这个世上必须得先有电影,然后才能有人类学的电影。

电影最早出现时,它的名称众说纷纭,比较难定于一尊。西方最早给它命名为 Photoplay,意思指事先拍摄出来的戏剧,简称摄影剧。电影题材刚开始是拍杂耍、魔术等表演,后来这 Play 定义渐渐宽泛,也开始指情节剧甚至新闻事件。此时新发明的电影技术就开始跟人类学研究和呈现发生关系了。它们最早的结合后面会详述。[①]

第二节 电影与人类学的共生性

逐渐发展成熟的电影艺术后来借鉴了口头叙事、文学、戏剧和视觉艺术等领域的早期传统。它尝试以移动或投影图像的视觉话语结构形式为特色来呈现移动画面,包括讲述、记录、资讯展示和立场宣传等方面的内容。后来它也拓展到报道新闻事件,进而发展出摄影报道、影像式论文、纪录片等。再其后,电影在大众娱乐和商业领域的发展渐次成熟,开始着力于发展情节和故事,终于成了大众喜闻乐见的艺术形式。

电影的呈现方式,说到底,是一种工具和理念互动的结果。它的最后实现当然有赖于导演或电影制作者意识形态的操控。对于早期人类学

---

① 1) Caputo, Tony C., *Visual Storytelling: The Art and Technique*, Watson-Guptill Publications, 2003; 2) Eisner, Will. *Graphic storytelling and visual narrative: principles and practices from the legendary cartoonist*, Will Eisner, New York: W. W. Norton, 2008.

电影发展而言，那时的人类学家显然是敏感地发现了它的工具作用，而且利用了新发明的电影的这些功能来获取更多可保存的资料和非物质文化遗产的内容。随后，再有效地通过这些宝贵资料和实证内容来推进自己的研究——其实，关于当年人类学家的"文化救险"和文化遗产抢救运动，至今在全球学界仍然存在着争议和批判的声音——以美国自然历史博物馆搜求文物为例，当年他们为了保存一些濒临灭绝的文化遗迹和自然物种，曾经竭尽所能组织财力人力和物力去搜集、拍摄和搬移，期望能够有效地将这些人类文明遗迹和资料保存到博物馆以备后人瞻仰和观览。在这种"抢救"活动中，产生了不少令今天学者认为值得商榷和争议的文物掠夺、骗取和收购事件。[1]

图 7-3　博物馆将完整的原始人部落日晷和墓葬等移为展品
图片来源：王海龙摄于美国自然历史博物馆，2002 年 11 月。

这种救险的努力从另一种角度而言则变成了对文物的强取豪夺和对濒临灭绝动植物的强行盗猎和盗采。譬如说，为了保存和展览的目的要

---

[1] Ronald Niezen, *Spirit Wars: Native North American Religions in the Age of Nation Building*, Berkeley: University of California Press, 2000, p.184.

雇请当地原始部族人冒生命危险去狩猎。同时，用西方人发明的先进武器和器械去捕获、杀死濒临灭绝的动物物种以作为展品，也大大破坏了当地原始部落的生态和人文环境。此外，殖民和商业活动、探险队、人类学家团队的介入彻底改变了当代原始部落的生态环境和当地人的生活，这些应该算是好事还是坏事？

图 7-4　当代原始部族人可以用最原始的木质武器猎获濒临灭绝的动物
图片来源：王海龙：《视觉人类学新编》，上海文艺出版社 2016 年版，第 50 页。

　　沉浸在自己与世隔绝生活的部落人千百年来过着平静的低物质需求生活，但是外来人给他们展示了一个光怪陆离全新的世界：这些被唤醒的人们不愿意再睡，但这种不期而然的外来文化影响非常强大，它的冲击把一个部落民族从史前文化跨越几十个世纪陡然跌入到后现代文化，让他们对生存和未来一片茫然——这都是 19 世纪到 20 世纪之交的时代向学界和社会提出的新问题。让我们想象一下当代原始部落人原来的世界：从刀耕火种的史前狩猎—采集部落到渴求坐上直升飞机去外地打工，还有前述被殖民者传来的步枪渔猎而毁灭的万年爱斯基摩文明，等

图 7-5 博物馆一方面收藏人类文化的遗产,另一方面也因攫取和展示当代原始部落文明中的遗址、遗产和圣物等引发了伦理争议

图片来源:王海龙摄于美国自然历史博物馆,2007 年 6 月。

等。这些外来因素的介入不只是扰乱了他们的生活，也给学界带来了更加严峻的伦理警示：人类学（或是其他任何的学科）究竟有没有资格改变别人的命运和生活？当代原始部落人是否应该"进化"或进步，享受后现代人的全球化的摩登和"幸福"的生活？

如果对上面的问题的答案是肯定的，依照现在的科技能力和行动力，理论上讲，人们能够在很短的时间内"解救"地球边边角角上的当代原始部落人，将他们带入后现代，抹平世界文明进化万年间的不平。但与此同时，也毁灭了地球上所有的多元文化、多元文明和人类语言的差异；这样的世界虽然大一统，但会变得单调和扁平——这显然不符合人类的福祉和联合国以及世界所有文化—社会公益组织的理想原则。但是，如果我们对前面的答案是否定的，在人类享受高科技现代文明和优越的物质生活的今天，坐视与我们同时代的当代原始部族氏族人过着万年前史前"活化石"的低物质贫困生活以供我们研究，这又符合文明时代伦理道德的规范吗？

图 7-6　当代原始部落人受到外来文化影响，陡然变化了自己千年的生活，也改变了他们的生态和文化传统

图片来源：Howard, Michael C. & Dunaif-Hattis, Janet, *Anthropology: Understanding Human Adaptation*, HarperCollins Publishers, New York, 1992, p. 498。

第三编

上面的问题很难回答。不只是当年人类学家没能给出一份标准答案，今天的学界也难能对此做出令人信服的解释和决定。

让我们还原一下当年的场景。那时人类学家或其他一些学科人员比如探险家、探矿学家、博物学者等受到非议的原因跟那个大时代的背景是不能割裂而议的。唯物史观认为，若想研究一门学科的背景和意义，我们必须还原其当年的历史情形、并在历史唯物主义理念的基础上进行细致的分析和史实鉴别才能理解当时他们工作的文化意义并评价他们研究成果的利弊。19世纪晚期掀起的文明探源热潮跟当时的科学进化论有关；同时，当时人类学热衷的课题有从文化传播论发展的影响学派和平行学派理论等分支；还有地理环境决定论和宗教起源一元论和多元论等学说。那时比较新的人类学理论是异军突起的以博厄斯为代表的历史批评学派。这一学派认为文化无所谓高低，文明的意义不应该用物质和进化的价值来衡量，每种文化的发展都有它的独立性和合理性，都值得

图 7-7　现代文明很容易通过外来人的带入而影响到原始部落人的生活

图片来源：Coleman, Simon & Watson, Helen, *An Introduction to Anthropology*, Chartwell Books Inc. Secaucus, New Jersey, 1990, p. 115。

生存和发展。人类学家不应该给文化判断优劣,而应该做忠实的观察者和记录者,研究文化的发生、发展和过程,以科学的态度来评价文化本身的意义。[1]

博厄斯的观点无疑是一种进步的观点,这对当时的美国学派和新生的人类学电影方法论有着重要的指导意义。同时,它对后来在美洲提倡文化多元的理念也作出了很大的贡献。博厄斯不只是个理念创建者,而且也是身体力行的实践家。他自己深入到美洲不同的当代原始部落社区做了大量的田野工作,主持研究项目并撰写了很多文化志文献;同时,他也主持了大量的对美洲原住民印第安语言的调查工作。他在文化人类学各个领域里的贡献都是具有里程碑意义的。从博厄斯之后,人类学研究的不再是"文明"和"野蛮"的区别,而将人类作为一个统一的种族看待他们的历史。[2] 虽然博厄斯没有全力介入当时新科技工具电影技术的使用,但是他对人类学电影研究原则和理念的贡献是巨大的。他的文化多元论和深入田野做文化志等思想方法是现代文化人类学发展的理论基石,这些也反映在他的学生如玛格丽特·密德和露丝·本尼迪克特、罗伯特·路威等人在其后人类学研究和人类学电影发展的理论和成果上。

针对那时候的人类学兴起热潮,欧洲的早期人类学家的研究在社会科学领域曾经受到诟病。特别是英国为首的人类学家替政府和殖民利益工作等引发非议。这也影响了对早期人类学电影发展和现象的一些评价。首先,人类学电影早期有着一些猎奇和探险的成分。那时候的文化研究有时是跟探险家和冒险活动的噱头有关。冒险家打着发现奇景、奇境、"土著"蛮荒的口号招徕大众的瞩目。

但是人类学是非常反感"探险"这一招牌的。人类学以研究文明

---

[1] Bashkow, Ira., "A Neo-Boasian Conception of Cultural Boundaries" in *American Anthropologist* 106 (3), 2004, pp. 443-458.
[2] Lowie, Robert Harry, Are we civilized? Human culture in perspective. Harcourt, Brace and Company, 1929.

不同形态为宗旨,理解和研究发展在不同程度和阶段的文明是他们的基本工作。人类社会的发展是一体的,纵然有些不同的发展阶段和形态,但从文化学意义上,这里需要的是理解、研究和探索,其实无"险"可"探"——从西方文艺复兴开始,西方渐渐走向资本主义和工业—科技强大,这种发展的结果导致了殖民主义倾向。表面上光鲜亮丽的"人的发现"和"地理大发现"的口号为他们的扩张主义找到了借口。"人的发现"除了自身精神世界的拓展,也被一些殖民主义者利用去开拓殖民地和强占异域领土。美洲、澳洲、非洲和亚洲等地都成了他们的目标和实验场。所谓土著和异域其实是他们的主观想象,这些土地上生活了千万年的当地人保持着自己的生活状态已无数世代;他们的文明概念是以自己的主观文化和价值观为准绳的。

从16世纪—17世纪开始,西方人开始用他们的生活方式和强权去改造世界,重新构思和规划自己的势力范围、把别人原生的原始文化归零;他们往往用霸权和暴力抹平场地,来建立自己的殖民帝国。19世纪后,随着西方在工业、科技和军事力量的更加强大,基本上完成了势力范围的划分而发展到大盛。再其后,列强为了新的纷争和争夺各自利益,又把这些已抢占的土地当作战场,进行势力再分配,而再度引发互相残杀和挑起自相残杀。以美洲文明的变迁为例,殖民者带来了霸权、疾病、战争和瘟疫,非常血腥。他们毁灭了当地的文化,并且掠夺其资源、矿藏、橡胶、咖啡、糖,以及各种经济植物收获;为了劳力资源而贩卖黑奴、改变甚至灭绝当地人种和文明、语言。说穿了,那时候的探险和"发现"的历史就是为帝国的探路和打劫史、是殖民统治和对当地土著残杀灭绝的历史。欧洲诸国如荷兰、葡萄牙、西班牙、英国和法国等在这方面的劣迹已然记在了人类文明史的耻辱簿上。

在殖民化以前的美、澳、非、亚很多地域的原住民保持自己部落古老世世代代流传下来封闭的生活方式和祖宗传下来的语言。他们或许一辈子没有见过外人,部落与部落间距离遥远,部落人一般一生都不走出山林到外边。这种小国寡民的文明固然封闭,但一下子被逼迫去"放眼世界"、遭到殖民者的掠夺、残杀和谋害,这种缤纷和震惊事实上击毁了那时太多的部落文明和文化传统。① 这种情形当时是否有人类学家的参与或阻止？人类学家当年在这些事件中扮演过什么样的角色,这些一直是 21 世纪学界反思的课题。

  人的社会存在决定其社会意识,社会意识反过来又影响他生活的时代,而经济基础最终决定了上层建筑。工业革命以后欧洲的资本主义开发激活了它们在政治上的霸权主义,而人文科学跟上,把美、澳、非（亚洲文明开发较早,他们只能在一些欠发达地区施行殖民文化）等地当作了他们的殖民主义实习演练场。特别是 19 世纪以后,西方殖民者进行了初步全球化的强权势力划分,而那时处于未开封特别是原始生态的很多前农业状态的文明和国家的落后展露在世界面前,成了霸权主义弱肉强食的文化牺牲品。这些西方强权政治意识形态里面肯定有文化学者们的理论介入。在这种背景下,历史上人类学者的功与过很难评说。当然,天若有情天亦老,历史不能随着任何人的意志重新再走一遍,我们今天能做的,就是检讨、分析和总结。这种总结虽然不能改变历史,但是能够警示我们的学界少犯错误。

  上面讨论的殖民主义与人类学家及其研究等等包括早期文化救险和它们与人类学摄影—人类学电影的发展之间的关系等并不是题外话,它是在我们今天回溯人类学电影史和视觉人类学研究史时仍然需要面对和宏观思考的课题。我们心里有了这个准绳,在研讨下面的章节时就树立了一条基准线,不会偏离历史唯物主义的轨道。

第三节　人类学电影缘起和历程

  摄影术的发明到今天尚不足两个世纪。虽然此前人类已经掌握了用画笔和雕刻刀来使用视觉语言表达自己所思所想,但是摄影术的发明仍

---

① Gulliford, Andrew, "Curation and Repatriation of Sacred and Tribal Objects", *The Public Historian* 14, No. 3, Summer 1992.

然是人类文化史上的一件大事，它也是人类思想史上的一场革命。摄影改变了人们呈现世界的方式，同时它也极大限度地便利了人们的视觉表达和交流。特别是在科技发达的今天，有了拍摄及传播技术的便利，使得世界变成了地球村，人类交流特别是用图像和形象交流成了举手之劳的捷径。

电影电视的发明改变了人类的思维，同时也改变了世界。这种改变是革命性的。在今天，人们几乎已经对这种改变习以为常，正如人类对自己发明的文字的使用早已习以为常，他们很难想象没有文字的时代人们怎样生活、怎样记录和传承知识。今人对享受电影电视之便利所带来福利的感觉也是同样的，我们很难想象没有它们的日子。今天，新媒体和各类新科技和多媒体信息爆炸现象为人类交流带来了极大便利，在智慧型手机上指头一动就能全知天下事，把地球各个角落发生各种光怪陆离的事件和影像图文并茂地呼唤到眼前，人们更难想象没有影视、手机和多媒体的时代昨天和前天世人的生活。

其实，时代飞速发展给我们带来的便利很容易影响我们的思考，让我们的知识阻断和碎片化。仅仅在廿年前，人们的手机还仅只是通话的工具并没有视像的功能；再往前推，仅只是卅多年前，国内甚至有座机电话的人家还是寥寥无几。而仅只是三十年前，电视在国内大多数人家还算奢侈品，有电视的人家是骄傲的。那时候，可以说几乎没人拥有私人电脑，更不必说拥有像现在这样功能齐全的笔记本和堪与电脑媲美的各种精美手机了。

工具的革命必然带来文化启蒙和思想革命。这些当然会反映到人类学思想界。特别是对视觉人类学界，这种影响非常大。因为影视人类学是极为依赖影视技术工具的一个分支，近三十年间飞速发展的影视技术革命在潜移默化地改变着人类历史和思想史。电脑科技的发达极大简化和便利了人们实现自己思想视觉化和视觉表达的途径。

我们可以试想，20世纪40年代人类制造的第一代电脑的体积几间屋，大体重30吨。仅仅几十年间的发展，现在小小一只巴掌大手机的功能和储存量早已超过它的功能无数倍。这半个多世纪人类创造的科技已经轻易超过了此前几万年来人类的梦想。但是，科技的光速发展并不意味着人类的思想能够同样地飞速提升进化。与一日千里发展的科技相比，人类的理念往往是渐进和滞后的。

人类学和人类进步的思想有它的延续性和发展轨迹，它并不追随科技同步前进。科技在某种程度上说是硬件，它只能展示人类思维（软件）的成果。在人类学电影发展的路途中，同样遵循这个规律。不管新科技如何发达，人类学思想的前进是有着一脉相承的思想线索的。为了理清这个线索，我们有必要对其发展的技术呈现历程进行一番历史巡礼和梳理。

前面我们讨论过，电影是跟人类社会互动最密切的一种艺术形式；没有跟社会的互动，它基本上就失去了存在的意义。因此，从经典人类学角度狭义地讲，电影是最贴近文化的。在文化和社会学意义上，学者们认为"所有的电影都是人类学电影"，[1] 电影本身就是由持不同文化和社会观点的人来拍摄、表现人类社会的（即使是跟真实社会距离较远的科幻电影或科教片，也会通过不同形式反映出作者和导演的意图和观念）。一句话，它们都跟人类社会有关。在这种表现过程中，就像人不能提着自己的头发离开地球一样，电影作品总会或多或少、或直接或间接地反映出电影人的想法、意见观点和倾向性。如果再细分，电影里还难免泄露出作者的趣味、追求、教养甚至其成长环境的影响。

在西方人类学界和电影界，几乎都有着一个共同的见解，那就是人类学电影的历史其实就是整个电影史——特别是非虚构和文献电影发展本身的一个部分。[2]

人类学电影史家卡尔·黑德尔认为，从技术能力的发展对这门学科的影响方面看，人类学电影发展的第一个阶段是从19世纪末到20世纪

---

[1] Heider, Karl G., *Ethnographic film*, Austin: University of Texas Press, 2007, p. 16.
[2] Levinson, David. Ember Melvin. (ed.), *Encyclopedia of Cultural Anthropology*, Henry Holt Reference Book, New York, Henry Hold and Co. 1996, p. 411.

60年代阶段。这一阶段的特点是摄影和电影技术的发展给拍摄人类学电影奠定了基础，为它提供了硬件。但总的来讲，由于这一时期摄影器械的笨重、设备的庞杂、挪动不易而且需要专门技术人员操作等技术障碍局限了人类学电影的发展。

直到20世纪60年代科技进步导致摄影器械小型化，同步录音技术的发达等便利才为这门学科的繁荣创造了条件。总的来讲，在人类学电影发展早期，由于技术的局限，特别是由于拍摄影片费用的昂贵，在某种意义上限制了人类学电影这门学科的发展。除此之外，19世纪到20世纪早期到远离人烟的当代原始部落拍摄影片也会受到自然和人为各种因素的阻挠。据很多早期人类学摄影家的报告，他们的早期人类学摄影工作受到诸多局限。拍摄经常受到阻力，而且，即使历尽千难万险拍摄好了珍贵的影片在后期制作时也往往因为没能及时冲洗而报废；或有的冲洗后仍因在原始部落场地的局限而受潮（热带雨林）霉变或因干燥燃烧等因素而毁损。

人类学电影发展的第二阶段基本上是在20世纪70年代。在这一时期，轻型的电影设备开始普及，同步录音成为易事，这些技术上的进步提高了人类学电影的表现维度和表达能力。

人类学电影发展的第三个阶段指的是摄像机的大量涌现至20世纪末。本时期特点是微型摄影摄像技术的发达给人类学电影的发展带来了极大的便利。这些微型摄影机性能好，容量大，可以不间断地持续拍摄而且可以拍摄完毕后就能立即播放检验。这种科技的进步极大地便利了人类学电影的发展。

人类学电影发展的第四个阶段应该是电影电视混合发力和新媒体急遽发展且势力壮大的阶段，它包括20世纪末以来的电视及互联网大量普及以及21世纪以来如雨后春笋般的多媒体、自媒体传播系统的出现。

随着摄像机的廉价和易于操作，从20世纪末开始，拍摄简单记录片或者视觉资料几乎人人可为。这对用摄影机—摄像机做"笔"来记录的人类学家来说，是提供了极大的便利。几乎所有新一代的人类学家做田野工作时都会同时拍摄纪录片和当地视觉素材作为一种"视觉笔记"和备忘录，用以作为自己写文化志的辅助甚或注脚。

除了专业人士外，随着照相机、摄影机的普及，人们都有机会用这些工具来记录自己的所见所闻和所思所想。特别是用这些摄录工具记录下自己感兴趣的风土人情、社会事件、乃至于生活琐事等等。

当代视讯科技的发达无疑改变了人们千百年来传统的交流方式和表达方式。千禧年以后，随着智能手机的普及，它附带的摄影和摄像功能开始承担了巨大的社会交流功能。这些无疑也影响了视觉人类学的实践和理论的发展。现代科技工具的发达和便宜易获性使得今天的手机拥有者个个都具备摄影摄像的能力，而互联网的发达更使得这种能力有了用武之地。一般情形下，现代人拍摄的视觉产品可以通过现代网络瞬间传播到全球。在这样的背景下，眼下人人都成了新闻工作者和文化记录者；从而使原来非常"学术"甚至神秘的人类学摄影和人类学视觉记录理念慢慢成为非专业和普通人的家常和表现方式，而且在某种意义上用视觉写作、用视觉交流和呈现理念的想法在渐渐深入人心。

但是，工具的便利只是一种呈现方式的助力。不管是用文字还是用图像来表述，掌握书写工具和拥有对工具的操作技能只是成功的前提。回顾在摄影术刚发明的 19 世纪前半期，那时候新旧世纪刚刚交替，工业革命在不断深入，科技革命也在朦胧兴起；那时的人类学研究领域曾经充满了乐观主义情绪。人类学家积极用新科技来推动并拓宽自己的研究视野，而新发明的摄影术给他们实现愿望带来了极大的可能；他们曾经乐观地以为摄影术和保真术将成为促进人类学研究的一个魔钥般的利器。他们着眼于用摄影机、摄像机进行"文化救险"，拍摄、分析和研究人类文明的演进模式并预测文化发展的未来。

20 世纪初，如前所论，是近代人类学理论发达和成熟的一个高峰。经历了近一个世纪的发展，欧洲各国人类学家运用各种模式去探讨人类文明的历程；而且他们在体质人类学、考古人类学和文化—社会人类学、语言人类学等领域都取得了初步可喜的成果。近代人类学的发展对人类文明的研究在那时已经探索出了一整套的解释和行之有效的理论。除了探讨人类文明的成文史，本期人类学家也开始发掘人类由来和文明起源，从神话—宗教和仪式起源甚至神学角度探讨文明问题。同时，他们也从生物学和进化学理论研究文明这个庞大的有机体的进程。当然，语言学特别是民族语言学的研究这时候也成果累累；以至于那时代乐观的人类学家们以为他们的研究似乎已经接近成功了。

19世纪到20世纪之交的人类学研究的确开拓出了不少新的领域，而且在理论上有成功的探索。这个时期建树的很多理论模式直到今天在很多学科里仍然被目为无法逾越的正确理论和基本方法。比如说，在进行比较文化和文明探源时人类学采用了文化志和田野工作的方法来进行平行研究和比较研究，并将这些宝贵的第一手资料跟成文史和考古学进行参徵对比，促进了对文明溯源的探讨。当时的人类学家深入到世界各地新发现的当代原始部落中长期生活、观察和记录描写他们的生活史和文化认知及风俗构成，将这些文化志作为人类文明探源的"活化石"以补充解释、探讨史前人类的文化行为等等，在这些方面都取得了可喜的成绩。

那个时期的比较文化研究者和人类学理论界曾经乐观地以为世界上所有的文化及其模式都是可以被记录、揭示、研究和阐发的。人类学的主流思想从进化论、传播论、文化功能主义，到后来的文化相对主义、结构主义诸家学派，都真诚地以为他们能够找到破解和昭示文化内在模式和结构的魔钥匙；他们在企求利用人类文明迄今为止发明的一切研究利器去达到这一目的。而那时刚刚发明的摄影—电影术、录音术恰恰躬逢其盛，在第一次世界大战以前，人类学电影人利用电影手段去记录、研究文化的期望似乎可以给人们带来了一个破解文明之源的福音。

当时的学界和思想界认为，摄影术的发明以及电影的忠实、保真技

第七章 人类学电影简史（上）

图 7-8　19—20 世纪之交发明的摄影和录音技术是人类学家做田野工作采访和记述民族志材料的有效工具

图片来源：Haviland, William A. *Cultural Anthropology*, Holt, Rinehart and Winston, Inc. Fort Worth, TX. 1990, p. 96。

术的特性，可以记录并解决很多此前人类学界不可思议的问题，甚或可以引起一场观念上的终极革命。人们期待新发明的摄影科技可以用活生生的、真实的形象记录来代替有偏见的、主观的、不全面的、抽象的文字描写的文化志，使人类学研究上升为真正"科学的"研究。这种良好的祈愿今天看来的确是天真了些，它似乎认为电影技术的加盟会成为一副解决所有问题的万应良药。

后来的历史事实证明，事情远不像人们预期的那样简单。虽然怀着上述天真和简单化的理念，早期的电影人类学家尽可能多地摄制记录和研究文化的影片，这些影片虽然也有着珍贵的价值，但它们远不能像它们的摄制者们所预期的那样能昭示人类创造的文明和文化的真谛。

据不完全统计，迄今为止，由于欧美文化人类学思想的发展和电影技术的发达，人类学史家声称，凡是在其视野所及之处，他们已经几乎把世界上的各人种及其文化都摄制了人类学电影资料以供研究。当年西方先进的科技的确对当代人类学的发展做出了无可比拟的贡献。但毋庸讳言，虽然有了这大量的实绩，可离原来人类学家试图通过电影完成阐释人类文化的初衷的期待却仍然相距甚远。电影，或任何记录，都不是万能的。理论上讲，机器能发展得越来越精密、保真，但机器毕竟是由人来操纵的；而人却又是有思想、有偏见、有立场和有操作出发点的。

早期的人类学摄影家在掌握了摄影这门新科技以后，他们当然是用这面镜子去照别人的。除了喜欢照别人的真以外，他们也喜欢照别人的丑。纵观早期人类学电影的呈现，我们可以察知，拍摄者和人类学家作为外来人对待一种异己文明的认知，不管是有意识还是无意识，在展现对象时总是最敏感的。这个时期的照片在某种程度上总有刻意猎奇、展现异域和注重奇风异俗的镜头的呈现等问题。如果照这个思路发展下去，人类学电影史将会是一整套充满着猎奇、鄙夷、异国情调或以考古的心情去探掘文化活化石——当代原始部落文化的光怪陆离的大杂烩记录。

然而，历史事实并没有以人的意志为转移。发生在20世纪的两次世界大战阻止了人类学电影的这种进程。战争毁灭了欧美人类学家原来的文明研究计划，也延宕了人类学电影的发展。这两次世界大战带来的某些后果也是人们始料未及的。即使是在文化人类学领域，战争的影响亦处处可见。随着战争的结束，世界的格局发生了巨大的变革，大部分的欧美殖民地开始反对帝国主义压迫和独立运动，最后他们也大多获得了独立和解放。

殖民主义的瓦解及殖民地文化的独立成了人类学研究的一个崭新课题，而战后新科技的发达，大众媒体新的传播渠道和社会互动模式也促逼着人类学者进行新的反思。在人类学领域里诸多理论模式的变革之一就是学科内部要提倡自我反思真正认识自身，不囿于常识，要严格地、近距离地观审自己，用过去挑剔别人的眼光挑剔自己；用全新的角度和诠释别人的话语来拍摄、巡视自己或异己的文化。在这种理念的烛照下，人类学家们惊奇地发现，当他们真正从不同角度反思"已知"的母体文化甚至反思一些他们从未怀疑、诘问过的常识时，他们发现过去很多似乎是铁律的东西如果从异己文化的角度去反诘都能嗅出荒诞的意味。这种批判性思维给了他们以极大的启发。人类学摄影家不但要拍摄别人，他们意识到作为研究的主体他们有时亦是客体，研究者本人的文化也可以甚或应该成为他们研究的对象。①

在这个意义上，被认为是人类学电影的开山鼻祖之一菲利克斯·雷格诺关于电影的一个简洁的定义似乎可以更加明确地说明了人类学电影在今天的任务：电影的目的就是为了贮存所有的人类行为的记录，以便于我们研究的需要。②

第四节　早期人类学电影史述

人类学电影的实现在客观条件上完全依赖其呈现技术，唯有在技术上能成功展示出活动映像，才能给用电影语言呈现人类学内容提供视觉写作的基础。因此在今天，不管人类学电影做出了什么样的业绩、它的初衷如何良善以及它被追认的目标有多么高大上，我们仍然不得不客观地思考和追溯一下促成它起源的物质基础和条件。

前面章节里我们探讨了摄影的发明和活动映像的产生。在照相术发明早期，摄影被看成是绘画的方便易行版——自文艺复兴以来，西方绘

---

① 邓启耀：《我看与他观——在镜像自我与他性间探问》，清华大学出版社2013年版，第55—61页。

② Félix-Louis Regnault, L'histoire du cinema, sonrle en anthropologie, *Buletins et Mémoires de la Société d'Anthropologie de Paris* 7–8, 1956, pp. 61–65.

画突飞猛进,产生了不少不朽的巨匠。他们的绘画在某种程度上能够巨细靡遗地展示人物事件甚至故事情节(如达·芬奇《最后的晚餐》、米开朗琪罗《最后的审判》、德拉克洛瓦《自由引导人民》、列宾《意外的归来》等)。有的绘画甚至能表达宏大叙事主题,出现了很多不同的流派,那时候的绘画语言也很发达。但是,绘画是一项非凡的技能,仅有很少一部分有艺术才能的人能够掌握并用这种手段来表达思想;这种技术手段的局限使大众很难用绘画语言作为工具表达自己。摄影术的发明使得普罗大众用视觉语言表达思想成为可能。

图7-9 摄影术发明后,早期人类学家深入到一些当代原始部落去长期生活并采集资料,做田野工作。图为人类学家马林诺夫斯基在做田野工作

图片来源:Howard, Michael C. & Dunaif-Hattis, Janet, *Anthropology*: *Understanding Human Adaptation*, HarperCollins Publishers, New York, 1992, p. 365。

首先,学习照相虽然需要一些技术知识,但这种入门技术毕竟比学习绘画容易多了。通过简单培训,它就几乎人人可为。其次,照相比较即时、纪实而且传真。虽然绘画中的速写也有这种功能,但它名为"速写"其实所需时间仍然比照相要多多了。最后,照相比绘画作品更有现场感和记录、档案意义。摄影镜头记载的画面是客观、全面而且没有取舍的。与之相比,绘画则不同。绘画是主观、主题突出和有强调性的（绘画可以主观美化或丑化，或可突出某些内容而忽略某些内容），这些特征在作为纯粹"写真"的摄影里的呈现是不同的——那时刚发明的摄影是百分之百纪实（当然后来也有特写、细节放大突出、综合修图等等强调手段了），而艺术史上的绘画则有构思时的主题突出和精心取舍构图美化等等（比如说，早期照相中对所有背景统统纳入，甚至凌乱不好看和摄影者们不愿意让人看到的背景也须照录。而这些，任何一位画家都可以自然而然地在构图初始时就将其删除），因此在一般人眼中，摄影—照相的功能比美术绘画要更"真实"更"科学"。

当然，用视觉语言说故事，静态单帧的图片可以做到，却难免有一定的遗憾。美术史上杰出的绘画大师都能以一幅画宣示主题（如上面例举的名画）。但对于百姓观众，有情节、有进展的渐进、连续性的画面展示则更有迷人的魅力。历史上的连环绘画和壁画当然也有这样的功能，但它们显然没有活动的影像更让人赏心悦目。前面说过，中国古代的走马灯、皮影戏和西方的光影魔幻剧已经有了"影剧"的雏形。但那些俑—偶和简陋的造型毕竟粗疏且不够真实，其展示效果和视觉表述语言的粗拙影响了它们的表现力。

在西方摄影术刚发明初期，富有探索精神的摄影家雷格诺就开始用电影作为工具来从事他的人类学研究工作了。他被公认为是人类学电影的第一位大师和创始人。

雷格诺是一名法国医生、人类学家和史前学家。他曾担任巴黎人类学协会和法国史前历史学会的主席。他本人曾是一位病理解剖学家，但他在1888年就迷上了人类学。当时同步摄影术刚发明不久，他就心仪上了这门技术。1895年春天，在一位专职摄影师的协助下，他第一次成功地把人类学和电影摄制结合，拍摄了一位当代原始部落沃洛弗女人如何制作陶器的影片。这部电影被后来大部分的研究者认定是第一部人类学电影。

难能可贵的是，雷格诺不仅拍摄了制作陶器的全过程，而且还用他所习得的人类学知识对不同部落人制作原始陶器的方法进行了比较研究和解说。他发现了沃洛弗女人制造陶器的方法、技巧与其他已知其他史前文化中陶器制造法各有不同和相像之处。雷格诺并将他拍摄演示的方法与古埃及、古印度和古希腊同类陶器制造术等进行了比较。最后,他把自己的实验和自己摄制电影、场景设计的体会等撰写成论文在当年12月发表。随后,他们又成功地展示了这方面的许多成果。① 雷格诺的成功吹起了在人类学界用新发明的摄影术进行记录和文明探讨的号角。

图 7-10　人类学摄影家深入到当代原始部族做田野工作

图片来源:Coleman, Simon. & Watson, Helen, *An Introduction to Anthropology*, Chartwell Books, Inc. Secaucus, New Jersey, 1990, p. 120。

综上所述,我们可以看出法国在电影技术发明和将其跟人类学理念结合进行创新和实践方面都曾得风气之先而且先行一步。法国人在人类学电影上起步最早,但其后不久英国人却急追直上,而且他们曾经一度

---

① Lajard, J., Félix-Louis Regnault, Poteric cure et origine du tour, *Bulletins de la Société d'Anthropologie de Paris* 6, pp. 734–739.

在这个领域里独领风骚。其中最著名的以剑桥大学的人类学远征队为主要代表。1898年剑桥大学派出了以动物学家出身的阿尔弗雷德·科特·哈登（Alfred lort Haddon）为领队的一支探险队前往道瑞斯海峡进行"系统的人类学文化救险工作"。这支探险队旨在对这个区域的生态环境、文化—文明等进行全面、科学地考察。他们携带了当时所能具备的最先进的仪器设备，包括刚刚发明的摄影机和同步录音机等等。剑桥探险队对道瑞斯海峡的自然和人文课题进行了缜密的研究，包括体质人类学、心理学、物质文化、社会组织、宗教等皆作了系统的调查，然后摄制了大量的人类学电影。哈登所摄人类学电影迄今仍被认为是"田野工作"拍摄人类学影片的开山之作，现今留存下来的这类影片仍有原始部落成员跳舞和钻木取火的宝贵片段资料等。

哈登同时还鼓励他的同事们去进行田野拍摄工作。1901年他的同事鲍德温·斯宾塞（Baldwin Spencer）和同伴F. J. 吉林到了澳大利亚中部，在那儿对澳洲土著部落研究了三十余年，并且拍摄了大量照片，这些业绩使他们成为摄影人类学领域里程碑式的人物。同时，他们也在1901年和1912年拍摄了两部描写澳洲北部土著典礼仪式的影片。而另一位哈登的同道，维也纳人卢道夫·鲍奇在看了他拍摄的道瑞斯海峡人类学电影后，自己也受到启发而从事田野工作。他后来分别在1904年和1907年去新圭那亚和西南非洲考察拍片。可惜新圭那亚影片大部分被曝光毁损，但所幸保存了记载原始部落生活的部分影片。①

除了他们以外，还有一些早期人类学家和探险家拍摄了很多珍贵的影片。鲍奇的影片在1960年终于被维也纳大学整理发行。斯宾塞的影片在1967年澳大利亚人类学电影节上也引起了世界性的关注。但是，其他早期的人类学电影却没有获得他们这样的幸运。这些曾经历经千辛万苦拍摄的影片大多仍躺在博物馆的地下室或一些早期的人类学家们家庭的旧车库里，甚至有的已毁于无情的水、火、霉变或处于无人关心的

---

① Pöch, Rudolf, "Reisen in New-Guinea in Jahren 1904 – 1906", *Zeitschrift für Ethnologue*, 39, 1907, pp. 382 – 400.

命运。这些早期的影片极有价值，它们记录的生活和仪式等大都早已失传和湮灭，但它们却大多难逃令人扼腕的被忽略和毁损的结局。

为什么这批早期人类学电影先行者的行动和成就没能造成足够的影响和学术轰动呢？人类学电影史家爱米尔·德·布里盖尔总结道，第一，是因为在当年，摄制影片的昂贵花销惧退了很多人——那时候，刚发明的摄影机器昂贵且笨重，不宜搬运到远离人烟的荒山野岭或热带雨林等原始部落去。那时候，摄影绝对是个花费昂贵的营生，摄制一部人类学影片比仅仅用一支笔就简易可行地写一本文化志的花费要高多了（且不提还需非常严谨的技术训练和专业要求），故一般人不敢问津。不敢问津就成了畏途，成了畏途就少有追随者。没有追随者当然就人寡势小，很难引起足够的社会和学术关注。

第二，是当年拍摄电影具有今人难以想象的危险性。这儿不仅指拍摄电影时跋山涉水历险和与土著接触时因自然环境恶劣、疾病和语言误会等而带来的生命威胁；而且还有那时候电影胶片的易燃性——直到20世纪50年代，电影胶片的易燃的危险以及制造防火暗房、剪辑室及其他防火设备的巨大耗资一直都是个使人头疼的问题。不用说一般的人类学家或者学校、博物馆之类的机构难以保存影片资料，甚至专门的电影制片厂乃至好莱坞的大型摄影公司都对保存电影胶片感到为难。① 他们对旧的电影片的处理通常就是毁弃，以至于今天不只是较少有人问津的人类学电影，即使当年卖座和受人欢迎的早期商业电影也都被毁掉，因此三分之二以上的在电影史上的早期名著都没有留存，能留存到今天的，只是一个目录题目和故事梗概。②

第三，则在于技术的困难、设备的繁杂、拍摄要求之高等障碍足以斥退一般的外行尝试者。那时候的摄影术是一项专门学问，能够掌握它

---

① Ohlheiser, Abby, "Most of America's Silent Films Are Lost Forever", *The Wire*, December 4, 2013.

② Harris, Robert A., *Public Hearing Statement to the National Film Preservation Board of the Library of Congress*, Washington, D. C., February 1993.

非常不容易，当年学习拍电影有如掌握一套独门绝活儿。有很多人好不容易找好场景、安排好人员也召集好了拍摄对象（当然，有时候是等待很久甚至期待多年才遇到了某种难得的仪式、节庆、葬礼或重大活动）而且侥幸得以顺利开拍、以为自己一切成功，没想到最后发现却根本没有拍摄上，或者虽然拍摄时成功却在其后某个技术环节上出岔而毁于一旦；甚或毁于暗房和后期制作乃至完成后的邮寄、运输环节等等。

据史料记载，当年有好多苦心孤诣、辛辛苦苦准备到当代原始部落拍摄电影的人因上述技术要领和其他环节没把握好，结果费尽心力、耗尽财力最后却一无所获，这种沮丧是一般人难以忍受的。对当年的大多数摄影人来说，仅只解决摄影技术的难题已经够令人心焦的了，而且还要努力糅进人类学的理论、观念，这种难度更非凡人所能想象。[1] 受限于上述种种阻力，使得那时一般学人敢于涉足人类学电影领域者寥寥。

基于上面种种因素、人少力单且产品较少，早期人类学电影造成的学术影响当然不够。将人类学摄影者与用笔写作的人类学家队伍比起来，它简直是不成比例的渺小的一支，所以难怪它成不了气候。别说它早期那些不成熟的作品，就连人类学电影领域里真正有学术价值且有成就的部分也只能如传说中的"和氏璧"的命运一样，需留待几十年后这个领域后代学者发展声势浩大后才能在他们祭祖时给予慎终追远般的回顾，使其幸享哀荣。这种现象不能不说是早期人类学电影命中注定的一个悲剧。

在谈及早期人类学电影时，我们绝对不能不注意到在20世纪20年代一个具有轰动意义的里程碑式的人物——那就是各种人类学辞典和工具书在谈及人类学电影时都屡屡提到的以拍摄《北方的纳努克人》和《摩阿娜——黄金时代的传奇》等人类学电影而著称于世的罗伯特·弗拉哈迪。

罗伯特·弗拉哈迪的父亲是爱尔兰裔探矿师，他自幼受父亲影响，也喜欢探索人、社会和文化。其后他在多伦多成为摄影师，喜欢拍摄印

---

[1] Brigard, Emilie de., "The History of Ethnographic Film", In *Principles of Visual Anthropology*, Moton Publishers. Aldine, Chicago, 1975, p. 17.

第三编

图7-11 爱斯基摩人的原始生活因人类学电影的披露被欧美社会广泛关注，曾经成为一时社会关注的热点

图片来源：*Nanook of the North*；https://www.youtube.com/watch? v = lkW14Lu1IBo。

第安人和野生动物。这给他以后拍摄人类学电影奠定了基础。1909年，他听闻了当代原始部落人生存的故事。1913年他到哈德逊海湾的贝尔彻群岛去探矿，开始拍摄电影素材并迷上了记录当地人的生活。其后他辞职而长期深入爱斯基摩部落了解生活，并获得资金拍摄人类学电影。1922年电影完成，旋即大获成功。

他的成就开辟了人类学电影的一个新的纪元。弗拉哈迪的《北方的纳努克人》的成功几乎可以说是征服了整个世界的观众。由于他的第一部电影就出手不凡，这部处女作被后世认为是他事业的巅峰，他因此亦被视为纪录片和人类学电影之父。[1] 好多大学——包括人类学的重镇美国哥伦比亚大学——的人类学系至今仍把它作为人类学学科的主要教学片来播映分析。人类学电影理论家卡尔·黑德尔认为它是人类学电影史上几部真正屈指可数的经典之一。直到20世纪70年代，它还在这

---

[1] Christopher, Robert J., *Robert and Frances Flaherty: a documentary life, 1883 - 1922*, Montreal: McGill-Queen's University Press, 2005.

一领域里独领风骚。尽管随着近几十年摄影和摄像机的普及,人类学电影如雨后春笋般拍摄了大量的片子,但弗拉哈迪在这个学科作为开山领路人的划时代意义仍无人能否认。

图 7-12　北方极地爱斯基摩原始部族的生活是人类学家感兴趣的题材。早期人类学家曾经长期在这里观察并拍摄了大量人类学视觉资料

图片来源:王海龙拍摄,美国自然历史博物馆,2012 年 6 月。

弗拉哈迪一生有着传奇经历。他曾是个矿物工程师和探险家。跟人类学大师博厄斯曾经经历过的职业变换一样,在基地从事科学工作时,他的兴趣从海上矿物转向了在这片土地上生活的人及他们的文化。1909年,当他去哈德逊湾东海岸岛区寻觅铁矿床时遭遇了一个当地爱斯基摩人韦塔洛克。这个爱斯基摩人给他画了海湾地图等,让他有机会接近这个神秘的当代原始部族的文化。① 其后他又来此地探矿,但他对当地土著原始氏族文明文化的兴趣远超过了他的本职工作。他着力于拍摄电影素材,可惜后来这些素材意外毁于火灾。再后来,他辞去工作募得资金

---

① McLane, Betsy A., *A new history of documentary film* (2nd ed.), New York: Continuum, 2012.

支持，又回到此地重新拍摄爱斯基摩人的生活。

这时候的极地居民已经受到了当时白人殖民者文化的影响，他们不再使用原始方法打猎或劳动而改用步枪打猎。由于步枪的引入，彻底改变了原来需要集体团结集聚出猎才能收获的局面；而猎获品也不再由部落集体分配而成了私有制经济。步枪的便捷使得部落人不需要群体合作的艰辛，步枪可以远距离射杀猎物收获颇丰。由于有了猎获保障，人们不再相信神灵和祈祷、禁食和禁欲等禁忌而是为所欲为——因此，各种千百年传下来的宗教传统、巫术和仪式已经无效而没人效法或实施；一件小小的劳动工具步枪就把几千年积聚和祖传的爱斯基摩文化传统扫荡得荡然无存。更可怕的，是步枪的便捷高效对海豹等猎物的大量射杀破坏了此地的种群环境生态，鱼类、海豹、鲸鱼等都逐渐消逝。生物链的破坏带来的结果是致命的。很短时间内，这些渔获和猎物几乎被破坏殆尽或杀绝。这样的状况危及了当地原始部族人数万年一直延续下来的生活。

弗拉哈迪就是在这样的情境下来到了这里。他希望拍摄"原汁原味"的当地原始部族人的生活，因此他坚持拍摄的是步枪引入爱斯基摩部落以前的上一辈人的生活。他深入爱斯基摩人的部落长期体验生活。从1910年到1921年，弗拉哈迪潜沉在原始部落里做田野工作，拍摄了大量爱斯基摩人的生活素材资料，将它们变成了他以后剪辑完成自己人类学影片的"视觉语料库"。1922年夏他将这些素材片剪辑完成并播映，起名为《北方的纳努克人》。此片播映后引起了巨大轰动。不仅在人文科学和社会科学界，而且一般观众也对这部电影趋之若鹜，使它成为电影史上盛况空前的一个奇迹。为了纪念他的成就，他拍摄电影的这个岛后来也被命名为"弗拉哈迪岛"。

1923年，紧跟《北方的纳努克人》的成功，弗拉哈迪又去萨摩亚人部落拍摄了《摩阿娜——黄金时代的传奇》。但此次却旧梦难再，虽然这部影片也是成功的，他没能获得前次的轰动。后来他又拍了《阿兰人》；其后他又拍过故事片、商业片等。1939—1941年间他拍摄政治影片，反映美国农业大萧条时期的《土地》。晚年弗拉哈迪拍《路易斯安娜故事》。他逝世于1951年,去世前正准备筹拍一部关于夏威夷的影片。①

弗拉哈迪是个众说纷纭,至死未能被定论的人物。有人认为他是人类学电影最杰出的大师和承先启后的人物;也有人认为他的电影算不上真正的人类学电影,因为他在田野拍摄工作中有编导和暗示的痕迹,这在科学研究上,有作伪之嫌。作为商业片,他的电影显得太学究气和太有人类学意味;而作为人类学的学术电影,它们则又太粗疏和有造假痕迹。② 这些议论莫衷一是。

我们认为,无论从任何一种意义上看,弗拉哈迪作为一位人类学电影史上里程碑式的人物都是当之无愧的。根据他的传记资料,我们知道,为了拍摄爱斯基摩人的生活,他曾在爱斯基摩人中间生活了十一年。为了拍萨摩亚人的生活,他在他们的部落待了一年零九个月。为了拍爱尔兰人的生活,他也深入其部落生活了一年半。这种认真的、旷日持久的研究和严肃细致地观察是和一般猎奇、浮光掠影式的观察有本质的不同的。弗拉哈迪的生活经历和拍摄日志几乎可以说是完整的人类学笔记及文化志。他的观察和训练应该说完全是符合人类学标准的。弗拉哈迪的电影很有特色。它们不是对一般的文化状态和生活情景的概念和笼统地概括,而是有血有肉、有深切感人的性格和细节描写。弗拉哈迪对人类学电影最大的贡献,是他熟知电影表现手段并充分利用这些技能和描绘技巧,使观众感受到他要传递的信息、气氛、异域色彩、情调并受其感染,以此来广为传达他的人类学思想和学术观察。

弗拉哈迪在早期人类学电影方面的建树和拍摄观念是富有积极意义的。从实践意义上而言,不管是多么杰出的见解,不管多么深邃的理论,它的形式和传播方式首先必须要感动人、吸引人,使人享受,使人爱看,然后才能传播其思想;否则干巴巴的,再有学术性也无影响力。弗拉哈迪的电影充满情趣而且有着史诗般的抒情格调,他也以情动人;

---

① Griffith, Richard, *The World of Robert Flaherty*, New York: Duell, Sloan & Pearce, 1953.
② Heider, Karl G., *Ethnographic film*, Austin: University of Texas Press, 2007, p.21.

第三编

他的视觉语言幽默、风趣，叙事也很简洁。弗拉哈迪倡导的早期人类学电影拍摄风格对后来的人类学电影的制作产生了极为深远的影响。

受其影响较深的杰作有 1925 年库珀等人拍摄的经典人类学影片《草原：为部落生存而战》等。这部电影被称作最好的人类学电影之一。它描写了当年安哥拉到波斯地区游牧部落民族面对极度艰难生境寻觅水草大迁徙的惊心动魄的场景；其内容十分悲壮惨烈有着摄入的张力，也表现了原始部族人为了生存而表现出的惊人斗志和智慧。有人将之比拟于弗拉哈迪的《北方的纳努克人》，但库珀坚称他并不知道这部三年前发布的作品，他没有模仿它或受到他的影响。库珀说他是直到从波斯拍完自己这部影片回来后才听说《北方的纳努克人》这部电影的。《草原：为部落生存而战》播映后产生了较好的影响。以至于库珀对它念念不忘，他于 1947 年又回到原地重新拍摄了这部电影。这个事实告诉我们这类电影在当时肯定是受欢迎而且有一定的追随市场。

图 7-13　人类学家通过深入当代原始部族并参与他们的劳动、生活、仪式和各种活动用图像记述并研究其文明文化的发展

图片来源：Howard, Michael C. & Dunaif-Hattis, Janet, *Anthropology: Understanding Human Adaptation*, HarperCollins Publishers, New York, 1992, p. 568。

事情发展到这里并没有结束。1990年美国的里程碑电影电视公司又买下了这部电影的版权在影院重新播映了这部电影而且发行了视频。2004年,《草原:为部落生存而战》还被重新出版了DVD。2009年,电影评论家、导演和制片人贝玛·马格索德尔还专门为此出版了一本新书《草原:未曾公开的故事》。书中详细介绍了与电影制作相关的背景信息和历史参考内容。笔者之所以不厌其烦地介绍这些背景资料和内容,是想告诉我们今天的读者,虽然这些早期人类学电影大多已经是百年前的作品,但是它们在今天还有一定的生命力,而且仍然被学界和观众关注。[①]

毫无疑问,弗拉哈迪的早期人类学电影是有趣、耐看而且又有魅力的,但它们的属性是否属于绝对真实的呢?我们且看他自己的回答吧。弗拉哈迪曾经说过:"为了表现最高意义上的真实,有时你不得不扯谎或改变真实的状况。"[②] 他认为,为了追求真的本质(True Spirit),他必须略去一些事实而强调另一些事实。弗拉哈迪的时代还是默片电影时代,他极有效地调动电影手段服务于自己的目的。

弗拉哈迪的电影被认为有勾魂摄魄的能力,它们能吸引并控制住观众,这是很重要的。弗拉哈迪极富创造性,有的评论家认为,"作为艺术家,弗拉哈迪无疑是第一流的;作为人类学家(他本人从来就没有装扮自己是这类人物),他留下了许多的争议"。[③] 这个评价是很中肯的。理论上讲,学术和艺术不应该是对立的,但它们中间毕竟有很大的不同,有机地结合这二者殊非易事。弗拉哈迪算是一个探险者,也是一个成功者,这已经十分难能可贵了。尽管他身后留下了很多的争议,但这种争议本身也给我们以极大的启示。笔者个人仍然认为最好的学术和

---

① Beeman, William O., "Grass: Untold Stories (Review)", *The Middle East Journal*, 65 (3), 2011, pp. 520 – 521.

② Calder-Marshall, Arthur, *The Innocent Eye: The Life of Robert Flaherty*, London: W. H. Allen, 1963, p. 97.

③ Brigard, Emilie de., "The History of Ethnographic Film", In *Principles of Visual Anthropology*, Moton Publishers, Aldine, Chicago, 1975, p. 22.

艺术都应该是有魅力、感人，让人能懂、具有使人喜欢接受的形式的东西。否则，学术再艰深，理论再睿智，无人能懂、枯燥且毫无魅力，不能激起人们对它们了解和感知的愿望，那么它的存在又有什么意义呢？——特别是，人类学本身就是那么一个研究人和文化、贴近人们的生活和有待普及到大众的学科。

第八章

人类学电影简史(下)

第一节　人类学电影与故事片

人类学电影思想的孕育最初也在电影的其他两种形式上有较强的表现。一种是文献片（Documentary or Actuadité Film，亦称纪录片或实景片），另一种是虚构片（Fiction Film，亦称故事片）。这两种理念分别以法国的卢米埃尔兄弟（Auguste and Louis Lumières）和梅立叶（Georges Méliès）为代表。

卢米埃尔兄弟被认为是现代摄影机和电影形式的发明和改进者。他们自己也拍电影。他们于1895年12月28日在巴黎"印度沙龙"首映其拍摄的《工厂大门》《浇水园丁》和《婴儿喝汤》等电影。这一天后来被公认为是电影的诞生日。[①] 另一种说法是"他们于1895年3月22日为巴黎'全国工业发展协会'的约200名成员放映的单部电影可能是放映电影的第一次放映。他们于1895年12月28日首次商业公开放映，约有40名付费观众和受邀关系，传统上被视为电影的诞生，尽

[①] "Louis Lumière, 83, A Screen Pioneer, Credited in France With The Invention of Motion Picture", *The New York Times*. 7 June 1948.

管实际上在此之前已经向美国和德国的数千人付费放映。"①

早期电影内容趋向于拍摄魔幻和让人惊奇的场景,它的目的当然是为了招徕观众。但值得一提的是,卢米埃尔兄弟从电影技术发明的刚开始就注意到了用它来记录和传播文化的意义。据史料所载,卢米埃尔兄弟从摄影术开发伊始就已经留心到了他们新发明的电影是个记录行为和文明的利器,他们曾向世界各地派遣摄影机操作者进行拍摄,并将其摄影记录保存为民族志纪录片,希望他们的发明能在科学和历史研究中具有重要意义。② 当年,他们的这些观点和预见是超前的;而且,他们的努力有了成果。他们拍摄和保留的视觉资料正如他们的预设,对后来的研究非常有意义。特别是他们用电影来记录文明的尝试是难能可贵的,这是后来人类学电影发展的实践理论萌芽。

最早这类纪录片的代表作是卢米埃尔拍摄的具有他们家族自传色彩的一组短片子《宝贝的晚宴》《舞会》《钓虾》等(皆在1895年)。这些影片真实记录了当时法国普通人的生活和他们的工作。由于电影在当时是一个新生事物,它的出现标志着人类已经不只是能够比较真实地记录静止的形象而且能够同步用视觉形式保存并重复展示真正的活动生活画面。最早期的电影大都是一些短片或者拍摄的具体生活片段。它们长度大都在几分钟,短的甚至几十秒。今天习惯于各种影视效果刺激的观众很难想象那时放映这样稚拙的电影所能引发的轰动。但是,当年这种新发明革命性地改变了人们呈现生活的方法和欣赏趣味,使那时候的观众能够在银幕上看到现实的生活,这种新的呈现方式对后来发展不同的视觉思维和表现手段起了了不起的推动作用。

文献(纪录)片应该是人类学电影的雏形,这一点从性质上不难

---

① Burns, Paul, *1895 Major Woodville Latham (1838-1911)*, precinemahistory. net, October 1999, Retrieved 2 January 2017.

② Rosen, Miriam. "Méliès, Georges", in Wakeman, John (ed.), *World Film Directors: Volume I*, 1890-1945, New York: The H. W. Wilson Company, 1987, pp. 747-65. 据考,卢米埃尔兄弟也曾派遣摄影人到中国来拍摄早期的风土民情,见邓启耀《视觉人类学导论》,中山大学出版社2013年版,第23—24页。

第八章 人类学电影简史（下）

理解。直到今天的人类学电影仍然和纪录片、文献电影有着难分难解的联系。但故事片亦和人类学电影有联系这一点却有点令人费解。我们有必要在这儿略谈一下它们之间的早期关联。

电影的发明在19世纪后期是一个新生事物。处在萌芽阶段的它需要社会关注和市场支持。作为学术潮流的现代文化人类学这时候也处于变革和创新时期。不只是在理论上而且在实践上它也渴求创造业绩引发学界和社会关注。电影和人类学发展的这种共同需求促成了它们在客观意义上结合的可能。

电影是需要市场的，它的成功当然有赖于市场模式。而在这方面，人类学的学科建设却并没有急切需求。首先，人类学是科学而且是一种基础性科学，它需要的是以科学研究的职志为出发点，其研究目标和方向不可能依据社会和市场的需求而改变，更不必迎合社会和市场。其次，因为上面的基本定位和功能，文化人类学的发展和研究是关乎人类历史和发展的科学，它当然受到了政府、国家和行政层面的支持。这一时期，在西方大多数国家，不管是科学研究机构或者高等学校、研究所和博物馆等机构，都建立了相关的系科和专职计划，所以人类学无虞生存。

那么，为什么这两个领域在那时候却能够一拍即合互相呼应，共同结合创造出了不少人类学电影类的产品呢？这里就有了一个时代基础的催化因素在起作用。

第一，当年电影的发明是轰动世界的一件大事，我们前面说过，它不只是一种呈现工具，而且引发了一场新型的视觉思维革命。作为"人学"的人类学立即敏感地觉察到了这项发明必然在人类文化史上引发新的内容。而且，作为支撑文化人类学研究的基础，进行田野考察和书写文化志工作是当时文化救险运动的基石。那时深入在当代原始部落工作第一线的人类学家发现电影确实是一件协助他们工作的利器（在此之前，很多人类学家已经在以照相技术和录音技术作为记录的工具来从事田野调查采访记录，并发现它们比传统仅以写作记录的民族志的方式更有效和有益，而电影的发明无疑是先前造像工具的一个升级版）。所以，使用先进科技工具来帮助他们从事人类学调查是一件水到渠成的事情。

第二，人类学虽然是一门纯粹科学学科，但它需要大众的理解和支持。长年坐冷板凳并不是科学家的选择。如果有可能赢得社会的理解、赞助和欢呼，人类学家当然不会拒绝。本来从事枯燥学术工作的古化石古生物和沉潜到远离人烟的当代原始部族几年或几十年生活的学者当然渴望社会的理解和掌声。有了聚光灯下电影这个大众新宠的加持，使自己学科赢得社会关注和公—私机构的投资、支持，他们又何乐而不为！所以，这种结合不可能不一拍即合。

第三，当时新生的电影也需要支持和关注。跟人类学结合，它除了可以借此获取高大上的名目吸引当时社会各类时髦团体和蒸蒸日上的智识阶层的关注、加强其社会号召力以外，也是在给自己的进一步发展探寻出路。电影发展同样需要社会和各种机构的襄助和支持。电影是大众文化的宠儿，它希望大众的参与和互动。与人类学的结合是新生事物，它们预期这种组合会共生互惠，一定能够产生一加一大于二的效果。

于是，这种不期而然的共生状态导致了人类学和电影二者混杂在一起。这种状况也造成了早期的人类学和电影二者互相宣传来共造声势和影响的局面。其结果却是鱼龙混杂。当时的欧洲大陆对新世纪的科技文明充满期待，而且一些老牌殖民主义国家在开疆扩土。新兴的美利坚合众国已经开始迅猛发展希望加强自己的影响力并增强它在国际场合的话语权。第一次世界大战前的西方呈现出自信和向上的激情。这种文化背景激励一般百姓关心国际大事，他们开始放眼世界、学习地理和文化知识。人类学介绍了世界范围里他们闻所未闻的人和事以及新发现的原始部族人部落生活，引发了他们的好奇心；而新科技发明的电影术把他们刚刚听说的景象又一下子呈现在了他们面前。这种神奇的效果产生了轰动效应，这就是当年人类学电影产生的土壤。

当然，仅靠这样的大众文化是催生不出来科学成果的。当时的电影工作者为了迎合观众趣味，往往并不真正具有科学态度。他们着重表现呈刺激内容的蛮荒、远离人烟的奇风异俗或者浪漫惨烈的故事情节等等。有的甚至粗制滥造、虚构不合理情节，造成了不良影响。

因为上述诸种原因，后世学术界对此期人类学故事片电影的评价普遍不高，但此期的这类作品曾经盛行一时，它们对人类学电影发展的确有很大影响。一个多世纪过去了，时过境迁，作为一种学术史的回顾，今天的论者对之渐渐开始重新评价，这种评价也渐趋客观。

今天的人类学电影史家对初始的人类学故事片的评价有了相对公正的定位。学者认为，在电影发展早期，制造纯粹的学术片显然不可能，它既无人观看，也无法生存。新发明的电影必须依赖大众市场而生存和生长，它当然适时地依托大众猎奇心理，借用了人类学的内容来拓展生存空间。而人类学也希望利用大众关注的新媒体电影的视觉表述和影响力来引发社会关注，这种混生状态使电影事业得以蓬勃生长，人类学也随之受到了社会的广大关注。其实这种现象不只是发生在电影界，这种新文化浪潮普遍引起了人们对世界多元文化的关注，由此当年在美国引发了对博物学的兴趣，美国的大量博物馆都乘此东风得以蓬勃开展。大众对世界知识的渴求引发了国家层面和民间财团的支持，他们注资赞助博物馆机构到世界各地去搜求文物、猎获濒临灭绝动物、拍摄各大洲当代原始部落人们生活状况的资料等等。[1] 而且以后这种模式渐渐引发了博物馆跟人类学家的深度合作，这些在某种程度上都跟早期人类学电影的影响有一定关联。

任何一个新生事物都有可能有初始的"野蛮生长"阶段。在这个时期它的主旨是发展。恰如黑格尔所云，历史巨人在其前行的时候它苍莽浑噩地向前，不可能关注路边的花草。当然，他也不可能因为必须"正确"而畏葸犹豫自己的道路。学科史的评说往往是后人的任务。人类学电影特别是人类学故事片的发展也是一样。它们往往是在壮大后才走向正轨。早期阶段它们需要情节和制造故事，最大限度地制造话题，引发大众关注。

---

[1] "Timeline: The History of the American Museum of Natural History", *Internet Archive Wayback Machine*, Archived from the original on February 11, 2009.

图8-1　早期人类学摄影图像描写异域惊悚情节引人注目

图片来源：Edward, Elizabeth, *Anthropology and Photography 1860–1920*. Yale University Press, New Haven, 1992, p.13。

在摄影技术发明伊始，它萌芽阶段的成果是首先实验拍摄一些实录片。这些短篇的内容大都枯燥单调。除了引起人们一次性的好奇以外，这些作品大都没有轰动的市场价值。直到1897年梅立叶发明了用故事片情节叙事的模式才使它变成一种新的文化现象，这种新形式让新发明的电影术得以复活从而赢得观众和市场，受到了观众的欢迎。[①] 但早期的电影由于技术限制和高昂的成本等原因使得其在题材、体裁双方面都受到了辖制，结果是当时的影片大都比较粗拙，故事的呈现也比较简单。这样，它们也将很快失去了大多数观众。

在这种情形下，早期的电影导演梅立叶开始探寻拓宽电影表现力的方法并勉力寻找新的题材。梅立叶曾经是一位热衷于魔术的导演和剧场业者，他对新生事物非常敏感。在电影术发明伊始他就对之极为感兴

---

① Erza, Elizabeth, *Georges Méliès, the birth of the auteur*, New York: Manchester University Press, 2000.

图 8-2 人类学电影早期摄制的故事片

图片来源：Haviland, William A. *Cultural Anthropology*, Holt, Rinehart and Winston, Inc. Fort Worth, 1990, p. 160。

趣，并全力以赴投入了电影拍摄的研究和开发。他的努力取得了卓著的成果，最后，他被誉为电影发展史上里程碑式的人物。他的早期电影实践是用电影来展示魔幻效果或拍摄魔术类的短电影。其后，梅立叶的兴趣发展到编造一些有情节的短剧。他的尝试取得了成功。他拍摄了早期的童话剧、魔幻剧、惊悚片甚至时事纪录片等等；但当时他最成功和最有影响的作品还是他首创的有情节的电影故事片之类。

梅立叶在 1896 年至 1913 年间导演拍摄了 500 多部电影，时长从 1 分钟到 40 分钟不等。1902 年，他拍摄的幻想故事片《月球旅行记》等大获成功。据说此期美国发明家和电影制作者爱迪生也很受梅立叶电影构想的启发，他到伦敦时曾经看过梅立叶导演的《月球旅行记》并让他的助手秘密拷贝了电影，然后到美国上映赚了不少钱。[1] 这次经验让

---

[1] Solomon, Matthew, "Introduction", *Fantastic Voyages of the Cinematic Imagination*, SUNY Press, 2017, p. 2. 这里引述查尔斯·穆瑟介绍，1903—1904 年间爱迪生等人盗版梅立叶电影《月球旅行记》到美国放映，梅立叶只获得了这部电影门票所得可观利润的一小部分。

爱迪生尝到了甜头，其后他的公司也跟风拍摄了萨摩亚人舞蹈、摆利人的马戏、瓦拉派人的蛇舞，以及犹太人的圣地舞者等。自 1905 年始，各种各样此类混杂题材的电影开始陆续充斥欧美和其他地区。

图 8-3　人类学电影掀起了对当代原始部落人生活的兴趣，但也引发了现代社会的人们是否应该"探秘"和干扰原始人生活的话题

图片来源：Edward, Elizabeth, *Anthropology and Photography 1860 – 1920*. Yale University Press, New Haven, 1992. Cover-page。

拍摄带故事情节电影的成功使梅立叶受到启发。其后，他又拍摄过"鲁滨孙漂流记"和"格列弗游记"之类的影片和民间故事、童话剧等。他还多次把歌德的《浮士德》和博马舍的作品《塞维利亚的理发师》等拍摄成银幕短剧。但是，他发现在剧场拍摄故事片需要繁复且耗资的大量布景、灯光等器材；在当时，这些技术和金钱方面的限制使得斥资拍摄故事片成为畏途。

于是，早期电影家开始努力为电影寻找新的出路，他们很快发现了一种全新的品种和表现方式——拍摄"文献传奇片"（Documentaires Romancés）。这种题材和体裁往往用真实场地和实景拍故事片，它既减少影片花销又可以随时变换电影的场景、时间和地点。而且，这类电影往往雇用当地人陪衬背景并扮演角色，以增强实景性和故事卖点。因此，这类制作占取了纪录片和故事片两方面的好处且大大降低了成本。

梅立叶受到了当时学界广泛关注的文化人类学素材的影响和启发，为了吸引观众，他寻求一些远离欧美国家到当时新发现的原始部落拍摄土著居民的生活为场景，利用这些奇风异俗和夸张的表演、剧情来吸引观众、拓宽市场。这种新型电影的实质是故事片，但却在充满异国情调和原始风情的实地拍摄。因此，这类"文献传奇片"自1914年起逐渐滥觞一时并大获成功。

这种成功跟当年媒体的鼓噪和宣传推动有关，也跟本期西方人的猎奇心和种族优越感有关。人类学故事片拍摄者们往往打着让观众足不出城就可以看到几万里外的非洲美洲景色、异域风光这类迷人的口号。同样，博物馆也是大力宣传这样的理念。他们派出探险队、打猎队射杀濒临灭绝动物制成标本展览，攫取世界各地文物，印第安人遗物、祭祀圣物等等招徕关注。我们今天研究此期的人类学电影史，不可忽略当时的这种流行文化氛围的刺激和民风诱发的背景原因。

本期，乔治·梅立叶创立的明星公司基于对事业上成功的期冀大量拍摄了这类影片，而且获得了空前成功。1912年，为了筹资，梅立叶兄弟和他们的明星公司奔赴南海（新西兰海域）诸岛拍摄影片；并于1913年赴纽约，发行了五部影片。可惜这些作品大都没能流传下来。如果以人类学电影的眼光来审视他们本期的作品，其中最好的一部是《毛利女酋长之恋》。这里的故事描写了在1870年一位英国探险家被毛利猎头皮部落土人擒获，在被杀之时他侥幸逃离到了一座孤岛。在那儿他爱上了酋长的美丽的女儿并跟她结婚，后来毛利人接受他，他成了这

图 8-4　侥幸残存的《毛利女酋长之恋》的剧照

图片来源：https：//www.imdb.com/title/tt1155495/mediaviewer/rm3348770048/。

个部族的驸马。①

熟悉本期欧洲文学史的读者们很容易看出，这个主题跟 19 世纪初以来在欧洲泛滥的浪漫主义文学的母题十分吻合。特别是在法国，像这样的逃离欧洲文明、走向原始社会初民部落冒险的主题是最受欢迎的。如 19 世纪初法国浪漫主义文学之父夏多布里昂的成名作《阿达拉》《勒内》里面描写的大都是崇尚走向异域、走向荒野的题材；此前普累弗神父的《曼农·雷斯戈》等也已经初露了此类题材兴盛的端倪。而且这个充满异国情调的故事内容跟夏多布里昂的《阿达拉》情节也非常相似。② 唯一不同的是夏多布里昂的故事写的是美洲，而梅立叶把这个故事的场景搬到了澳洲；故事中的当代原始氏族部落也从印第安人换成了毛利人。

---

① Martin, Helen & Edwards, Sam, *New Zealand Film 1912-1996*, Oxford University Press, Auckland, 1997, p. 20.

② Baldick, R. *The Memoirs of Chateaubriand*, *Selected*, Translated and with an Introduction by Robert Baldrick, New York: Alfred A. Knopf, 1961, pp. 12-26.

这个电影故事的背景是当地原始部落的生活，这里是独木舟战船云集之地，影片充斥着异域风情的土著舞蹈以及莽荒厉怖的情节，还有欧洲人从未见过的类似史前时期的生活场景。梅立叶称这类片子是"热带娱乐片"，可惜这类影片后来几乎全部毁于热带的潮湿。明星公司后来倒台，梅立叶卖掉了公司，不久便辞世了。

第二节　人类学母题对未来电影的贡献

虽然本期这类人类学故事片从纯学术的角度来看其价值并不高，但它们却保存了一些可贵历史性的民族志背景资料和实境。其他此类作品中较著名的还有爱德华·科蒂斯在 1914 年拍摄于加拿大的《在猎头部落土地上》。这部电影拍摄极早，它甚至比被追认为经典的人类学电影的《北方的纳努克人》还足足早了八年时光。虽然这也是一部原始风情故事片，但导演事前做了大量研究工作。科蒂斯自述为了拍摄这部电影，他踏访了多处北美原始部族。自 1906 年起他就一直为了拍摄此片研究美洲大陆几乎每个印第安部族的历史资料。《在猎头部落土地上》在蛮荒的原始部落取景，而且选用原始部落人当群众演员本色出演，充满了原始的野性和厉怖色彩。这种内容和方式都是史无前例的，它起到了此类电影制作开先河的作用。

故此，《在猎头部落土地上》被认为有独特的历史价值和意义。因其背景的真实性和演出的自然性等特点，这部影片甚至被看成是一种纪录片。而且导演科蒂斯本人也刻意模糊了电影的体裁，虽然他从未说过这是一部纪录片，但他也从未明确承认这是一部虚构作品。[①] 这部电影里面的民俗、仪式和战争情形基本上都是实景实拍——由于这些仪式等内容自 1884 年起在加拿大就被禁止了（直到 1951 年这禁令才被解除，但其间已经经历了几代人时间的隔阂—断代遗失，这些仪式表演传统程

---

① Glass, Aaron. Evans, Brad. Sanborn, Andrea, Project statement of the program for presentation, *In the Land of the Head Hunters*, Moore Theatre, Seattle, Washington, June 10, 2008, pp. 2-3.

图 8-5　拍摄《在猎头部落土地上》现场的工作照

图片来源：https://www.imdb.com/title/tt0004150/mediaviewer/rm3081301248/。

序和知识后来已经基本上荡然无存了），可贵的是，这部电影中侥幸地拍摄并保存了大量的此类视觉资料。因为有了上述种种特征和卖点，这部电影一经上映就先声夺人成了轰动一时的文化现象。它对后来这类母题电影的发展有很大的启发。1999 年，在这部电影已经被遗忘了大半个世纪以后，它又被美国国会图书馆因为它所具有的"文化、历史和美学意义"而选中并被郑重保存于美国国家电影特存处，这种殊荣可算是对科蒂斯早年这种探索和开先河意义的一种追认和盖棺定论。[1]

《在猎头部落土地上》主要描绘美洲印第安人部落间为争夺女子的爱与死的战争。故事情节是大酋长的儿子莫塔纳爱上了部落美女奈达，但他触犯了在奔赴渔获和战斗前须守夜戒食不能想女人的禁忌和戒规仪式。因此，他被罚睡在死亡岛上承受考验、猎杀鲸鱼并袭击成群结队的海狮群。他必须整日在海上搏斗。但在此期间，一个又老又丑的巫师觊觎奈达的美貌和嫁妆并向她的父亲求婚。女孩的父亲生怕他的魔法和邪

---

[1] Web site for In *the Land of the Head Hunters re-release*, *a joint project of U'mista and Rutgers University*,（Archived from the original on 2008-09-24 and 2）*Films selected to the National Film Registry*, Library of Congress 1989-2005.

恶,特别是巫师的兄弟是声震整个海岸线、绰号"夺命鬼"的猎头部落魔头;遂答应将女儿配给巫师。当然,由此引发了两个部落的战争。大酋长和儿子莫塔纳决定趁此机会一举歼灭祸害人的猎头部落。战斗进行得异常惨烈。海上独木舟战舰如蚁、血肉横飞,他们最终消灭了敌人,杀死了巫师;莫塔纳和奈达有情人终于成婚,两个部落永结秦晋。但在部落大宴和狂欢的婚礼上,潜逃的猎头部落巫师兄弟"夺命鬼"前来偷袭并烧毁了村庄。夺命鬼抢走了新娘奈达,把莫塔纳重新关弃到了死亡岛。这魔头将新娘掠夺到了猎头部落撒野狂欢。奈达用美丽的舞蹈救了自己的命,她的一个忠仆逃亡到死亡岛告知了莫塔纳而最后营救了奈达。发疯的夺命鬼狂追,但莫塔纳驾着独木舟携带爱人穿过汹涌澎湃激流之海逃逸。影片以夺命鬼最后暴怒力竭淹死结束。

图8-6 拍摄当代原始部落人的生活曾经是一时的时髦,导致这样的影片泛滥

图片来源:Selby, Henry & Garretson, Lucy, *Cultural Anthropology*, Wm. C. Brown Company Publishers, Dubuque, 1981, p.214。

这部电影整个情节很简单,故事也非常老套。它要想吸引人,只能在背景和蛮荒风情上做文章。所以这部电影加足了当时一般城市人感到新奇的奇风异俗、荒野原始风俗的作料,并在这些方面刻意夸张。虽然这种追求跟人类学的关联并不多,但是这类影片在客观上引发了世人对美洲印第安部族和北方爱斯基摩人生活文化和民俗的关注。这对以后北美洲社会普遍关注少数民族及其文化生活和对作为世界民族大熔炉的美洲文明后来重视多元文化发展、乃至于在人类学界提出"文化相对主义"的进步观点的促进和推广方面是有一定意义的。

《在猎头部落土地上》的成功引发了这种类型的电影被模仿和推崇。类似的作品还有 H. P. 卡威尔的《沉默的敌人》等。这种类型化电影的内容和表述方式后来被好莱坞吸收,变成了传统好莱坞风格的一部分(如异域色彩、凄迷夸张的情调,爱与死,战争,娱乐片风格等)。其他这类比较出名的影片还有《南海的白色的影子》(1928),《禁忌》(1931),《场》(1927),《兰古》(1931),《金刚》(1933),《派娄的婚姻》(1937),《奥蒲的世界》(1959),《白色的黎明》(1974)等。

图 8-7 人类学摄影家在当代原始部落的拍摄场地工作中

图片来源:Hunter, David E. & Whitten, Phillip, *Encyclopedia of Anthropology*, Harper & Row, Publisher, New York, 1976, p. 171。

第八章 人类学电影简史（下）

直到今天，这种类型电影在西方甚至世界各地仍有一定的市场，并被命名为"人类学故事片"（Ethnographic Fiction Film）。总的来讲，此类影片从各自从不同的角度反映了泛文化的内容，以及异域民族的性格、特质等等；它们虽然从不被学界真正视为人类学电影，但它们对人类学电影的发展还是有一定贡献的。我们不妨举例介绍一下其中比较优异的作品。

这类人类学故事片中比较出色的有《场：荒野之剧》。它拍摄于1927 年。编剧和导演是曾经拍摄过人类学电影《草原：为部落生存而战》的库珀。前面说过，《草原：为部落生存而战》曾有很好的市场和口碑。乘着这股东风，未隔两年，库珀和另一个电影人舒德萨克一起又共同制作了这部描绘在暹罗北部贫苦山民在丛林部落中艰难生存的影片。为此，他们两人事先在丛林中度过了 18 个月，以体验生活、选择场景及设计如何制作电影。① 这部电影的场景都是在实地拍摄，演员也大都是山民本色表演。甚至所有野兽如老虎、豹子、熊和大象猎获镜头都是现场实拍。拍电影时山民和摄制者都面临着极大危险，所以其内容非常真实，几近于纪录片拍摄。所以有的评论称它是一部"引人入胜的人类学纪录片/叙述

图 8-8 人类学摄影家库珀拍摄电影《场：荒野之剧》的视觉设计示意图之一

图片来源：Vaz, Mark Cotta, *Living Dangerously: The Adventure of Merian C. Cooper*, Villard Books, The Random House Publishing Group, New York, 2005, p. 146。

---

① Maltin, Leonard. Green, Spencer. & Edelman, Rob, *Leonard Maltin's Classic Movie Guide*, Plume, 2010, p. 109.

片"。它被评为"1928年最伟大的电影之一"。

《场：荒野之剧》在人类学故事片中是一个承先启后的个案。它选址在遥远的泰国北部原始丛林。这里是大多西方人想象不到的世外飞地般的神奇生活，所以其场面很容易激发西方观众的好奇心。此地原始山民的生活、打猎等拍摄都非常真实。那时候电影技术刚刚诞生尚没有特效等技巧，拍摄者和山民面对野兽袭击和各种危险场面的实境非常惊悚。影片中山民跟野兽直接搏斗的情景可怖、生猛且令人震慑。这部电影虽然时长一个多小时，却毫不让人感到沉闷。在1929年的第一届奥斯卡颁奖典礼上，此片被提名为奥斯卡独特和艺术制作奖，这也是奥斯卡设立以来唯一的一次颁发这个奖项。

这部电影在今天还有观众和影响力。在2000年11月，美国形象娱乐公司首次以DVD的形式重新发布了《场：荒野之剧》；在2002年1月和2013年10月，里程碑视频公司又用DVD和家用录像播放系统两种形式重新发行了这部电影。可见这部拍摄了已近百年的电影在今天还葆有着当代生命力。

对电影史留心或者细心的读者大约注意到了，库珀应该是个富传奇色彩的导演和承先启后的摄影家。他不但拍摄了《场：荒野之剧》，而且也是上一节人类学电影《草原：为部落生存而战》的导演。更有趣的，是他拍摄了后来的奇幻大片《金刚》。《金刚》已经纯粹进入到当代娱乐巨片的领域，但这种奇幻片的内容里，混杂着导演的阅历、经验和他早年拍摄人类学影片的影响和影子。

在这三部曲中，《场：荒野之剧》是一部跟前面的《草原：为部落生存而战》呼应而逐渐过渡到后面的冒险魔幻大片《金刚》的桥梁。研究一下人类学电影制作对库珀影剧思想和美学经验的构成，应该是个有趣的话题。

虽然库珀的生涯具有多种身份，但他最喜欢被称呼的头衔应该是冒险家。他一生经历极为离奇：当过兵、参加过两次世界大战，做过记者、一辈子数度死里逃生。1918年他曾经驾驶轰炸机失事被颁布过阵亡证书，在1920年他又驾驶飞机被击落成为苏联战俘。后来他成了一位作家为报社到亚洲采访却又在海上历险。他曾经前往阿比西尼亚帝国，在那里他遇到摄政王即后来的海尔·塞拉西一世皇帝。在回美洲的路上，他们又惊险躲过海盗袭击，但船只却被焚毁。回国后，他加入了美国地理学会从事研究工作。虽然他跟人类学原没有瓜葛，但他早期的探险家生涯和不凡的冒险经历却使他跟拍摄蛮荒和神奇的电影题材有了割舍不断的关联。这里还有一句题外的话，库珀跟中国还有些关系——作为有经验的空军飞行员，他曾在第二次世界大战时来中国参加过唐纳德的飞虎队并担任他的参谋长；由于他在战时的贡献，库珀还获登密苏里号战舰见证了日本投降仪式。战后，因为富有探险和早年拍摄冒险电影的经验，他去好莱坞工作，成了一个出色的电影导演并于1952年获得了奥斯卡终身成就奖。

库珀跟人类学电影的直接关联是1924年他参加了探险和人类学电影《草原：为部落生存而战》的拍摄。这部电影引发了不俗反响，库珀也因此受到了关注。接着他又投入了另一部电影《场：荒野之剧》的摄制，再获成功。其后，他航空人的本色又占据了他职业生涯的上风，他发起并承担创建泛美航空公司并担任其董事会成员。可是，虽然搞行政，他那时的心思却又全在拍电影上。不久，他就干脆返回了好莱坞，全力以赴创作他的奇幻探险影片《金刚》。

《金刚》可以说是受人类学电影影响而嫁接各种奇幻繁杂因素、对当代电影产生巨大影响的一个异数和奇迹。这部电影后来又被反复仿作和拍摄续集及续外集等等好几次。它最早拍摄于1933年，并在当年就大获成功。前面讲过，它的导演库珀本身经历复杂且奇幻，挟持着《草原：为部落生存而战》和《场：荒野之剧》这两部电影的光环及成功经验，这部电影的票房本身就有了保障。但是库珀却没有吃老本，他要创造出一种史无前例的电影来。

他创造的新作《金刚》可以说是个大杂烩。但是它适时地利用了异域情调暨当时百姓对远在万里之外新发现的不同民族、部落和岛民原始生活的好奇心，再加上各种魔幻、探险、远古怪兽和野外跋涉的作料以及廉价的爱情故事和野蛮与文明冲突等复合主题，并利用当时还算是比较新奇高科技手段的电影形式来呈现，当然容易引起轰动——从上面光怪陆离的情节可以看出，《金刚》里也隐隐约约透露出了导演本人一生中千奇百怪生活历程的轨迹。

可以说，《金刚》的成功里有人类学电影的因素。异域、蛮荒、惨烈和魔幻是它的卖点，这部电影的独特创新部分是它加上了远古巨魔和怪兽等类型化的母题。库珀将史前巨大爬虫和恐龙带入电影，这个主题成了此后近一个世纪长盛不衰的电影题材。《金刚》中创造了骷髅岛和远古怪兽、巨猿、恐龙、半人半魔；同时，它开创了将史前巨兽和现代的战斗机冶为一炉的先例。其景象奇幻惊悚，它的视觉语言生猛残暴。据记载，电影播放时当场被吓坏了的观众竟有人夺门而逃，而这影片的魅力又让人欲罢不能。这是一种前所未有的恐怖和视听感官强刺激合流的全新美学形式。

这部电影故事情节很简单，它述说一个电影剧组租船去亚洲荒无人迹孤岛上去拍片。制片人临时聘用了一位名叫安的女演员；他们抵达了遥远苏门答腊的骷髅岛，本以为这里是个世外桃源，没想到它竟是一个恐怖大本营。剧组刚刚准备拍片，当地原始部落人却抢去了女主角安。

图8-9 人类学摄影家库珀在构思其《金刚》影片中的魔幻场景影像

图片来源：Vaz, MarkCotta, *Living Dangerously: The Adventure of Merian C. Cooper*, Villard Books, The Random House Publishing Group, New York, 2005. Page of frontispiece。

全船人去寻找时，却发现她已被部落人献给了巨兽金刚作为献祭牺牲。惊吓到几乎昏厥的安用杂耍和舞蹈赢得了金刚的欢心（前面《在猎头部落土地上》剧中也有这种桥段，这是这类影片惯用的俗套）；而剧组在营救安的途中遇到遍地疯狂奔窜的巨蜥、蛇颈龙、翼龙及各种恐龙和巨兽甚至史前巨型昆虫的追杀。他们最后九死一生救回了安，也捕获了巨猩王金刚回到纽约。剧组声称巨大魔兽猩猩金刚是"世界第八大奇迹"并在百老汇卖票展览。巨猩王金刚发现安来观看它时突然狂性大作，随即它发疯地挣脱枷锁奔向安。一路跟跄把纽约的建筑像小孩踢积木一样毁损无数，当然也伤残了很多无辜生命。他们最后爬上了那时曼哈顿最高的地标性建筑帝国大厦看日出。金刚对纽约的巨大破坏引来美国陆、海军的追杀，这只巨兽也被激怒疯狂赤手空拳扑打对抗战斗机。战斗机在它手里像是个儿童玩具被抓杀了过半。但金刚最终还是不敌人类创造武器的威力最后被飞机炮火轰残。剧终，它死在了军、警、民围观的帝国大厦街头。电影制片人不信它是被飞机杀死，而用了一句意味深长的话结束了电影："不是飞机，而是美女杀死了野兽。"

这部电影创造了电影史上无数个第一。它的主角以巨大的体量造成了无与伦比的视觉冲击。它虚构了史前巨猿，导演库珀在拍摄前就声称他要塑

图 8-10 《金刚》产生了巨大影响并开辟了后来魔幻电影和怪兽电影的先河

图片来源：Vaz, Mark Cotta, *Living Dangerously: The Adventure of Merian C. Cooper*, Villard Books, The Random House Publishing Group, New York, 2005, p.401。

造一个有史以来最凶猛、最残忍、最可怕的半人半兽、地狱噩梦般无敌的森林之王和该死的魔鬼，他做到了——他创造的金刚这个形象也成了一种新型电影的标志和偶像，虽然后来这类形象有过几度改变，但库珀作为它的原始创造者的设计功不可没。特别是库珀营造的怪诞气氛为这类电影定下了基调，而这类谜氛制造的理念跟他受到早期人类学思想的影响是分不开的。虽然他以前拍摄的电影还不够"人类学"而且他以后的电影更是走向商业化和好莱坞模式，但人类学知识给他带来潜移默化的影响痕迹这里还是很明显的。库珀是个很喜欢思考和力求出新的电影人。为了加强电影的奇幻魅力，他甚至在给影片名字暨主角起名时都花足了心思。他强调一定要用有异域色彩和神秘的词汇来表述，而且还要发音神秘铿锵。费尽心思，最后他采用了在英文中几乎很少连用的两个K字打头的字母来为之命名。

应该承认，使用精灵、怪兽这类魔幻题材表现主题并不是库珀的创造。西方古代神话传说和中世纪这类题材不少，而且莎士比亚戏剧和其后的欧洲的民族文学作品中这类情节也多有展现。但是，库珀的创造性在于他受到了当时科学发现和人类学思想的启迪，并在这里将这类题材的表现力发挥到了极致。特别是他采用了当时高科技影视形象的加持，使得这类题材深入人心。他是第一个用电影的视觉语言来充分表达这类主题的。这方面，他的开创之功不容磨灭。

库珀受到了当时流行进化论和反进化思想的影响，将这部电影主题定位是"一只巨大的半人形大猩猩对抗现代文明"。在拍摄时，他也借用了当时人类学和考古学的成果信息，将传说中的上古巨型生物、史前生态的景象引入画面。影片中远古色彩和蛮荒场景，再揉入廉价的浪漫爱情和光怪陆离纽约大都会场景等素材，使得这部娱乐性电影竟成了一时爆发的流行话题。并由此引发了此后影视界长盛不衰的恐龙、史前侏罗纪等大众文化热潮。

有趣的是，这种轰动并不是昙花一现，而是一直在发热，它唤起了一般民众对这个题材的持续的兴致和热情。据不完全统计，这部电影问

第八章 人类学电影简史（下）

图8-11 早在1938年库珀的电影中就已经构思出现了史前和恐龙的场景。他无疑是后来这类电影的开山祖。这也充分体现了视觉人类学电影对当代艺术各领域的贡献

图片来源：Vaz, Mark Cotta, *Living Dangerously: The Adventure of Merian C. Cooper*, Villard Books, The Random House Publishing Group, New York, 2005, p. 280。

世后即刻大热，电影公司乘此东风，当年就出版了其续集《金刚之子》。以后《金刚》又被以各种形式多次重拍，"金刚"的故事不仅轰动美国，而且产生了世界性影响。它不仅在美洲、而且在欧洲和亚洲又有跟拍和各地续拍，其狂热至今不衰。

据不完全统计，其中比较著名的有日本1962年拍摄的《金刚大战哥斯拉》，1967年《金刚的逆袭》，1975年意大利翻拍《金刚》，1976年派拉蒙影业根据1933年版重新拍摄《金刚》，1986年的《金刚续集》里面又加上了一只母金刚。1977年香港也根据金刚故事拍摄了一部《猩猩王》。2005年，美国环球影业公司又根据1933年的经典版本重新拍摄了《金刚》。紧接着不久，2017年又出现的新片《金刚：骷髅岛》。这样的拍摄频率不可谓不密。但是更让人感到意外的是，刚过3年，在

疫情阴影笼罩几乎全世界都停产停业的萧条下，美国又推出了新的续集巨片《哥斯拉大战金刚》于 2021 年上映。这已经是"金刚"系列被拍摄的第 12 部电影了。用一句网络语言来形容，这真是逆天的速度和举动！金刚成了美国电影的常青树和票房号召力的象征。

而且，不只在电影界，金刚也已经跨界成了美国流行文化的偶像和代表。金刚的主题已经被无限开发成了一片热土。金刚这一形象和剧中角色的灵感启迪了电影人和大众的想象力。其后金刚影视创造的角色群组形象得到了无限量的开发，这里面除了金刚外又衍生了无数新增角色。它的主题早已超越了金刚和人类，其中牵涉的形象也不止于史前动物、怪兽和巨大昆虫，而发展到了巨大的宇宙外太空生命、机器人和宗教传说中的恶魔等科幻题材。近年来随着科学探讨的魔幻话题越来越受关注，它也引入了高科技生物基因异变或毁灭人类和地球地心引力等内容，跟城市灾难片合流，呈现出了万象纷呈的怪异局面。

而且，"金刚"演变成了魔幻和巨怪等电影次文化现象。在今天，它居然成了一个新的跨界的领域①而且衍生出很多其他作品和附加商业利益。《金刚》已渐渐演绎成了魔幻、冒险、恐龙、动画和异域题材的总和的代名词。金刚这个角色已经成为世界上最著名的电影偶像之一，除了激发了许多续集、翻拍和依照这个灵感引发的其他角色扩充，金刚的形象也在传宗接代，扩大衍生出不少新话题。当然也诱发了层出不穷的模仿、恶搞（谑仿）、卡通、书籍、漫画、玩具、平面设计、电子游戏、主题公园游乐设施和舞台剧的灵感，甚至因此开发了巨大的文化市场。② 金刚在不同的体裁和题材的叙述中扮演的角色各不相同，从狂暴的怪物到悲剧的反英雄，让人目不暇接。

比如说，后来由此衍生出来"哥斯拉"等等巨魔和怪兽系列（而这个哥斯拉系列也已经拍摄了 36 部电影了），除了自成一体外，它又跟金刚有分有合。金刚形象也更加综合和富立体性。它可以以恶的化身

---

① Boland, Michaela, "Global Creatures takes on 'Kong'", *Variety*, February 9, 2009.
② Bornin, Liane, "King'of the World", *Entertainment Weekly*, September 27, 2004.

出现，也可以以懵懂的形象呈现，当然更多时它的角色是浑浊猛愣、善恶难辨。它无惧跟武装到牙齿的美国航空母舰和外太空武器打斗，煞是惊悚和好看。它的工具和武器从远古旧石器和飞去来器到最现代化的激光和原子生化武器甚至外太空生态武器、何止十八般！这里面还牵涉到了史前生物学胚胎培养茧中怪兽，其情节也不断被加宽、被添加离奇的角色，甚至连希腊古泰坦神和原始猛犸象都被填入画面和角色。而故事发生的地点也拓展到了南极和地心，地理场阈上甚至卷入了香港。影片里的反面人物从侏罗纪的爬虫到史前巨大的苍蝇、马蜂乃至远古外星人，甚至今天的恐怖分子都上了场，非常富有科幻魔性和想象力。这类剧的主要角色常是亦正亦邪、善恶难辨、骷髅岛、海战，其中还夹杂着上古洞穴壁画等等考古学和人类起源等属于视觉人类学的图像和话题，虽然其展示形式比较肤浅，但是我们依然可见其中透露出这个母题的早期人类学渊源。

美国拍摄魔幻片不是从库珀开始，但他绝对是个里程碑。从此，异国情调、怪兽、原始部落人等成了无休止的话题和故事母题。库珀上承《人猿泰山》（1918 Scott Sidney 导演）这类主题，下启《森林书》和"哥斯拉"系列以及现当代大量魔幻电影、电视题材，其开创和发扬光大之功是不可磨灭的。

最后，值得专门提出的是，19 世纪末发明的电影积极结合新科技以及当代人对宇宙起源、外太空、未来世界和史前世界的关注也应该说是人类学因素引发的新内容。可以预期，这样的话题和影响力会越来越大。

还有，发端于西方文学的一些话题，使这类电影也创造出了一些大众话题。比如说，除了蛮荒、远离人烟之外，从《人猿泰山》到《金刚》这类题材里朦胧展现了一种"美女与怪兽"的主题，这种心理模式或原型后来又不断衍生和光大，形成了一种西方影视艺术中的亚文化。虽然这个话题古已有之，但是通过电影这种流行艺术的推广，使美女野兽的暴力美学的怪诞对比产生奇异的市场效果，最后演变成了当代电影的一个新卖点和恒久的诱人招牌。

除上面跟蛮荒怪兽有关的题材外,本期富有异国情调的以人类学题材入市的杂烩片里还有另一种具有欧美影视特色的"落难公主"异域情调的母题。它也在大众文化中非常流行且泛滥有年;这类貌似传奇但是带有对异域文化好奇的跨文化母题从《鲁滨孙漂流记》时代就开始兴盛,但是后来又加上冒充荒野或异域贵族到城市冒险的例子层出不穷,这类主题跟流行欧洲传统的"流浪汉小说"和诈骗小说合体,造出了一系列新变种。

比如说,汉学家史景迁曾经介绍过早在1694年一位法国贫妇曾经在巴黎宫廷冒充中国公主而成功暴富的故事。① 这类主题在电影上也有呈现。除了根据古典题材的改编的冒险剧以外,比较近的例子有根据1864年发生在英国布里斯托尔的一个流浪女子冒充南海岛国公主闹剧。一个多世纪以后,英美合拍了这部根据历史故事改编的影片《卡拉布公主》,仍然引发了热捧。

分析此类情节被电影界青睐的原因,除了它们皆有史实基础外,其

图8-12 1917年最早的《人猿泰山》剧照

图片来源: Kirkham, Pat & Thumim, Janet, *You Tarzan*: *Masculinity*, *Movies and Men*, St. Martin's Press, New York, 1993, p. 115。

---

① 王海龙:《遭遇史景迁·史景迁五章》,上海书店出版社2007年版,第58—68页。

中的人类学—民族志因素也起了一定的作用。这类母题常常利用不同民族间隔阂不通音问却又希望互相交往、对异域文化充满好奇的心理来说故事。这类题材不只是在 100 年前而是 20 年前乃至十几年前，仍然大盛。而且又由此诱发出了各种类似新题材。可见人类学和民族志在某种意义上说是电影艺术长盛不衰的卖点之一。① 除了电影，它还衍生出了其他的副产品甚至成长出了一种亚文化现象。如英国小说家凯瑟琳·约翰逊旋即出版了历史小说《卡拉布公主的奇妙故事》。还有据这个故事改编的舞台音乐剧问世。其中包括 2004 年由劳拉·贝南蒂主演的名为"卡拉布"的研讨会。其后，舞台音乐剧《卡拉布公主》于 2016 年 3 月 30 日在伦敦芬伯勒剧院开幕，同时出版了由菲尔·威尔莫特、马克·柯林斯作词作曲的同名著作。这部限量版的作品获得了正面评价，并获得了"外西端"剧院奖的最佳新音乐剧等提名。此外，2016 年由安托万·奥萨南和朱莉娅·巴克斯组成的法语乐队也用卡拉布公主为自己的乐队命名。卡拉布公主的话题至今仍然盛行不衰。人类学和民族志传奇题材这棵老树仍然绽开着新花，足见人们对这类异域的想象和好奇心至今未曾稍减。

虽然今天的世界已经成为地球村，很多世界都市已然成为各民族交汇的大熔炉、不同国家和民族—社会间的了解已渐成常识，但是人类的好奇心仍然是无止境的。在今天，人类已经逐步熟知了地球，但人们又对外太空和宇宙仍然产生着无限遐想和探索，今天的宇宙空间和外星人又成为热门话题，这种现象可以被看成是人类好奇心的延续和拓展。同时，这也是今后科学幻想电影题材进一步飞跃发展的土壤。我们甚至可以这样说，随着现代科技的发展，人们已经不再满足于对地球的知识和探索。现在我们希望了解的疆域早已扩大到了宇宙——新的科幻题材和远古题材的挖掘就是一种变相和升级版的人类学期望。而以后这类影视呈现出的新探索将是新型的人类学电影发展的方向。

---

① Johnson, Catherine, *The Curious Tale of the Lady Caraboo*, London: Corgi Books, 2015.

第三编

第三节　人类学电影后期发展

人类学电影经历了前期和中期理论和实践方面的不断开拓，其后期在美国有着较为突出的发展。这主要体现在著名人类学家格雷格利·伯特逊和哥伦比亚大学女人类学家玛格丽特·密德的杰出贡献。他们都曾在新圭那亚作田野工作多年，完成了大量的人类学著作及电影，特别是密德的《萨摩亚人的成年式》（1928）、《在新圭那亚成长》（1930）、《三个原始部落社会的性与性情》（1936）等，成为轰动一时、家喻户晓的经典之作。

图8-13　拍摄世界各大洲的当代原始部族生活的影片给我们提供了人类学领域里社会形态比较研究的丰富的视觉资料

图片来源：Selby, Henry & Garretson, Lucy, *Cultural Anthropology*, Wm. C. Brown Company Publishers, Dubuque, 1981, p. 251。

在1936—1939年，他们还合作研究了巴厘人部落，拍摄了大量相关的电影，伯特逊和密德被称为人类学电影最杰出的大师，在这个领域作出了别人无可比拟的贡献。特别是密德，因其理论探索和实绩而成了文化—社会人类学研究方面此期发展的集大成者。她不仅被认为是一位深邃杰出的理论家，还被尊为人类学领域里最有成就的阐释者和普及教育家。密德善于用浅近的语言阐释深刻的哲学道理来传播人类学思想，使民众了解这一学科。直到今天，美国凡受过一般教育者，几乎无人不知人类学，无不知晓玛格丽特·密德的名字。这其中，有她独特的思想、语言才能影响力之助，也有她摄制的人类学电影对大众进行普及教育、俾使无人不晓人类学科之重要，从而推进了多元文化渐进发展之功。现在，每年一度世界知名的人类学电影节即以"密德"命名在纽约自然史博物馆举行，可见她的影响之大和声誉之卓著。

在伯特逊和密德之后，受到第二次世界大战的影响，人类学电影沉寂了近二十年。战后，在20世纪50年代它又蓬勃地再度兴起。其中以哈佛大学和马绍尔一家联合组织的对南非布须曼人从事研究的探险队在这方面取得的成绩为代表。他们此期的贡献卓著，开创了大量学术研究成果并拍摄了大量的人类学影片，如《猎手》（1956）、《死鸟》（1961）、《努尔人》（1970）、《沙河》（1974）以及其他的"新布须曼系列"。这些电影及人类学摄影者对当代人类学电影发展的影响极大，后来被称作"哈佛运动"和"哈佛学派"。此期的人类学电影理论和实践对人类学研究田野工作非常重视，它们以全方位、多角度的视野观察和实绩推动了当代人类学的发展。这一阶段人类学电影发展最大的特色是承接了伯特逊和密德的传统，使人类学界最优秀的思想家和摄影者结合，创造了许多新的思想方法和表现方式。这种结合和工作模式极大地丰富了人类学电影的探索性和表现力。

本期人类学电影发展的一个重要特色是它跟高等学校和博物馆的结合取得了双赢和多赢的效果。这种结合让人类学理念开始更加广泛地走向社会并大量普及，这种情况又反过来更加有力和能动地促进了人类学科和其理论今后的发展。人类学电影和博物馆、大学在西方结缘的历史是十分悠久的。早在20世纪20年代，在欧美就有了哈佛—派特协作计划（Harvard-Pathé Project）摄制了大量的短片，如《撒玛特拉的百塔克》《中亚蒙古人》《阿拉伯沙漠的流浪部落》（1928）等。后来又由匈牙利导演保罗·费霍斯（Paul Fejos）于 1935—1936 年间主持在马达加斯加拍摄了"黑色的地平线"系列。1952 年在魏纳－格林基金赞助下，他拍摄了大量的人类学电影。其中特别值得一提的是他同时也培训了大量杰出的专业人才。

费霍斯原来学医，后来成了一位出色的人类学家。他自幼喜欢电影，后来抵美投入电影业。他的一生经历非常复杂。他曾到马达加斯加拍片，开始对当地民俗、部落生活等感兴趣，着意于拍摄当地的动植物并收集文物、积累了大量素材，这些促使他制作了系列短片来呈现朴素的人类学方面内容。其后，他强化了自己这方面的知识，在欧洲系统学习了人类学理论并制作人类学电影。1937 至 1938 年间他在印度尼西亚、菲律宾、新几内亚、锡兰和泰国等地也拍摄了大量影片。

可贵的是，费霍斯不只是着眼于拍摄，还自觉地用人类学理论知识来训练摄影师的工作（如《丛林的流浪者》1952）；同时他又在耶鲁大学和哥伦比亚大学用摄影专业知识来训练人类学家；通过这种双向式的培训，使他们成为出色的人类学电影家。费霍斯拍摄过很多优秀的人类学电影如《部落静物》（1937）、《酋长之子已死》（1937）、《科莫多龙》（1937）、《宜人喷泉附近的村庄》（1937）、《竹子明达维时代》（1937）、《一把米》（1938）、《男人和女人》（1939）、《雅古阿》（1941）等。但由于他故事片摄影家的名声太大，以致他的人类学影片没有他的故事片《孤独》（1928）和《匈牙利传奇》（1932）那样为人所知。

本期，欧美人类学电影开始更多被社会关注。它们已经大量被用来当作教育影片。根据记载，最早被作为应用人类学培训的教育影片的是在 1912 年美国管辖菲律宾的领地。当年他们采用人类学电影作为卫生教育的手段，取得了意想不到的效果。后来，在 1920—1930 年间用作教育目的的人类学影片开始大量涌现。值得一提的是，此期苏联拍摄了大量以社会文献片为题的富人类学电影内涵的作品。列宁曾说，"在所有门类的艺术里，电影对我们来说是最重要的"。① 根据这一方针，苏联的人类学家和摄影家们依循马克思学说"不仅描写社会变革，还要深究其变革原因"的宗旨，对"电影真实"（Cinema Truth）理论进行探讨。他们着力于反映重大社会问题和文化人类学主题，拍摄了《列宁三颂》（1934）。此外，他们还拍摄了描述苏维埃联盟中的中亚少数民族文化的电影；后来还有关于乌兹别克斯坦、亚美尼亚和其他地区民族与社会生活的影片。卡拉特佐夫拍摄高加索生活的《斯凡尼蒂亚的盐》（1930），以及维克托·托尔伦拍摄的描写土耳其—西伯利亚铁路建设的文化影片（1928）等，都是这方面的代表。

在中欧和东欧，怀着虔敬的心情记载传统旧式生活的这种文献类影片也有着深广的影响。卡利尔·波利卡拍摄的《斯洛伐克青年游戏》（1931）、《永恒的歌》（1941）和《地球之歌》（1933）等被称作"斯洛伐克民族的赞美诗"。德拉克·克娄皮克和 A. 格莱西莫夫拍摄的《大克罗埃西亚家族的一天》（1933）和后来亨利·斯托拉克在比利时，乔治·卢奎尔在法国拍摄的此类影片都在中、东欧产生了良好的影响。而德国此期的人类学摄影家则更关注于民俗学和文化描写的主题，这类电影也一时成为风尚。他们统称这类影片为"文化电影"（Kulturfilme）。

德国人雄心勃勃，他们试图用电影的形式追溯自己民族从原始社会发展至今之高级状态的民族性特质和民族史诗。其中著名的文化电影学者威廉·普莱格尔在 1925 年拍摄了一部比较从古希腊、罗马至德国当代的体育运动和舞蹈的发展主题的影片。其中还穿插了从夏威夷到缅甸、从西班牙到日本、从俄国的芭蕾舞到鲁道尔夫·拉班的舞剧的纵—横向比较的内容。这部电影曾被赞为"更新整个人类种族"的人类学影片。德国在战后又掀起了新一波人类学电影的热潮。人类学摄影家先

---

① Leyda, Jay. *Kino, A History of the Russian and Soviet Film*, The Macmillan Company, New York, 1960.

图8-14 纽约自然史博物馆展出的玛雅文化图腾雕柱,以及玛雅金字塔的模型、饰物

图片来源:王海龙拍摄,美国自然历史博物馆,2000年10月。

后又去美拉尼西亚、非洲和欧洲等地大量拍片,并成立了专门的人类学电影研究所,强调人类学电影的科学纯洁性,杜绝在人类学电影中渗入成见及意识形态等。1959年,人类学电影研究所订立了"人类学、民俗学及文献电影条例",要求摄制人类学电影必须受过人类学专业培训或受其督导。早在1952年,研究所就在哥廷根建立了第一所系统的人类学电影档案室,并进行了深入细致的分类学研究。这些举措对于人类学电影的体系化和理论化研究贡献很大。

而本期法国的人类学电影发展道路则有些独特。它不像苏联和德国那样有行政力量推动而繁盛，而是以个体自由松散制作形式为其特征。法国尽管是人类学电影的发源地，有着极好的开端，但墙内开花墙外香；人类学电影诞生于法国，却成熟于欧美其他地方。除前面章节所述几位先驱外，人类学电影在法国曾经一时沉寂，其间有一些有益的尝试者和实践性成果，但总体进程则相对舒缓。本期法国人类学电影领域较有影响的作品有1926年导演阿尔贝托·卡瓦尔康蒂拍摄的一部实验性无声电影《时光之外》，它在45分钟内展示了巴黎人一天的生活，开创了"城市交响曲"类型电影的先河。这期间，另一位导演乔治·鲁基耶拍摄了《葡萄收获》（1929）和一些记录农民题材的人类学影片。其后，他在1946年以拍摄《四季》而闻名。本期比较著名的还有电影导演G. H. 布兰雄1936年在西非法国殖民地拍摄的《库利巴利冒险》，这部电影呈现的主题和拍摄技巧都比后来的著名导演让·卢奇的《美洲虎》早了二十年。而且，这种人类学纪录片的风格也融入并影响了让·雷诺阿1935年拍摄的故事片《托尼》。

  法国人类学电影的沉缓状态直到另一位现代电影大师让·卢奇的出现才得以恢复往昔的荣光。卢奇的电影曾经红透于20世纪60年代，但他自1946年开始就在非洲拍摄这类影片，可惜那时法国和北美洲这种学术联系很少；他们只是各干各的，美国和法国之间的人类学电影横向影响几乎没有。在1961年，卢奇拍摄了他的名片《夏日纪事》，他使用了当时最新的电影设备。这部电影探索了巴黎的世道人心及影响时人关注的阿尔及利亚战争，在当时引起了极大的社会反响。

  法国人类学电影另一个很突出的特点是它们很贴近生活，特别是关注人们对时事的反应及世人的行为。卢奇其他著名的片子还有《疯狂祭司》（1955）。记叙了从马里到当时英属殖民地黄金海岸首府安卡拉的工人们的生活、社会风情及仪式典礼等，电影中表现了黑人劳工们在城市悲惨的日常劳动及星期日逃遁到部落里疯狂地尽情宣泄、却被逼迫始终游离于这两个世界（部落原始世界和欧洲化的"文明"世界）之间的痛苦与矛盾。卢奇的代表作品还有《猎狮者》《美洲虎》等。

除这类影片外，1954年罗曼·卡门拍摄的胡志明访问记以及越南人在丛林里打败法国人的奠边府战役等影片，也曾被视作反映时事的文化纪事影片，一时轰动法国朝野。

在西班牙，本期人类学电影的代表作是路易斯·布努埃尔拍摄的《没有面包的土地》（1932）。这部电影聚焦于西班牙山区极度贫困人们的生活。它用令人同情的视觉语言述说了山民的落后、孤独和无知，这里的人们主要收入来源是收养孤儿以获得政府一点微薄补贴，他们贫困到从没见过面包。导演布努埃尔述说他是读了莫里斯·勒让德1927年的民族志研究著作《犹大：人文地理学研究》而引发对这里的拍摄意念。在某些方面，他采用了超现实主义的手法去表现人类学探索的概念。这部作品以深挚的人道主义同情表现了居住在这毗邻葡萄牙边境地区的西班牙人无助的生活。它被视为是一部人类学电影的精品。这部电影的首映就获得佳评，但它也曾掀起轩然大波，被保守势力攻击为"诽谤西班牙民族"的作品而在1933—1936年间被禁。在今天，这部电影被评为是一部富革命性理念的电影和优秀的人类学影片。

本期英国和美国的人类学文献片则是以"世界改良主义"论调和通俗流行性打入人们视野。电影评论家一般认为英国人约翰·格雷尔森拍摄的北海捕鲱鱼人生活的《漂泊者》（1929）是这类影片的创始代表。英国的人类学自其开始就得到了工商界及政府的赞助和支持。它深深涉入了帝国资本主义、国内社会变革和殖民主义宣传的很多范畴。此期英国人类学影片被总结为有三大特色：第一是它的印象主义风格，以拜锡·怀特的《锡隆之歌》为代表。第二是它的现实主义风格，以1960年代反映社会问题的一系列作品为代表。但这类题材较早也可溯到1935年拍摄的《房子问题》等影片的先导。第三则是它们的政治程式化。早在1939年，格雷尔森名下的加拿大国家电影董事会和殖民电影公司等都已成了政府的喉舌和宣传工具。为了配合当时的战争，格雷尔森从欧洲文化内部的视角做宣传，而瑟雷尔则从欧洲文化外面的视角来宣传，如殖民电影公司专为向非洲人宣传英国生活方式而拍摄的

《英国先生在家中》（1940）等。内外呼应，直到战争结束后的十余年里，瑟雷尔和他的同伙们仍然是英国向说英语的非洲人做电视宣传的喉舌和工具。

美国人类学电影传统一直受重视。此后，人类学电影在美国一直兴盛不衰，它的主题则旨在反映当代原始部落文化。其中较有影响的有加州大学柏克莱分校人类学系由人类学家撒缪尔·A·巴雷特制作的加利福尼亚印第安人系列影片。它们的主题保留了很多当代原始部落印第安人珍贵的典礼仪式，巫术萨满教等内容，影响颇大。

1957年是世界当代史上的一个意义颇深远的年代。苏联在这一年发射了人造卫星，这个事件轰动了世界，当然最主要的是震惊了美国。美国惶恐于自己在科学上落后，马上奋起抓科学教育，直逼苏联。此后美国政府大量追加教育经费，全民关注科学。数年后，有感于全民重视科学而忽略了社会科学的现象，美国又专门成立了教育服务发展中心，与国家自然科学基金并列。除了自然科学外，号称与自然科学相近被尊为综合自然、人文、社会科学于一体的人类学当然借此东风亦受到了极大的关注。同时，研究异域文化又成了一种社会风气和人文科学研究的基本时尚。在这种风气下，20世纪60年代美国教育服务发展中心又拟订了大量的人类学电影的拍摄计划；包括对伊拉克、墨西哥、新圭那亚、肯尼亚和加拿大等地的人类学电影制作支持等。其中最成功的是对加拿大极地的爱斯基摩人生活文化拍摄的系列。这组影片强调展示在艰难状况下人类对环境生态的适应性研究，它表现了当代原始部落爱斯基摩人的社会生活、宗教等活动。这组影片影响很大，一直被作为人类学的教学影片使用。

除欧美诸国外，此时澳大利亚的人类学电影也颇为发达，人类学电影在澳洲也有着极为悠久的历史。1904年英国人类学摄影家斯宾塞就在这儿拍过土著舞蹈和其他各类部落活动。在20世纪40年代蒙特福德及20世纪60年代兰·当娄和罗吉·山达尔等人类学摄影家都持续在这里拍摄了大量宗教礼仪、部落活动等。但在早期摄制有关人类学内容时，摄影者往往只把人类学家当做助手和顾问，并没有真正视他们为研究者，所以早期的此类影片的学术性较薄弱。

后期的人类学摄影者更加关注从人类学角度阐释文化主题，如从当地原始部族人内部的角度解释他们崇拜的神圣、精灵及秘密宗教仪式的文化内涵等等。这样，就从视觉理念和其呈现的方法论上有所突破，让当地人和拍摄对象以他们自己的宇宙观认识论去阐释自己的文化认知形成，包括神话、意识形态、物质文化和精神文化等等，从而分析他们的典礼、仪式等所具有的不为人知的文化符码内涵。用这样的视觉阐释来破译和解释当代原始部落人们和文化持有者的整个认知世界，这种方式不仅在澳洲，在欧美，它已经为整个世界范围的人类学界所承认和采用。

在南美洲，电影人类学也在逐渐稳步发展。巴西曾拍摄了很多人类学电影系列，它们描写了印第安人的生活文化如《头人》《亚马孙河热带雨林》《亚马孙河家族》《与仇视的部落交往》《秘鲁河上游》等。玻利维亚有《土地拥有形态种种》《农业变迁》《变脸》《玻利维亚男孩》等。智利有《租地面面观》。哥伦比亚有《巴拉茅传说》《土地使用的变迁》

图 8–15　参加战争和操演的仪式

图片来源：Selby, Henry & Garretson, Lucy, *Cultural Anthropology*, Wm. C. Brown Company Publishers, Dubuque, 1981, p.134。

《恩瑞克·凯马戈尔宣言》等系列。厄瓜多尔有《厄瓜多尔的猎头部落》《天酋长》《老河谷》等。阿根廷有《神往》《卢卡·乔瑞》等。巴拉圭有《库阿·奥卡》。秘鲁有《秘鲁古代艺术》《古秘鲁人》《自由人》等系列。委内瑞拉则拥有更多的描写印第安人的系列，如《伊本那：从雅努玛茅部落的出逃者》《大宴》《奥瑞挪克印第安人》《巫死》《名叫蜜蜂的男人》《雅努玛茅之多学科研究》《雅努玛茅系列》等等。中美洲则有研究玛雅人的多部系列人类学电影和加勒比海地区描写牙买加文化和音乐的人类学影片。这些人类学影片给文化研究提供了宝贵的原始资料和不同的视角，推动了当代人类学研究的发展，其贡献是难能可贵的。①

图 8-16 雅努玛茅人的口述传承仪式

图片来源：Selby, Henry & Garretson, Lucy, *Cultural Anthropology*, Wm. C. Brown Company Publishers, Dubuque, 1981, p. 69。

20 世纪末以后，人类学思想已经非常普及，电影和电视作为大众媒介更是走向世界各国的普通百姓。用视觉传播的形式感受文化和学习知识已成了百姓的日常生活。在这种全球科技发达的大环境下，有人认为人类学电影电视式微了。

的确，自摄影术发明以来的百年中，电影曾经一家独大占领着影视

---

① de Brigard, Emilie, "The History of Ethnographic Film", in *Principles of visual anthropology*, Hockings, Paul ed. Berlin; New York: Mouton de Gruyter, 1995, pp. 14-38.

话语发声的制高点，因此也产生了海量的优秀作品。但是在眼下各种媒介和播放工具新科技极大便利普通百姓视觉感知渠道的今天，是否能够说，电影（以及其后衍生出来的电视等）作为视觉人类学最有力的推手之一，从此就将退出了它的传播舞台了呢？

  我们认为，事实全然不是这样。今天科技发达造成的摄影、摄像以及视觉发表—传播渠道的便利，使得过去只能被极少数专业人士控制的影视制作和播映权普及到了人人手中。这对学习、普及和传播人类学知识是一个极大的便利和最有效的手段。这种便利对人类学电影电视的传播并不是一种滞碍，而更应是一种最大的促进和帮助。人类学电影的初衷就是利用它的影视优势和视觉语言影响力来呈现人类学思想，今天，这种视觉表述已经最大限度地完成了它最初的使命，而且还在用它的特殊力量延续着这种生命力。现在，掌握了初步人类学知识的民众已经得到了拍摄和制作人类学视觉资料并用它们传递信息和表达思想的极大便利，他们可以更加自由地用他们的视觉制作工具来呈现他们的所思所想，这是一个非常好的现象。同时，这种新科技也将最大限度地促进人们视觉写作和视觉表述的能力和动力。所以，我们认为，人类学电影、电视和视频—短片正面临着一种新的勃发的前景。今后，人类学电影电视和多媒体写作的趋势还将趋向新的高峰；在这个基础上，视觉人类学的发展充满着希望，它还会迈向更大的辉煌。

第九章

中国人类学电影概况

第一节　中国人类学电影发展萌芽

虽然按照西方概念，中国人类学发展比较后起，但中国自古就有着人类学的思想渊源。自先秦思想家著作中就有很多古代中国学者对人类文化和各种物质文明、精神文明起源和现象本质的探讨。另外，中国自古就有着口头传说、神话和民间文学的宝库，里面囊括了很多珍贵的人类学素材。中国在史前时代有着大量物质文明的视觉记录和痕迹，引发古人的思考。考古学发现了很多中国原始社会文化的文明遗迹；而古代的地理、人文著作中更是不乏朴素的人类学—文化志材源。当然，古代中国典籍中也存储着大量的视觉文明和视觉人类学资料和物证。基于上面深厚的民族传统和积蕴，中华文明中视觉书写的传统在新的工具——电影以及电影时代到来后将会是一种什么样的反应呢？在这种新科技手段发明后，中国人又是怎样使用它来呈现自己的文化认知并记录自己的文明的呢？我们有必要在此梳理一下电影及其电影文化在近代以来对中国人文意识的影响，以及人文学者们用电影书写中华文明方面的努力。诚然，一个多世纪以来，中国学者和电影人在这种探索实践中有成绩，也走过弯路；但在用电影呈现中华文明的历史进程以及展现中国民族精神、努力保存文化志及史料方面，中国的人类学家和电影人没有缺席。

关于电影这个早期的西洋新生事物何时到中国的历史，学者们有着不同的说法。西方学者认为最早把电影带往中国的是西班牙人安东尼奥·拉姆斯。他原来在菲律宾当兵，后来从卢米埃尔那里买到摄影设备和约 20 部短片带到菲律宾，后来西班牙在战争中菲律宾输给了美国，拉姆斯约于 1903 年移师上海，在上海展现电影并在上海风行一时；因而他成了最早把电影引入中国的人。也有观点认为是在日俄战争和义和团运动时西方人在中国拍摄纪录片而将摄影术引入的。[1] 但是中国学者考据电影被介绍到中国远远早于这个时间。视觉人类学家邓启耀考证仅距卢米埃尔在巴黎首映电影之后不到 8 个月，即 1896 年 8 月 11 日，卢米埃尔公司派出的一个电影摄影师就在上海城隍庙一个茶馆为公众放映了一些动画片。另外，"1898 年，美国美以美会、长老会、基督会往中国送了 5 台电影机。它还没有中文名字，它的法文名字是 Cinema，英文叫 Film，因为上面的影像来自'菲林'（胶片）。"邓启耀并考证出最早给这种西洋新生事物用中文命名"电影"的是美国人在山东办的教会学校汇文书院中国牧师孙熹圣。孙熹圣在 1898 年还协助西洋教师拍摄电影。[2] 中国人有放映记录又有拍摄实践，都远远早于西方人记载的 1903 年。电影在 1896 年就来到上海的史实不是孤证，在另一位电影史学者方方的著作中也有同样的记录。[3] 本期也有日本人曾在台湾放映电影的记录。在上面的陈述中，我们可以看出，晚清的中国虽然落后和保守，但当时在西方列强和其文明的强力介入下，它对西方事物的被动接受并不晚。

在那时早期"全球化"的裹胁下，西方殖民势力和探险家已经开

---

[1] Barnouw, Erik., *Documentary: a history of the non-fiction film*, second revised edition, Oxford University Press, New York, 1993, pp. 20–23.
[2] 邓启耀：《视觉人类学导论》，中山大学出版社 2013 年版，第 23—24 页。
[3] 方方：《中国纪录片发展史》，中国戏剧出版社 2003 年版，第 2—3 页。方方此著中记述时间跟邓启耀相同，但书中记述放映电影地点有异。方方记载的放映地点是上海"徐园"的"又一村"茶楼，地址是原闸北西唐家弄（今天潼路 814 弄 35 支弄）

始觊觎华夏并对作为东方大国的中华帝国充满了好奇。随着鸦片战争以后中国的节节败退和西方势力日益侵蚀的国际大背景，在中国沿海大城市特别是被西方不平等条约胁迫开放的城市里，西方人可以随心所欲探奇、攫取和拍摄。据载早在1897年，现代电影发明者卢米埃尔就派人在中国拍摄了《上海街景》和《上海巡捕》等影片。同时爱迪生公司派出的摄影师拍摄了香港、上海的素材共编辑成了6部短片。[①] 这些早期的拍摄活动，如同欧美早期人类学者去异国或莽原荒野当代原始部落拍摄的探险片一样大大满足了欧美一般民众的好奇心。西方自文艺复兴以来一直有着"东方热"和"中国热"的传统。但是囿于物质和交通条件，几个世纪以来能够到中国来一探究竟者毕竟很少。所以西方人早期前来中国拍摄的电影人和他们的这些影片跟当时的猎奇和探险的人类学影片目的和心理大致相似；只不过中华文明是一种他们早有耳闻却不得一见的文明，对这种文明的了解和拍摄不同于他们对未知蛮荒社会的拍摄；这是另一种意义上的文化志，是一种全新类型记录文明的影片。

在这样的基点上，我们就更容易理解那时候的中西文化和文明的冲突，以及人类学电影在中国的发展跟西方和世界其他地域的内容、方向、原则和出发点的各自不同。在经历了前面欧美电影在上海、香港等沿海都市初始引进时的一番闹哄哄景象后，作为一种全新的科技和展现意识形态的工具，电影当然会介入政治和社会生活。1902年，电影逐渐被引进到了中国当时的政治文化中心北京。1904年，英国公使为庆贺慈禧太后七十寿辰曾向宫廷进献放映机和影片数套，但因放映时发动机故障发生炸裂，慈禧太后忌讳不吉而不准再放映。但据载此后清廷仍然有电影放映活动的记录，而且有慈禧太后为了笼络皇亲国戚曾赠送放

[①] 1）方方：《中国纪录片发展史》，中国戏剧出版社2003年版，"前言"第二页，第30页。2）程季华主编：《中国电影发展史》（第一卷，第二卷），中国电影出版社1980年版。本部分所引史料内容多取自此二著之陈列史实，为行文流畅，不一一列出，特此鸣谢。

映机及影片给世居定远营的塔王布希格的记录。① 从上面的史实可见，当时被人们视为新生事物乃至奇技淫巧的洋人发明的电影除了使时人产生好奇和具有记录和传播信息的作用外，它在晚清中国也产生一些特殊的社会功能甚至发挥了超出电影本身实际效用以外的政治作用。这大概是西方电影发明者没有想到的。

随着电影在沿海和中国首都的现身，作为一种西洋"玩意儿"，它开始在中国大城市渐渐成为时髦。但有趣的是，在中国的早期电影放映跟法国当年放映的情形几乎完全不谋而合——它们大都是作为一种娱乐活动的附加品，跟当时的杂耍、戏法、荒诞滑稽演出等同台。这期的电影一般皆没有故事情节而多为火车轰鸣、机械运动、工厂大门人流涌动、动物奔跑，也有教堂等简单社会生活场景，属于典型的"西洋景"。其后，西方的电影开始有了新闻和社会记录方面的内容，比如有西人拍摄义和团、日俄战争、外国教会在中国等内容。其中最出名的是意大利侨民阿·伊·劳罗斯在上海拍摄电车和街景、租界、剪辫子，以及 1908 年在北京拍摄《西太后光绪帝大出丧》等。据载，这部影片记载了光绪皇帝和慈禧的出殡盛况以及当时清朝勋贵和外

图 9-1　中国最早的电影《定军山》剧照

图片来源：郦苏元、胡菊彬，《中国无声电影史》，中国电影出版社 1996 年版，第 174 页。

---

① 李庆耀：《宁夏电影史话》，转引自方方《中国纪录片发展史》，中国戏剧出版社 2003 年版，"前言"第 5 页。

国使节出席的阵仗和礼仪等实录,堪为珍贵的视觉史料。为了加强播映效果,拍摄者劳罗斯后来还用人工把画面填上颜色变成彩色纪录片电影,他曾将此片在上海、苏州、汉口、福州和香港等地作商业放映,颇受时人欢迎。[①] 上面的这一类电影形式,除了新闻以外也记述了民俗、仪式和当时的舆情等社会文化内容,已经跟人类学内容非常贴近了。

本期除了外国人在中国拍摄和播映电影以外,可喜的是,中国人也开始发展拍电影和播放电影的活动。据载,最早尝试拍摄电影者乃1905年北京丰泰照相馆拍摄的谭鑫培的京剧《定军山》中三本短片。这是典型的戏剧纪录片,但因京剧是中华民族的国粹和深富表演和视觉符号意味的形式,所以将它看成人类学电影的一种形式也不为舛谬。制片人和拍摄者任庆泰、刘仲伦在这次成功以后又拍摄了其他类似的戏剧影片,扩大了这种早期中国式戏剧影片的影响。

第二节　中国人类学电影发展起步

可喜的是,其后不久,中国人又拍摄了当时非常重要的新闻文献纪录片《武汉战争》(1911)和《上海战争》(1913)。《武汉战争》是拍摄辛亥革命珍贵历史的。当时武汉发起推翻清政府改天换地的革命,人在上海的著名杂技魔术家朱连奎敏感地意识到这是一场轰动历史的大事件。朱连奎见多识广,曾经赴欧美演出,他觉得应该记录下这场革命的史实,于是即刻找洋行筹资并聘请摄影家奔赴战地拍摄实录。这部影片详尽记录了当时的几次重大战斗,为历史珍存了宝贵的视觉资料。

辛亥革命推翻了两千年封建统治,但袁世凯篡夺了胜利果实。他重又复辟实行卖国和专制政策。其后,全国各地发起讨伐袁世凯的"二次革命"。文献纪录片《上海战争》就是拍摄革命军攻克上海的战争实录。据记载,组织拍摄这部电影的发起者也是演艺界人士著名京剧演员

[①] 方方:《中国纪录片发展史》,中国戏剧出版社2003年版,第32页。

夏月润等帮助拍摄的。从上面两部中国最早时事记录文献片的发起拍摄过程看，当时的新生事物电影的拍摄跟广见世面、在社会上跑码头的演艺界人士的关联颇深。这一点与西方的电影发展史有同有异。比如说，在电影的发源地法国，最初的电影拍摄和播映也跟杂耍、魔术舞台等有直接关系。后来它渐渐走向拍摄短片、情节剧和新闻以及人类学内容。而在中国，由于西方早期杂耍魔术噱头剧片段已经展示较多，早期的电影人除了有民俗和京剧等内容的拍摄外就直接进入了时事和人文内容方面的拍摄。特别是在倡导者和制片人方面，虽然其早期也多是演艺界人士，但他们与西方导演制片人之类的立足点不同。

他们不是以奇幻、魔术和经济利益做招徕，而是以时事、社会、历史和国家大事为关注点。这一点很值得注意。虽然这一类的电影并不能被算作是经典的人类学电影，但他们的文化眼光和社会立意都比西方同行要高，同时这批早期艺人和"江湖人"也比同时代的中国读书人和学者要有见识。当时的书斋学者大概跟同期西方象牙塔学人一样，当他们仍在信守"万般皆下品，唯有读书高"而不在意甚至看不起一时炫耀、光怪陆离的奇技淫巧电影的时候，敏感的艺人们（大概也因为职业关系而跟电影有更多的接触）已经开始看到了电影寓教于乐和巨大的宣传效果，并且有意识地利用它记录历史、进行宣传并推广这一为被未来所重视的朝阳事业的形式了。而且，从以后的发展看，中国电影业（不论是娱乐类还是商业类和新闻类）大都掌握在文艺界而不是学术界，这些从起点上的不同就决定了中国影视发展跟西方的方式和走向上有很大的不同。

基于篇幅和学术目的取向的不同，本章节主要讨论中国电影发展史上跟人类学电影相关的主题，其中与文艺和故事片、商业和艺术类电影等方面的内容则留待另题讨论，于此暂不详细涉猎。

除了前面述及跟社会新闻事件紧密相关的内容外，本期也有一些文化事件足以引起学界和知识界关注。据载自20世纪初年，中国的考古和探索传统宝贵文化财产活动较为频繁。英籍匈牙利人斯坦因在中国"探险"远赴新疆和古楼兰遗址、河西走廊，后来又攫取敦煌宝藏资料等事件震惊了世界。这一时期发生的这些文化事件除了文字文献记载外，还有大量拍摄图片问世。这是在中国近现代文化史上摄影和视觉资料引发巨大社会关注的国际事件。后来瑞典人和日本人又相继奔赴此地，流播出了更多的影像资料；这些，都成了中国学术史和文化史上的大事件，也让国人观看到了文字记载以外的中华文明视觉资料。这种影响是深远的，它也启迪了中国学人和摄影人以后用摄影的方式去探讨中国古代文明和民俗，对中国的考古和此后的人类学影视研究有启发。

在20世纪20年代以后，中国学人开始有了系统的人类学研究意识和组织，渐次在体质人类学、考古学、田野考察和民族学民俗学以及民族语言研究等不同领域有大量学者的涌现。如杨成志、吴文藻、费孝通、林耀华、顾颉刚、陈序经、马长寿、钟敬文、方纪生、容肇祖、吴定良、丁文江、罗香林、卫聚贤、裴文中、李济、董作宾、徐旭生、吴金鼎、凌纯声、芮逸夫、吴汝康、林惠祥、胡鉴民、胡汉骥、颜复礼、商承祖、陶云逵等从各个人类学分支学科研究中国古代文明，其间也有不少人用到摄影的手段来辅助自己的研究。如本期瑞典考古学家安特生就比较详细地用电影记录了他在中国的考古活动，特别是跟中国学者组织的"中瑞中国西北考察团"等研究活动拍摄了大量的影视资料，在学界和国内外产生了巨大的影响。[①] 其后，中国人类学学者们在进行田野和科研考察活动中也开始注重保留实证和视觉资料，尽可能地拍摄照片和电影，形成了此期的第一个人类学跟影视联姻的小高潮。

除了专业学术组织和机构进行的研究和拍摄外，本期值得提出的一个人类学摄影者的个案是文化摄影家庄学本先生的民族拍摄个案。庄学本原是一位摄影从业者，后来对中国少数民族文化和边疆风物感兴趣。

---

① 邓启耀：《视觉人类学导论》，中山大学出版社2013年版，第77—78页。

图 9-2 上面两图是庄学本拍摄的凉山彝族家支武装和械斗的图片资料
图片来源：李媚、王璜生、庄文骏主编：《庄学本全集》（下），中华书局 2009 年版，第 540、542 页。

他曾经多次自己涉险进入草原、甘肃、西康羌、戎等罕见人踪未为人知的中国少数民族和边疆地区了解当地风土民情和文化状况，并在极其艰难困苦状态下拍摄了大量至为珍贵的视觉民族志资料。庄学本不只是摄影，他还勉力学习了人类学的专业知识，并于战时长期生活在边疆地区，沉浸入当地原始部族文化当中进行文化互动和理解体验。虽然囿于物质材料和能力所限他没能拍摄出电影资料，但是他用冒险和生命为代价拍摄的大量人类学图片资料填补了中国人类学摄影方面的空白，是此期中华民族弥足珍贵的视觉文献。①

衔接前述 20 世纪中国早期时事记录类的人类学电影暨文化—文献电影的实践，其后中国的电影业发展进入了初步的繁兴期。本期文化类电影成规模化的标志是商务印书馆为教育民众、提高国民素质、促进文明进步而发起拍摄的一系列电影作品。得风气之先的教育界人士往往注重大众教育和宣传的方式，而出版社和发行者往往能够留心新科技和跟大众交流互动的手段。本期中国优秀出版机构商务印书馆发现了电影在通俗教育上的作用和功能，成立了影戏部并拍摄了禁烟、庆祝第一次世

---

① 邓启耀：《视觉人类学导论》，中山大学出版社 2013 年版，第 78—91 页。

界大战结束、宣扬教育的影片。同时，他们也尝试拍摄了早期的科教片和风光片等。在风光片拍摄中不只是展现风景而且加上了爱国主义和勿忘国耻等方面的内容。他们这一时期在这些方面的努力和前述拍摄新闻事件的文献片《武汉战争》《上海战争》等，给中国的纪录片电影设立了比较正确的人类学和社会学门槛。它的基本方向是正确的，是基于反映中国文化基本事实的。

第三节　中国人类学电影筚路蓝缕征程

此后，由于近代史发展的复杂和政治经济形势的变幻，中国出现了社会动荡和战争频仍的局面。本期从军阀内战到被日寇侵略而奋起抗战，各种动乱影响了中国社会和学术的正常发展。在艰难动荡的时局中，中国的电影业和人类学电影仍然在努力地拓展着。本期值得注意的可被视为人类学电影发展的事件应该大致有早期中国电影家黎民伟拍摄的以民主革命纪录片为代表的文献电影等。黎民伟是广东人，生于日本。他曾在香港受教育，醉心于戏剧和摄影，喜欢演文明戏并鼓吹民主革命。他关心社会改良和教育，提出过"电影救国"的口号。黎民伟跟孙中山相熟，积极追随孙中山的革命活动并拍摄了大量孙中山及其政治—社会活动的电影纪录片。从孙中山的宣传革命、革命实践、战争一直拍到他的死亡和奠基陵墓，留下了大量的影视文献资料。这些宝贵的电影资料在今天看来已经超出了新闻、时事甚至时代的内容，它们真实地记录了一个民族和历史人物在动荡的大革命和改革时代的社会、历史和文化冲突的内涵。当然，这些视觉资料里面也有国际政治和时代暴乱颠簸的记录等等；从宏观的角度而言，它们都不失为人类学研究的重要素材，因而这些文献片都具备人类学电影的基本内涵。[①]

这一时期除了西方电影人在中国拍摄和中国商业电影制作者、社会

---

① 程季华主编：《中国电影发展史》第一卷，中国电影出版社1980年版，第130—131页。

图9-3　中国摄影家孙明经在1930—40年代深入到西南少数民族地区拍摄当地少数民族仪式民俗和百姓生活影视资料，今天已成为宝贵的民族学视觉资料的历史记录

图片来源：1. 孙建三著《孙明经摄影研究 III》，浙江摄影出版社2018年版，第77页；2. 雅安市博物馆编著《孙明经：1938 走进雅安》，文物出版社2014年版，第15页。

新闻和历史文献电影的拍摄以外，中国学界也发出了学人们自己的声音。这方面以人类学摄影家孙明经先生的大量摄影实践和实绩为代表。孙明经即前面述及为中文"电影"一词命名的中国传教士教师孙熹圣之子。他幼时得天独厚从父母那里学习到了摄影知识，是最早明确要将一生献身于中国电影事业的读书人。孙明经自幼立志学习电影，上大学时为了学电影而苦读化学物理机电诸科，同时又修习人文和社会科学，整整读完七年才毕业，奠定了从事电影业的良好的知识基础。此后，他抱持着科学图强和电影救国的理念从事电影拍摄和电影教育，一生拍摄了大量的科教片电影和人类学电影，是一位自觉的文献纪录片、社会教育片和人类学电影的制作者。

孙明经的电影制作活动从早期文化考察电影一直延续到抗日战争。他以金陵大学为基地和赞助者，利用有利位置，在那时拍摄了国情调查和地理风光的《首都风景》《上海》《广东省》《广西省》《福建省》《青岛风光》等记录各地风土民情的文献影片。同时，也拍摄了《水泥》《牛肉》《竹器》《防空》《防毒》等科教片和社会教育影片。他还主持拍摄了反映中国农村题材的《农人之春》。该片代表中国参加国际教育电影协会在布鲁塞尔举行的比赛获第三名，是中国电影第一次在国际电影节上获奖。此后孙明经还拍摄了大量跟工农业有关的科教片，抗战兴起后他在四川从事电影教育，同时拍摄民族电影和人类学电影有"西康系列"《西康一瞥》《雅安边茶》《川康道上》《省会康定》《金矿铁矿》《康人生活》《喇嘛生活》《草原风光》等等，孙明经是中国摄影人中对人类学电影投入大量精力和成就比较突出的卓越贡献者。①

自20世纪20年代短暂的电影繁荣后，在相当长的一段时间内，中国爆发了大规模内战，大部分的国土始终处于战时状态。再往后则到了中华民族生死存亡的时刻，抗战求存是主旋律。本期的电影都有这样鲜明的时代烙印。从1932年一·二八事变发生后中国电影人拍摄了一批纪实电影《上海之战》《上海浩劫记》《十九路军光荣史》《上海抗日血战史》《中华光荣史》等记录血与火的影片。从人类学角度讲，自人类诞生起就充满了搏斗与生存的血泪；战争是人类学关注的内容，也是人间矛盾最为集中和突出的表现；一个民族为生存而搏斗，更是史诗般的大悲壮。

此期中国电影人在战斗的血与火中挣扎，他们没有退缩更没有缺席，用镜头和视觉语言记录了民族的大悲剧，用以惊醒世人和后来者。我们今天得以看到这些他们冒死和浴血拍摄的视觉资料，是中华民族饱含悲怆的民族志；它们除了提醒我们勿忘国耻，也叮嘱我们牢记祖辈被侵略被蹂躏的往事。这些令人震慑的视觉资料给后人启示并敲响警钟，让人们记住那些死不瞑目的眼睛和在战争中被虐杀的同胞。难能可贵的是本期的爱国电影人奔赴各地战场，迎着枪林弹雨拍摄了《东北义勇军抗日战史》（1932，九本，九星公司）、《东北义勇军抗日血战史》（1932，七本，暨南公司）、《热河血战史》（1934，六本，暨南公司）、《绥远前线新闻》（1934，新华影业）；还有私人拍摄制作的《长城血战

---

① 邓启耀：《视觉人类学导论》，中山大学出版社2013年版，第96—112页。

史》（1934，五本，张汉忱）、《榆关大血战》（1934，三本，张汉忱）等，为中华民族记录了惨痛的战史和让人永远铭记的视觉民族志。

其后，当时的国有公司和中央电影摄影机构拍摄了大量正面战场抗战的纪录片。除了上面述及的大规模拍摄外，本期值得注意的还有地处延安的共产党八路军时期拍摄的记述边区军民生活和抗战的纪录片。当时延安电影团拍摄了反映中国共产党和西北军民奋起抗战的影片《延安与八路军》《生产与战斗结合起来》等大型文献片，填补了重要的历史空白。同样，本期中国共产党在华中地区建立的新四军也拍摄了《彭雪枫师长追悼会》《新四军骑兵团》等纪实影片。这些都是展现战时中国军民战斗、生活、仪式和政治活动等的第一手视觉资料，对研究此时此地社会政治和文化现实有着无可替代的史料意义。

除了记录血与火的战斗生活以外，难能可贵的是，为了鼓舞民族团结、全民抗战，当时还组织拍摄了一些关于民族历史和反映少数民族文化习俗的文献影片如《奉移成吉思汗灵柩》（1939，一本）、《西藏巡礼》（1940，十本）、《新疆风物志》（1943）、《民族万岁》（1940，九本）等，丰富报道了蒙、藏、回、苗、彝等各族人民支援抗战事迹和他们民族的风俗民情等，展示了各族人民为前方将士捐粮食和在崇山峻岭中开辟公路的情景，令人深受感动和鼓舞。这些，都是非常难能可贵的中华民族志的视觉资料，也是人类学电影史上创造的中国奇迹。①

除了中华民族拍摄的大量民族志和民族抗战的历史文献影片以外，这一时期也有不少外国人参与了中国纪录片和文化——人类学电影的拍摄和制作。特别是本期一些国际友人参与了支援中国抗日战争、拍摄和宣传抗战电影的工作。为了有一个国际电影人介入中国电影拍摄史料的全面线索，我们不妨将外国人自电影传入中国以来在中国从事影视拍摄活动的线索作一个简要的梳理和概括。

我们前面曾经述及清末和电影引入早期西方人在中国都市和首都进

---

① 方方：《中国纪录片发展史》，中国戏剧出版社2003年版，第85、92页。

行的电影演播和拍摄活动。自意大利人拍摄慈禧光绪葬礼后，日本电影人亦开始陆续介入中国电影制作，他们早在1907年就为了殖民统治的目的曾经在台湾拍摄了《台湾实况介绍》。据报道这部电影拍摄极为详尽，共使用了两万尺底片，后剪接成了120种事物（卷），他们拍摄的目的是为了宣传和以后推行殖民主义扩张。但据介绍其中记录了大量台湾当时民俗和真实的场景，如其中的宗教活动和仪式大典，以及旧台湾的生活习惯、市场乃至少女洗衣的特别方式等民俗。其中也间接记录了日本帝国主义者的暴行，比如日本人在中国台湾公然生产和制造、贩卖鸦片、他们血腥镇压"生蕃"暨当代原始部族人民、残杀高山族人的情形，都是一些视觉的历史铁证。

在1925年，苏联电影导演B. A. 史涅伊吉洛夫来到中国纪念开辟中苏航线，并拍摄了文献纪录片《伟大的飞行与中国的国内战争》。他们拍摄了从莫斯科经乌兰巴托到张家口最后抵达北京的场景。在北京，他们拍摄了古老建筑、街道市容、郊区和居民生活场景。后来到了上海和广州拍摄。抵达上海时他们正好遇到了五卅惨案所引发的爱国热潮。他们也拍摄了很多工人罢工、同工贼的斗争以及青年学生示威游行的场面和素材；并拍到了上海帝国主义租界和军舰的镜头；拍摄了纱厂女工和童工艰辛的生活、饥饿的群众和贪婪的厂主，以及外国强盗和资本家残酷榨取穷苦人血汗的惨状。苏联摄影家同时也用镜头描写了工人阶级的反抗。随后，他又抵达广州拍摄了革命军和革命政府的活动、黄埔军校、省港大罢工等镜头。这部影片于1925年年底完成，它后来改名为《东方之光》，在苏联和欧洲各国影院放映，起到了很好的宣传和介绍的效果。

史涅伊吉洛夫拍摄此片大获成功，其后另一位苏联导演雅可夫·布里奥赫又于1927年来到上海拍摄《上海纪事》（五本）。这部电影详细用镜头述说了上海百态及百姓的日常。这一年是中国大革命斗争最激烈最复杂的时期，布里奥赫也用镜头记录了北伐、革命高潮和国共分裂后的白色恐怖以及四·一二蒋介石枪杀共产党人和群众的实况等等。这部电影无疑又起到了用视觉手段记录大时代并呈现历史的重要意义。它跟前一部《东方之光》一起成了当时时代的文化志和视觉史诗的作品。除了这两部电影以外,此期还有英美烟草公司在中国拍摄的一些表现名媛淑女社交生活的和各地风光等的广告—娱乐性短片以及《奉军出操》一类的纪实短片,虽然没有太多社会意义,但是它们也或多或少地记录了一些当时社会情形,被作为商业广告性质供影院免费播映。

本期跟人类学关系最为密切的电影制作当推美籍奥地利人约瑟夫·洛克在云南丽江拍摄的影片。洛克一生经历十分复杂,他有语言天才而且志趣广泛。曾经做船舱服务员从欧洲赴美,他掌握包括阿拉伯语和汉语在内的多种语言。后来在夏威夷一所学校教授拉丁文和自然史。1922年洛克来到中国云南,在丽江等地度过了27年。在此期间,他大量采集动植物标本、了解风土民情、学习当地文化并研究古老的东巴象形文字。在此期间他拍摄了大量的人类学影片素材,并向西方世界介绍当地文化。他的这些影片大部分保留在德国柏林图书馆,是十分珍贵的昔日人类学和文化志资料。①

图9-4 埃德加·斯诺在延安拍摄的毛泽东像

图片来源:黄瑾、程宏毅:"斯诺与毛泽东戴过的红军帽",《解放军报》2016年12月28日。

除了上述外国人在中国的影片拍摄以外,还有一批身份独特的电影人活跃在中国的延安和晋察冀抗日根据地等处。他们跟中国共产党有着各种形式的合作和交往,并用他们手中的摄影机记载了那时中国抗战另

---

① 1)邓启耀:《视觉人类学导论》,中山大学出版社2013年版,第143—145页;2)方方:《中国纪录片发展史》,中国戏剧出版社2003年北京版,第66页。

第九章 中国人类学电影概况

一面的珍贵历史素材。这些人里面有美国著名的记者埃德加·斯诺、美国摄影师哈里·邓汉姆、加拿大著名医生白求恩和苏联导演、摄影师罗曼·卡门等人。

斯诺与延安、与红色中国的关系几乎世所周知。但是他除了出版书籍以外，也拍摄了大量关于延安和八路军的影片资料。斯诺是一位作家，但首先，他是一位记者。1934年他定居北京以后，就在燕京大学任教，但他的主业是记者，在此期间他除了采访也拍摄新闻

图9-5　当年白求恩拍摄的毛泽东照片

图片来源：Hannant, Larry, *The Politics of Passion: Norman Bethune's Writing and Art*, Toronto: Universityof Toronto Press, 1998, p. 229。

资料。如在"一二·九学生运动"中，他拍摄了学生游行场面和大量新闻素材。到延安采访时他也用摄影机记录了中共领袖和红军生活的素材，这些都是宝贵的影视资料。

在斯诺以后，美国摄影家哈里·邓汉姆也于1936年到陕北根据地拍摄工农红军的素材，1937年抗战爆发他回到美国，跟一批优秀的电影人一起合作剪辑完成了纪录片《中国的反击》。由于当时中国严峻的形势，其中很多合作者不得不用笔名参与。这部作品从日本侵入东北、上海、华北等开始，用信实的视觉语言述说百姓的颠沛流离和日本帝国主义侵华的暴行。并记述了陕甘宁根据地军民的抗日热情和中共领袖演说等情形。这部影片在美国放映后产生了轰动性的影响。[①]

---

① Barnouw, Erik, *Documentary: a history of the non-fiction film*, second revised edition, Oxford University Press, New York, 1993, pp. 126 – 127.

图 9-6　白求恩拍摄的延安抗大开会情形

图片来源：Ewen, Jean, *Canadian Nurse in China*, McClelland and Steward, Toronto, 1981, p. 51。

图 9-7　美国迪克西使团在延安拍摄的延安大生产的影片

图片来源：Colling, John, *The Spirit of Yanan: A Wartime Chapter of Sino-American Friendship*, API Press Ltd. Hong Kong, 1991, p. 23。

第九章　中国人类学电影概况

本期除了专业摄影家以外，其他奔赴延安帮助中国人民抗日的西方人也有一些积极地参加了摄影和电影拍摄活动。其中比较突出的有加拿大医生白求恩等人的拍摄。白求恩除了治病救人外，也是一个热诚的文艺爱好者，他在晋察冀写了大量的报道和文章等在美—加报刊上发表，同时他也拍摄电影等资料记述中国军民的抗战事迹，这些影片有的当年冲洗发表，有的未及冲洗而由白求恩寄往美国、加拿大，后来得以整理发行。① 白求恩这样的例子不是罕有个案，当时奔赴抗日前线的外国人有一批在本职工作之余同时也从事摄影工作，他们的作品以后陆陆续续被发现，有的最终得以出版。这些宝贵资料也是当时中国人民生活和斗争的真实再现，是可贵的文化志影视资料。

在观摩到《中国的反击》后，受到它的鼓舞苏联摄影家罗曼·卡门1938年也奔赴延安。② 卡门不仅拍摄延安和八路军，他也拍摄了日本飞机轰炸武汉及中国军民前线的抗战，也拍摄了他所目睹的湖南、广东、重庆等地的战况和社会情形。在延安和陕甘宁边区，除了拍摄中共领导人，卡门也拍摄了军民的奋斗和日常生活，在近一年的拍摄过程中他跋涉了11个省，足迹超过两万五千多公里，完成了反映中国抗战的大型纪录片《中国在战斗中》和《在中国》。这些影片播映后，起到了很好的宣传和传播效果。③

除了外国在延安的摄影师，延安和八路军晋察冀根据地也有一批自己的摄影队伍。他们中有从国统区来的电影人，也有延安自己培养的导演和摄影师。其中比较突出的电影人有袁牧之、吴印咸、徐肖冰等人；

---

① 1) Roderick Stewart & Sharon Stewart, *Phoenix. The Life of Norman Bethune*, McGill-Queen's University Press, 2011, pp. 339 – 68, Canada; 2) 白求恩非常重视自己的这些电影拍摄和实录工作，他曾经跟毛泽东写信提到而且委托毛泽东替他安排洗印影片。同时，他也在给加拿大总书记蒂姆和自己的遗书中都提到了这些电影，可见他对这些摄影资料十分重视。白求恩致毛泽东的书信等资料原件现藏于纽约哥伦比亚大学手稿和珍本资料库。

② Barnouw, Erik, *Documentary: a history of the non-fiction film*, second revised edition, Oxford University Press, New York, 1993, pp. 126 – 127.

③ 1) 方方：《中国纪录片发展史》，中国戏剧出版社2003年版，第108页；2) 程季华主编：《中国电影发展史》（第二卷）中国电影出版社1980年版，第367—369页。此书资料中"卡门"译为"卡尔曼"。

图9-8 晋察冀八路军电影工作者拍摄的白求恩奔赴战场的纪录片中白求恩转战前线的场景

图片来源：中国人民解放军国际和平医院编：《伟大的国际主义战士白求恩》，人民美术出版社1979年版，第40页。

他们拍摄了不少关于延安、中国革命和抗战乃至大生产和记录晋察冀边区人们生活的文献影片。如大型文献纪录片《延安与八路军》《生产与战斗结合起来》《白求恩大夫》等，从不同角度反映了延安和晋察冀军民的抗战生活和英雄事迹。这批电影资料也是我们了解当时社会文化和历史背景的重要依据和素材。①

此期值得一提的另外一部关于抗战的文献片是荷兰电影艺术家尤里斯·伊文思拍摄的《四万万人民》。伊文思于1938年抵达香港，并会见了宋庆龄和宋美龄及政府官员，得到了必要的帮助。他们团队拍摄了正规军在台儿庄的血战和汉口的会议等战时情景。同时，他们也力求广泛拍摄中国各界人们的生存情形。他们后来在西安等地拍摄，伊文思提

---

① 方方：《中国纪录片发展史》，中国戏剧出版社2003年版，第97—105页。

出去延安拍摄但遭到拒绝；后来他设法拍到八路军武汉办事处会议并将哈里·邓汉姆的延安镜头杂糅进了自己的影片而最后完成了这部电影。拍完影片后，伊文思将摄影机赠给了延安，延安用它组建了后来的电影机构。《四万万人民》的后期由美国著名电影工作者合作在美国完成。① 这部影片在美国上映时引起了轰动，也受到右翼亲日势力的阻挠，但它最终在整个世界积极地宣扬了中国军民的浴血抗战，赢得了国际舆论的支持并产生了重大的国际影响，它是一部壮美的抗战视觉史诗性作品。

抗战胜利后，中国文献电影拍摄进入了一个新阶段。本期随着解放全中国的进程，中国电影界人士拍摄了辽沈战役、淮海战役和平津战役的文献纪录片，同时还拍摄了渡江战役及进军大西北、进军中南、海南岛战役和向西南进军、进军西藏等大型文献纪录片，用电影的视觉手段记录在中国翻天覆地的变化和建设新中国的历史情景。本期重要的文献电影作品有《新中国的诞生》和《伟大的土地改革》等。随着新中国的建立，全面记录新中国的各项建设成为首要任务。这方面政府有了统筹规划和设计，成立了专门的中央新闻电影制片厂。

第四节 中国人类学电影历史转折

伟大的现代中国革命改变了中华文明历史的进程，这场革命的重要标志是人民的胜利和中华人民共和国的建立。这也是当代中国电影和中国的视觉人类学电影发展的分水岭和新时期的标志。

新中国的人类学电影发展跟前期它的发展有着明显的不同和成绩。当然，在其发展过程中也遇到过不同的困难和波折。

中华人民共和国初期文献片拍摄的一个重要事件是中央电影局邀请苏联摄影队帮助拍摄大型文献纪录片《解放了的中国》和《中国人民

---

① 1）Anderson, Kevin Taylor, "The 400 Million (Holland, Ivens, 1939)", in *The Concise Routledge Encyclopedia of Documentary Film*, Routledge, New York, 2013, pp. 262 f.；2）方方：《中国纪录片发展史》，中国戏剧出版社2003年版，第126页。

的胜利》。这些影片的拍摄和指导思想对今后新中国纪录影片和文献影片的拍摄有了很大的影响。

难能可贵的是，在百废待兴的中华人民共和国诞生早期，新中国为了贯彻民族政策和新的时代精神而拍摄了一批反映少数民族的影片如《欢乐的新疆》《光明照耀着西藏》《中国民族大团结》《西南高原的春天》《凯里苗家》《人民的内蒙古》《边疆战士》等等。这些影片是新中国最早拍摄的关于少数民族和跟人类学有关的纪实电影，它们的拍摄体现了政府对这些课题的关心和重视。

再以后，中国政府在20世纪50年代后期开始有组织地拍摄了一些抢救性的人类学和记录少数民族人民生活的纪录影片。中华人民共和国成立后，国内政治、经济和文化各方面都有了很大发展，1956年中央政府提出对全国各少数民族进行历史调查并要求抢救性地记录它们的社会历史、制度和文化面貌，以便作为科研资料和政府制定有关少数民族方针政策提供科学依据。在这种原则指导下，进行了大规模的民族学考察研究活动并有组织地拍摄了大批的人类学纪录影片。这些影片包括《佤族》《凉山彝族》《黎族》《额尔古纳河畔的鄂温克人》《苦聪人》《景颇族》《独龙族》《西藏的农奴制度》《新疆夏合勒克乡农奴制》《西双版纳傣族农奴社会》《鄂伦春族》《大瑶山瑶族》《赫哲族的渔猎生活》《永宁纳西族的阿注婚姻》《丽江纳西族的文化艺术》《僜人》等。这些文献片抢救和记录了很多宝贵的民俗和文化资料，对研究中国社会发展史、民族学和人类学都有着不可估量的价值。

除了记录和反映跟少数民族有关的文化类纪录片以外，中国人类学电影的发展也陆续展现在以"科教片"名义拍摄的一些关于普及人类防病治病知识和了解环境、水土保持和古代文物的电影，也是传播人类学知识的重要途径。这方面比较早的有1921年在台湾拍摄的《预防霍乱》，1948年在东北拍摄的《预防鼠疫》，20世纪50年代拍摄的《水土保持》《淡水养鱼》《培育壮秧》《杉木》《不平静的夜》《荣宝斋的木版水印画》《农业生产合作社的包工制》以及1976年拍摄的《西汉古尸研究》和以后拍摄的《蜜蜂王国》《李四光和中国第四纪冰川》《生命与蛋白质》《遗传工程初探》《鸟岛》《昆虫世界》《万里长城》《长江》《黄河与森林》《生命河》等等，都从某种意义上介绍了各种关于生命科学和生物基因、细胞、体质人类学、民俗和文化人类学知识。它们可以被看作是向大众普及生命—生物科学知识和人类学内容的有益的影片。

此时期值得一提的还有两位外国人在中国拍摄的文献纪录片，其中一位是意大利导演安东尼奥尼拍摄的《中国》，表现了1972年间中国的社会生活。由于导演当时的拍摄理念和技术手法跟当时中国意识形态有不同，这部文献影片当年在中国和国际上引起了争议和反响；今天的学界认为，虽然存在着不同视觉语言陈述角度和思维理解的问题，这部作品仍然是记录那个年代的宝贵视觉资料。另一部作品是当年曾经拍摄过《四万万人民》的导演伊文思于1971年再赴中国，花费一年多时间拍摄的大型文献纪录片《愚公移山》。这部影片全面展示了中国当年多地各个社会阶层人们的生活场景，是非常珍贵的视觉文化资料。此期美国电影人欧文·德拉斯宁也于1972年来华拍摄《被误解的中国》等影片。德拉斯宁以后在1974年、1983年、1992年和2012年连续拍摄和制作影片展示变化中的中国，在西方产生了很大的影响。其后，著名英国电影家菲儿·阿格兰在云南拍摄的《云之南》也在中国和国际上引发了很多的评赞和观赏。这一阶段以后，中国改革开放进入了发展阶段，西方电影人来华同中国电影人合作拍摄越来越多，中国跟西方在电影、人类学和文献片的互相理解、合作和拍摄上也翻开了新的一页。

在这一新时期，人类学影片受到了很大重视，中国社科院民族研究所成立了电影组拍摄民族和人类学影片。1980年赴贵州拍摄《苗族》《清水江流域苗族的婚姻》《苗族的工艺美术》《苗族的节日》《苗族的舞蹈》等系列影片，系统地反映了苗族人的历史、传统、生产和生活习俗，也反映了他们婚丧嫁娶的民族仪式及过去原始氏族生活传统等；同时也表现了他们丰富多彩的民俗、祭祀、艺术和古代生活场景等。此后，还拍摄了《今日赫哲族》"大理白族系列影片""畲族系列影片""黎族系列影片""哈萨克族系列影片"等大量的人类学影视系列资料。

除了社科院系统，中国一些地区特别是少数民族聚居地区省市研究机构也拍摄了大量影视人类学作品，这方面云南社科院的成就比较突出。20世纪80年代始他们拍摄了大量关于景颇族、傈僳族、白族、傣族、佤族、纳西族、回族、藏族、布依族、拉祜族、布朗族、德昂族、哈尼族、彝族、基诺族、怒族、蒙古族、苗族、独龙族、普米族等少数民族宝贵的人类学影视资料。[①]

此外，西藏、四川、吉林、贵州、广西、广州各省、市、自治区，中央电视台和各省市地方电视台以及全国有关高校在这一时期也拍摄了大量的中国各地少数民族和富有人类学内容的影视作品。随着人类学思想在中国的普及和电影电视拍摄技艺的普及，这一时期人类学影视节目可以说是遍地开花，成了新时期中国文化电影和纪录片—文献电影的一大主流。这方面的资料已经不胜枚举，它们构成了中国影视文化和社会媒体主流文化的一部分，直到今天汇入了全媒体时代的洪流，成了传播人类学思想和树立正确民族文化观念的重要舆论工具，起到了启迪民众和教育民众的巨大作用。

[①] 邓启耀：《视觉人类学导论》，中山大学出版社2013年版，第216—219页。

第十章

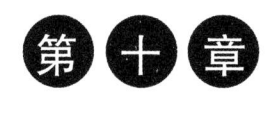

视觉人类学发展展望

第一节 21世纪视觉人类学发展趋势

前面的章节中，我们回顾了视觉人类学从史前萌芽到进入成文史时代作为视觉记录手段呈现文明和其后与文字并行不悖实现同一目的的历史；特别是回顾了作为"艺术"存在的视觉人类学和作为文化视觉语言—语法独立存在的视觉人类学发展的不同线索。同时，本书概要性地廓清了理论人类学和视觉人类学之间的关系以及视觉人类学跟影视人类学和其他相关学科的关联。当然，其中比较主要的内容是讨论了自摄影术发明以后的视觉人类学发展特别是其中影视人类学发展的历程。

在对整个视觉人类学发展历史的回溯过程中，我们可以看到，20世纪的确是一个翻天覆地的时代。这些并不仅仅表现在某一个具体学科或者某种理论流派上，而是展现在整个人类文明史和人类历史进程的全部过程中。在刚刚过去的这个世纪中，人类以迅疾的速度超越了此前几万年乃至几十万年进化的所有历程。从20世纪初工业革命和科技革命走向近现代开始，几乎每个年代都以一日千里的速度向前飞奔。人类用了几十万年的时间经历石器时代、青铜时代和铁器时代，此后又用了一两千年的时间走出封建时代进入资本主义和工业革命、科技革命和电子

第三编

——信息时代。

过去的一百年,人类创造的历史和经历的历史事件可以说都是史无前例的。不只是科技革命的发展促进了人类进步,人类也用自己发展的科技对自己赖以生存的文明造成了致命的毁灭。两次世界大战都发生在这个世纪,人类在这一百年间消耗了过去几十万年不曾动用过的地球资源,而且还在以前所未有的速度继续耗费着它们。人类的科技革命在为人类造福的同时也在为人类造祸,现在的工业和科技文明每日每时也都在蚕食着宝贵的、不可修复的地球资源。这是现代文明发展和行进过程中我们应该严肃思考的问题。

在社会和人文领域,当代科技提供的便利在迅速整合地球资源及人类文明生长的各种形态,并以只争朝夕的速度在弭平人类多元文明的差异。这种弭平的结果是消弭不同文化、抹杀文明多样性,用强势文化宰制、压迫乃至灭除弱势文明形态,打造大一统和"地球村"。其结果看

图 10-1 当代视觉人类学的视野已经不限于人类社会和文明,甚至开始探讨人类的前文明和后文明时代以及外星人、人同地球很多宇宙的关系等课题

图片来源:"Arecibo message",https://www.daviddarling.info/encyclopedia/A/Arecibo M.html。

第十章 视觉人类学发展展望

似能瞬间提升了人类文明的水平，实则毁灭了人类文明的发展和多元性。在这个世纪，人类利用先进机械和科技的能量毁灭了大量曾经生长在这个地球上的物种，且史无前例地消耗地球资源，毁损了难以数计的人类用几十万年来建造的文化遗迹、遗址。除了对有形文明的破坏及两次世界大战造成人类空前的自相残杀，也极大地破坏了非物质文明形态包括对传统民族科技、民间文明、民俗工艺乃至人类赖以生存的语言等内容。这些有形的和无形的文明形态都在飞速地被毁损。

因此，在我们生活的21世纪，人类学和视觉人类学的任务更加繁重了。如果说此前的19世纪人类学家和有识之士曾经提出的"文化救险"的口号在于抢救过去，那么今天，视觉人类学家和学者的任务则不仅要抢救过去，而更兼有要拯救人类文明未来的任务。据统计，世界上的人类语言大约有六千余种，有报告预言到2050年，其中90%的语言将从地球上消失。现在的世界，差不多每15天就有一种人类语言在永远消逝……联合国教科文组织代表指出，处于弱势的民族语言面临着强势语言、互联网以及全球化的冲击，正处于濒临灭绝的危险。现在，有一半的人类语言只有不到一万人会使用，有四分之一的语言不到一千人会使用。有的语言甚至因为"一个老人死去，一种语言也就随之逝去，怎么留也留不住了。"[1] 人类学家认为，语言多样性就像生物多样性一样至关重要。一种语言的消亡，其带来的后果绝不亚于一个物种的灭绝。语言消亡了，通过该语言代代相传的认知概念、文化、知识就会随之消失。人类多样性文化的生存、延续和发展依赖于语言的多样性也会因之消亡。[2]

跟语言相对应的还有使用这种语言的民族、习俗、文化认知系统和非物质文化遗产的内容。文化人类学和视觉人类学所面对的是这样一个

---

[1] "联合国启动土著语言国际年呼吁为了下一代振兴'祖先的语言'"，《联合国经济和社会事务部》，2019年2月1日，纽约联合国总部；https://www.un.org/development/desa/zh/news/social/international-year-of-indigenous-languages-2019.html。

[2] de Mejía, Anne-Marie, *Power, Prestige, and Bilingualism: International Perspectives on Elite Bilingual Education*, 2002.

残酷的现实，它所要拯救的，正是这样一个世界——人类的未来需要它。

早在20世纪的早—中期已经有人类学家和有识之士呼吁多元文化的重要性。特别是在20世纪后期，人们更是逐渐看清了这种"社会进步"和物质文明发达对人类文明形态多样化毁损的代价和其引发的问题的实质。因此在当下乃至于未来的任务中，人类学和视觉人类学所面对的现实问题堪称任重道远。

其中一个最重要的任务就是人类学和视觉人类学如何做实事和服务当下。自20世纪后期以来，由于科技的进步，视觉人类学得到了飞速发展。首先，科技进步使得摄影器材和同步录音技术变得小型化和便携化，这极大地便利了人类学家的田野工作和拍摄工作。这种便利使得人类学电影拍摄得以普及。紧接着电视普及走向千家万户促成了人类学电影跟媒体结合并深入到民众教育、博物馆、科研和宣传、市场传播广告等视觉媒体的各个方面。再往后电脑科技普及特别是互联网革命使得影像拍摄、制作、传播成了几乎人人可为的视觉写作手段，这是视觉人类学受到普及的最为积极的土壤。

再往后，随着电子科技和互联网的发达，人类学电影特别是人类学理念通过电视传播家喻户晓。20世纪末到现在的新媒体把这种趋势推向了极致。在眼下，随着拍摄工具的普及和被应用到了移动电话和智能手机，几乎全球人口都具备了摄影摄像和分享视像的可能；而移动互联网的发达促成了视像技术的发展和共享的潜能。现在，手上持有一部智能电话几乎就掌握了摄影、摄像、剪辑、分享甚至传播等等所有的功能。人人都成为摄影人和媒体传播者的时代似乎已经到来，这对视觉人类学特别是视觉叙事的发展带来了意想不到的便利。

拍摄影像并利用这种图像来表述，曾经是个特殊的领域和特权阶层握有的手段，现在这些技能和特权已经从高大上到飞入了寻常百姓家。在这样的时代，视觉人类学如何发展，是时代和科技向我们提出的一个全新的挑战和课题。

第二节 人类学与视觉人类学的本体论研究

基于这种新的挑战，我们有必要回归初心，重新审视视觉人类学学科创设的使命。视觉人类学的根本目标，说穿了，与人类学研究人类文明和文化的终极目标并没有什么不同。这里要强调的，应该是其研究的范畴和手法跟人类学其他分支在技巧和方法上的区分。人类学中其他部分，如文化人类学，强调的是本体论研究，包括对文化本源各种文本分析的全方位研究。这里的"各种"文本当然包括书写的文本和行为化文本以及视觉文本，其实它所征用的应该是整个人类文明进化的全部立体资料。

视觉人类学研究的对象也是文本。它专注是视觉的文本。视觉的文本，在某种意义上说，不像书写文本那样固定和规范，它有一种流动性和原始性，其中有的更是即时性的、稍纵即逝的，有的还有着比文字更复杂甚或更难以言说、难以尽说的成分。

视觉人类学的全部努力就是要捕捉、破译、解说并穷尽可能地分析它们，找出其中的底蕴和规律，并让它们为其文化意蕴的破译服务。为了达到这个目的，它需要人类文明不同阶段创设的各类理论铺垫的指导。

人类学研究和哲学研究的深层结构讲求从现象演绎来寻找规律，最终寻出普遍性并将其服务于实践、并将这种实践指向未来，为人类造福。

而作为一个富有综合性、能够整合人文和社会科学并以全方位的姿态研究文明的科学，人类学最有资格为视觉人类学的未来发展做出贡献。

首先，它从体质人类学角度研究人类进化和人类感觉器官的形成、人脑的进化以及视知觉、感官知觉的发展，以确认人类整体思维能力和抽象能力的形成；俾使视觉人类学研究主体的主观性及客观性的条件具备物质和精神的基础。

其次，有了人类感官进化的人类学物证，我们方能够理解人类的认知优势及先天的限制性（包括直立行走对人类开阔视野的帮助、视知觉器官形成对辨物和语言形成的助益，以及人类视阈的盲点、感官的局限等等）；而人类思维的进化能力则给人类形成视觉思维及从具象—形象到抽象创造了条件。这些都能够为我们的最后得出人是符号的动物这一结论做出贡献。[1] 这里的"符号"是广义的，它包括所有象征性和物质文明—精神文明所构筑的人类世界的一切。它既是物质的，又是精神的。

阐释人类学家吉尔兹曾经说过一句名言，他认为人类文化的本质就是一种符号化的产物，而这种符号"必须有公示性"（Symbols Must Be Public）。什么是"公示性"呢？公示性就是显现、就是宣示、就是形象和有意味的形式。在这个基础上，文化的阐释，在某种意义上，就是对符号和形象的阐释。由于符号和形象本身就是文化的产物，是一种认知和阐释的结果，所以对符号和形象的阐释本身就应该是一种"对别人阐释的阐释"（The Interpretation of Other's Interpretation）[2]——在这种意义上，文化学研究和文明史研究的溯源实际上应该是一种对符号、原始视觉形象和视觉表述的基础研究。

视觉人类学的主题暨研究视觉思维、视觉记录、视觉表述的终极目标是通过还原视觉与思维、与意识形态和思维形成的关系来破译文明的形象，[3] 它探究文化形成的基本要素是先寻根纷繁复杂的文明形态，并

---

[1] 1) Lévy-Bruhl, Lucuen, *How Natives Think*, translated by Lilian A. Clare; with a new introduction, "Lucuen Lévy-Bruhl and the Concept of Cognitive Reality" by C. Scott Littleton, Princeton; N. J. Princeton University Press, 1985; 2) Lévy-Bruhl, Lucuen, *Notebooks on Primitive Mentality*, with pref. by Maurice Leenhardt; translated by Peter Rivière, New York, Harper & Row, 1975.

[2] 王海龙：《对阐释人类学的阐释》，见［美］克劳福德·吉尔兹《地方性知识：阐释人类学论文集》，中央编译出版社2004年第二版，第39—40页。

[3] Rudolf Arnheim, *Visual Thinking*, University of California Press, Berkeley, Los Angeles, London, 1969, pp. 56 – 72, 335 – 351.

将其剥离复返到最基本的视觉元素，再从其原始的文明——视觉词根、视觉的偏旁部首、到形成视觉的字、词、句、章的组合，最后侦知到视觉表述的基本形式及其语段、篇章和总体视觉表述。

视觉人类学可以遵循人类学研究文明的潜语法规则，并将人类原始文化创造及文字形成以前文明记录的物化形态暨各类史前图画、图形和图案等进行一种立体的、结构性的全方位（Holistic）分析，从而找出它的"视觉语法"。这种视觉语法有可能是人类最早的一种"语言"表述和尝试记录、传承文明的手段。

人类有了抽象能力并创造文字以后，这类用形象表述及视觉语法的应用并没有消失，只不过因文字表述的便利使它渐居弱位，它逐步退居为一种表述的辅助工具——直至今天，在文字表达不足以立体呈现作者全部意图时，人们还是会借用视觉呈现的方式来表述。从图文并茂的插图、连环画、卡通，到借用现代科技表述的电视、电影，再到今天最普通的学术讲座中讲演者常常选用PPT图示方式来完成演说等，都是这方面很家常的例子。

也就是说，视觉语法和文字语法一起并行走过了很长的道路，而且这种"双轨制"的并肩平行还会有长久地合作运行。因此，正如我们研讨文字和口语规律的形成有其捷径语法研究一样，对视觉语言我们也应该探索其表述规律，总结出其视觉语法结构所在。

视觉语言应是文字书写语言的前身，是人类最初记载文明的尝试和实绩。我们可以推断，在文字形成之前，视觉语言之图画图形图案表述是有规律可循的，或者说，视觉语言的语法是有可能有一种原始"通码"所在的。正如其后发展起来的口头语和书面语可以被总结出语言、语音和语义及文字形态有其内在规律，我们可以通过这些语音学和语法学规律来研究其语素、语根以及词源的来历始末，视觉语法也应该有其可以被追溯的语素和语法学研究的规律和模板。它也可以有其词根词类、语源语素的原始形态，也可以有其词组、单句—复句、语段（Discourse）和文本（Text），甚至可以有其不同的"方言"

和视觉修辞等表现手段。视觉表述也可以有不同的谋篇布局和各类文体。①

基于此，对上古和史前图像破译的解析之学也应该是未来视觉人类学研究的一个主要课题。这些程式也类同于我们对成文史后之文字文本的破译，只不过其过程和内容要更加复杂和艰难。因为文字形成的历史非常晚近，而且文字具有总结、归纳和抽象的功能，其表述的指向性相对明确且固定。但人们在研究原始图形或史前图像的表述时却很难真正求解其原意；它因其时代久远、上下文内容缺环断链、一图多义和一符多解现象众多，以至于研究者常常对视觉文本的解释出现误解和无解的结局。但是我们同样应该承认，虽然有着上述的困难，破译视觉文本跟释读文字文本有着类同的思路特征。

正如同先有文字方能有文章，我们寻出了视觉的字词句章的训诂学、总结出来了视觉语义和语法的规律，人类就有可能循着正确思路轨迹破译出由视觉图形最早呈现的文明萌芽和曙光的来时路。②

在科技对人类文明即将有着关键性影响的今天，我们研究文明起源的意义其实不仅止于文明探源，而更指向着人类文明的未来和明天。

我们知道，文明溯源是视觉人类学一直孜孜以求的目标。但在今天，这一目标又被赋予了崭新的内容。既然视觉人类学的任务是文明探源，这种人类文明发展和进步的模式也代表着人类认知史、人类行为进化史和人类意识形态发展乃至于智识进化的演进过程。对这种过程的还原和类比研究也可以对现在的电脑科技特别是机器人研究（Robot）、人工智能研究（Artificial Intelligence，缩写为 AI）和虚拟现实（Virtual Reality，缩写为 VR）等学科都有极大的启发。也就是说，视觉人类学研究不仅帮助我们寻根人类认知史，它也会帮助人类迈向未来的新时代的科技探索。

---

① 王海龙：《读图时代：视觉人类学语法和解密》，上海世纪出版集团·锦绣文章出版社2013年版，第206—270页。
② 王海龙：《视觉人类学的潜语法结构论纲》，《纽约人文学刊》，2005年。

第三节　视觉人类学与当代新媒体

21世纪影响人类文明的一个最大现象是新媒体的普及和泛滥。新媒体是视觉人类学传播和发展的有力武器，同时它又从不同的范畴反馈并刺激了视觉人类学的发展。这种趋势还在不断地发展和互动推进，它的影响和前景是值得学术界和广大受众关注的一个重要话题。

新媒体一般特指一种传播媒介，它包括利用电脑及网络、智能手机、运动应用程序和社交平台等新科技手段进行报道的媒体。跟传统媒体相比，新媒体在形式、内容和传播类型等方面都发生了质变。

图10-2　现在的科技日新月异，科学家们的视野已经向外太空凝视

图片来源：Johnson, Steven, "Greeting, E. T." New York, *The New York Time Magazine*, June 28, 2017。

传统媒体一般指纸质类型印刷媒体包括报纸、杂志刊物和书籍等，此外，还有广播和电视和其他视觉播放途径等内容。与之相比，新媒体的产业范围更广阔和模糊，而且它的规范和制度等尚未完备，新媒体是个还正在发展中的未完成体。它的产业类型包括网络新闻、各类直播、视频、数字或移动电视、专题短片、搜索引擎、网络广播—电视、动画产业、电玩游戏等等内容。新媒体一般多受年轻人欢迎，同时也影响一般受众。由于在传播渠道上一般传统媒体在总体市场占有上仍然居于主流，故一般传统媒体往往开辟新媒体作为自己宣传和发展的附类或辅助渠道；比如传统媒体报刊或出版业增设电子版或网络版，或增加表现力较强的 APP 及增设"新媒体部门"以吸引受众并开拓市场。当然，随着新媒体市场占有率增多，近年来也产生了越来越大的专门的新媒体企业和机构等。

新媒体具有灵活、简便、低成本和发表及时、更新迅捷等特点，特别是它的技术操作上的便利使得具有相对科技和媒体知识的一般民众皆可创设自己的新媒体平台。① 因此，近年来在世界范围内陡增了难以数计的各类新媒体机构和平台。它对传统媒体是一个补充和挑战。同时，新媒体的泛滥也带来了一系列的社会问题。这种现象不只是存在于新闻和媒体领域，而且也存在于法律、伦理、舆论和人类社会生活的方方面面。正视和正确引导新媒体的力量、积极发挥新媒体的正面作用，同时又对它进行有效使用和管理是目前世界各国政府面临的一个严肃的话题。

由于新媒体出现的时日尚近，而且它本身还正在发展过程中，眼下很难对它下结论定性并进行有效的专门立法和行政管理。世界大多数政府或者行政管理机构仍然在使用管理传统媒体方式来规范新媒体。但是，用旧瓶装新酒不论从性质和内容上说都有一定的局限和缺乏科学性。根据新媒体的操作和传播特征，从本质上说，它可以被定义为是数字技术在信息传播媒体中的应用所产生的全新的传播模式或形态。

基于上面的基本定义，新媒体可以被总结出具有以下的具体特点：

---

① Lister, Martin. Dovey, Jon. Giddings, Seth. etc., *New media: a critical introduction*, New York: Routledge, 2003.

第一，数据性（Digital），第二，互动性（Interactive），第三，超文本性（Hypertext），第四，虚拟性（Virtual），第五，网络性（Networked）和第六，模拟性（Simulated）等特质。①

从前面总结介绍我们可以看出，新媒体发展的实践和其传播平台实际上正是视觉人类学发展的乐土。它以有效的技术手段和空前的大众传播影响力特别是廉价、可进入的技术门槛低等特点给创造播放平台和发表视觉产品等提供了史无前例的方便。这种便利从主观和客观两个方面促进了视觉人类学和视觉社会学产品的繁荣。

回顾人类的发展、文明进化的整体历史，在人类族群进化的各个阶段，人类文明和知识的传播总有其环境—时空的限制和物质条件的约束，它从没发展到像今天在这样的便利呈现和传播技术上几乎达到无远弗届和随心所欲这种狂欢年代（这种便利当然也带来了不同的弊害）。视觉人类学从远古走到今天，其历程曾经是筚路蓝缕、脚步蹒跚的。而且，人类的思维、人类的文明条件跟其表达和传播途径往往有着一定的对应关系。

有的人类学家把人类文明史和其传播的历史总结划分为几个便于记忆的时代对应来进行一番历史巡礼。如部落时代、识字时代、印刷时代和电子时代。在远古或史前时代，向现代人进化时期的智人尚未发明语言，他们之间的交流依靠视觉形式的"语言"即非语言的拟态交流模式，这种模式利用姿势、身体语言如脸相、姿态语言和手语等进行沟通。其后人类开始进化产生了发音系统和抽象思维能力，开始进入了口语时代。在这个时期，前面提及的古老的拟态交流等视觉表述形式仍然跟口语并行。同时，人类发明了用记号、刻痕、雕刻、堆塑以及岩壁画洞穴画等视觉表述的形式来记载、传承他们的文明。

又经历了漫长的从稚拙的图形到写实最后又到抽象和符号化的过程，人类先祖终于发现并发明了书写系统，创造了文字。自此，人类进

---

① West, Richard; Turner, Lynn H., *Introducing Communication Theory*, New York: McGraw-Hill Education, 2014, pp. 454–472.

入了识字时代。识字时代已经进入了成文史阶段,是我们今天比较熟知且有信史的年代。比起前面漫长进化的人类历史而言,它只是冰山上的一角。

有了书写系统以后,人类文明的进步就进入了提速阶段。虽然文字是人类文明史上了不起的创举,但毕竟,在几千年的文明史中能有识字特权的人们是极少数。历史上大部分的人类都是文盲。因此在这个时期人类记录文明特别是传播和宣传—教化的手段仍然采用富直觉性的视觉语言辅以文字的手段。于是就出现了大量的古代雕塑、雕像、富有公告意义的公共展示牌匾、绘画、壁画乃至其后的连环画等社会宣传手段进行文明教化。到了文明社会后期阶段人类发明了印刷术,使得人类识读能力得以普及,而且印刷术使得图文并茂的宣传效果大异于以往。读书识字和印刷术的发达是推动人类文明前行的一大杠杆。

近代以来的科学革命包括摄影术的发明和发达,以及20世纪的电子技术完成了人类大众传媒上最富根本性的一场前所未有的划时代变革。这种革新的结果造就了20世纪以来的大众传媒时代。

正是由于大众传媒的发达和启蒙,人类知识传播形式得以迅疾进展,从而推动了大众教育,使20世纪成了人类历史上发展最快的一个世纪。从上面的回顾中我们可以看出知识储存和传播媒介对人类文明发展进步的伟大意义。其实这种进步并没有止息,在20世纪后期,人类又更上层楼,开始发展进入了电子和数字互动的新媒体时代。[1]

从上古部落时代脸对脸的拟态交流,到通过符号契刻和简单视觉语言交流,再到用抽象的文字和图文并茂的形式交流,最后发展到读书读报和用传统媒体交流,人类文明发展前期的媒体手段可谓路途维艰。进入近代以后的发展速度是令人欣悦的。从摄像术的发明、电子大众传媒的发展到今天的新媒体利用网络瞬间发散传播到全球,人类才用了不到两百年的时间。

---

[1] Logan, Robert K., *Understanding New Media: Extending Marshall McLuhan*, New York: Peter Lang Publishing, 2010, pp. 28–31.

早在电子传媒萌芽时期，敏感的人类学家已经看出了这种新的科技手段具有改变人类生活和交流方式的潜力，并认为在人类历史的不同阶段人类创造了不同的工具，但这些工具也在不同的时期反过来能动地改变并塑造了人类本身。这些工具当然包括了人类的交流通信工具，特别是媒体。比如说，技术和与之对应的传播手段也在人类发展不同阶段塑造了人本身和人类社会的性质。在远古，我们的语言和语言的传播行为就受我们生境的限制，它影响着我们的文明进步。人类发明了文字后极大便利了文明的记载和传播，促进了人类文明发展向更高阶段提升。印刷术和书籍杂志报纸的发明和传播使得人类向近现代化迅速发展，同时也让人类的世界观和知识结构产生了革命性的变化，这是全人类走向现代化的基础。

而其后发展的电子化时代和电脑互联网到今天的新媒体的媒体技术革命，名副其实地把眼下的世界变成了地球村，[①] 这是人类科技发明的功劳，也是人类文明进步的骄傲。在这种人类文明进步过程中，我们可以看出人类发明的工具，特别是起到了记录和交流作用的传媒工具，成了促使人类交流和文明发展的推进器。人类发明的工具在改造世界的同时也提升和改造了人类自身。

有的传媒人类学家认为，媒体的力量是巨大的。媒体虽然是工具，但它的能动作用是不可估量的。如果我们把传统媒体的功能比作是人体功能的延伸，那么，我们今天的新媒体的功能更是革命性的，它可以被比喻成是人体的神经系统的延伸。人类当然通过媒体来昭示并表述世界，但在这个过程中，媒体也在塑造我们；因为我们人类也在一遍又一遍地参与在创造世界和反馈世界的总体过程中提升自己并全方位地展示自己，直到文明和媒体也成为我们的一部分。技术，尤其是当今时代的电子媒体，使世界日益互联。在社会、经济、政治和文化等人类社会的各个方面，由于新媒体的反应迅捷和国际互动，世界上某一地区发生的

---

① McLuhan, Marshall, *Understanding Media*, Gingko Press, 2003, p. 6.

事情会对其他国家产生连锁反应,任何一个单一的事件都有可能不再是孤立事件而会产生超出预期的社会反响。媒体对人和社会和意识形态的影响是巨大的,它在潜移默化地塑造着我们的思维。有人类学家指出,由于每一代人都继承并受影响于与之社会和时代相匹配的特殊的媒体结构,因此出生在广播时代的人与出生在电视时代的人对世界的看法不同。而新生代的思想意识也在某种程度上更易受新媒体性质的影响。[1]

现代传媒学和社会学家马歇尔·麦克卢汉特别重视媒体本身的作用,他认为传播媒介在改变文明中所起的作用是巨大的。他把媒体的作用称作人的身体或能力的延伸和拓展。他非常注重作为工具载体的媒体本身的意义。特别是在人类交际和传播学上,麦克卢汉曾经提出,媒体,而不是媒体所承载的内容,才应该是研究的重点。麦克卢汉非常强调工具本身的意义,他认为作为"硬件"的媒体工具和传播模式的意义应该大于作为内容"软件"的意义,而不同于一般媒体学者往往把媒体内容作为研究的重点依据。

他曾举灯泡的功能作用为例:灯泡作为纯粹的工具它并不像报纸刊载有文章或电视有节目之类的内容,而且灯泡也并不携带思想,但它却是一种具有社会效应的媒介。也就是说,灯泡虽然不提供思想,但它能够给人们在黑暗中或夜间创造空间,这空间能提供无限的社会互动可能,否则人们会被黑暗笼罩而限制自己的行动力。他将灯泡描述为一种没有任何内容的媒介。麦克卢汉说:"一个灯泡仅仅通过它的存在就创造了一种环境。"[2] 继而,麦克卢汉借鉴法国人类学家列维-施特劳斯对"热社会"和"冷社会"区分的理论,进一步发挥自己的观点,将媒体的传播方式和互动行为划分为动态和双向式互动的"热媒体"和"冷媒体"的形式。这些术语的核心不是指媒体的

---

[1] Gumpert, Gary; Cathcart, Robert, "Media grammars, generations, and media gaps", *Critical Studies in Mass Communication*. 2, 1985, pp. 23–35.

[2] Marshall McLuhan, *Understanding media: the extensions of man*, Cambridge, Mass.: MIT Press, 1994, p. 8.

物理温度或情绪强度，它也不是某种分类，而是指媒介和受众的参与程度之间的关系。

冷媒体是那些一般需要用户高度参与的媒体，因为它们的明晰度低，其接收者/用户必须积极介入并填补空白和缺失的信息。由于受众需要使用多种感官参与，因此它们可以促进互动性。相反，热媒体因其高分辨率或明晰度而使受众参与度低。例如，电影被定义为一种热媒体，因为在黑暗的电影院环境中，观众完全被吸引住了，一种主要的感觉——视觉——充满了高清感受力。相比之下，电视是一种冷媒体，因为观众观摩电视的同时可能会发生许多其他事情，而观摩者有可能将共时的所有其他声音和景象整合到感受的上下文中，这些外在的东西有可能会影响信息的接收。因此，媒体的播放只是在施受一种功能，而媒体功能的实现和受众对信息的获取和解码应该是一个传播和互动相结合的复杂完成过程。①

麦克卢汉的观点富有挑战性和启发性，虽然学界对他的见解有争议和讨论，但是他的观点对后来的新媒体理论研究是有影响的。我们认为他的观点中对传媒工具意义的强调是非常有见地的。而这一论述特别是其对新媒体与视觉收受关系的意义方面内容对视觉人类学的发展亦有启发意义，值得我们深入思考。因为当下的新媒体是一个大量使用和呈现视觉人类学意义上视觉表述的新工具。它具有很强的功能性特征如：

第一，互动性。新媒体方式打破了传统媒体的界限，它是一个热媒体和冷媒体结合的案例。因为新媒体可以最大限度地呈现视觉语言和视觉产品以及它们的综合内容。用户或受众可以滚动浏览照片或观看视频而无须其他参与介入，而不是传统的用户必须更多参与的冷媒体形式。同时，在新媒体的呈现中也可以有传统媒体以文字书写和其他视觉语言如漫画、音像、广播，甚至讲座和讨论等综合形式进行呈现。新的社交

---

① Marshall McLuhan, "Media Hot and Cold", *Understanding media: the extensions of man*, Cambridge, Mass.: MIT Press, 1994.

媒体形式冲破了传统媒体"冷—热"的藩篱，是一种综合的媒体生态，用户可以在其中无界限地连接、跨越并分享想法。

第二，匿名性。新媒体创造了无远弗届的空间和使受众高度参与的环境，它容易鼓励和激发受众畅所欲言的机会。在不同的语境中，这种新媒体传播方式鼓励学习、对话和分享观点及见解，因为发言者可以不必担心发言的责任而畅所欲言。但是这种匿名性带来的负面效果也是显而易见的。由于无需担心发言（不论是文字还是视觉形式）的责任和后果，它的环境也有可能是黑暗和混乱的，因为互联网的开放环境及允许某些不同的个体出于不同的目的而使用，所以也会出现以不正当的表述和标签等来表达仇恨言论和暴力威胁等负面内容。

第三，表述独特性。新媒体作为媒体平台，它既是文化力量同时又是文化对象，它在其运作过程中会产生难以预测的特定文化效果。社交媒体本身所具有的互动性和实践性，往往会转换成即时的行动力，这是传统媒体所难以做到的。因此，现在不只是民间草根阶层使用它，而且它的这一作用也被各种演艺、市场和商业机构所青睐。从而新媒体的功能已经不限于传播和发布而成了"造星"、制造网红甚至制造社会新闻的工具。这一功能在近年来甚至超出了商业和娱乐界而逐渐受到政治人物的青睐甚至成为选举、政治操作、宣传或发动政治活动的媒介。

以上的总结让我们可以深入地理解新媒体的当代意义。当然，由于视觉素材包括图片、视频、影像等的直觉性和其直接诉诸感官的特殊效应，它们往往首当其冲地被新媒体使用。特别是现在照相、拍摄录像和传播影片技术变得十分简洁易操作，新媒体的传播便利更使得几乎人人可以成为信息发布中心甚至传统意义上的迷你电台和小型出版机构，所以视觉语言成了新媒体的中坚和更加值得关注的表现手法。可以预见，视觉表述作为一种简便、效果强烈而且自古以来最受大众喜闻乐见的形式，在未来会更大限度发挥它的传播作用和影响力。

在新世纪，新媒体跟视觉图像功能等的合力作用以及对社会的影响将是一个崭新的话题，它也将成为视觉人类学研究的一个核心命题。20

世纪以来的视觉研究和媒体研究积累了一些理论和经验，它们已经可以预见，在这个世纪，第一，不管你喜欢不喜欢、接受不接受，新媒体和图像叙事无疑将会发挥比传统媒体更大的作用，而且媒体会能动地融入社会的每一个行为和行动。第二，媒体不再是被动地展示世界，而且还将主动地引领世界，并用它们的视界修正和影响我们的看法并重新组织我们的经验，甚至塑造我们的世界观。第三，新媒体将会更紧密地将世界联系在一起，让全球人类加强互动。地球村的概念会更加深入人心。不管是主动还是被动，人类无疑将会逐渐加入全球命运共同体；人类将更加关心环保和生态，地球必将成为人类共同保护进而命运所系的最后家园。

新媒体的前途是开放的，它的影响也必将是全方位的。这种新媒体的影响将无时无刻不在，并在某种意义上引导甚或操控人类的思维——未来世界中传媒会决定我们所知道的以及我们对所知道的感觉；媒体将是把我们与他人和世界联系起来的纽带。传播媒介在今天已经几乎渗透到地球上几乎所有人的生活，它在逐渐将人们安排成一个相互关联的人类社区；在未来的岁月中，可以想见，这种渗透将更加深入和全面。

在这种对人类社会全方位介入的过程中，人类学的视觉语法和视觉资料无疑会引领其新潮流，甚至更加旗帜鲜明地占领传媒高地——人类进化了无数万年，从最初无文字时代的读图到高科技发达以后重新进入"读图时代"，这到底是一种生命感知形式的提升和递进还是未来的新生代又重新走向返祖的读图的一代？这个问题不仅是视觉人类学所要思考的，而且也是整个关心人类文明的人文、科学和科技界都要思考的一个深刻命题。

第四节　视觉人类学与未来学

视觉人类学的发展跟目前当代科技的发展是息息相关的。在20世纪中期以前，西方科技界和工程学界有识之士已经开始探讨电脑科技模

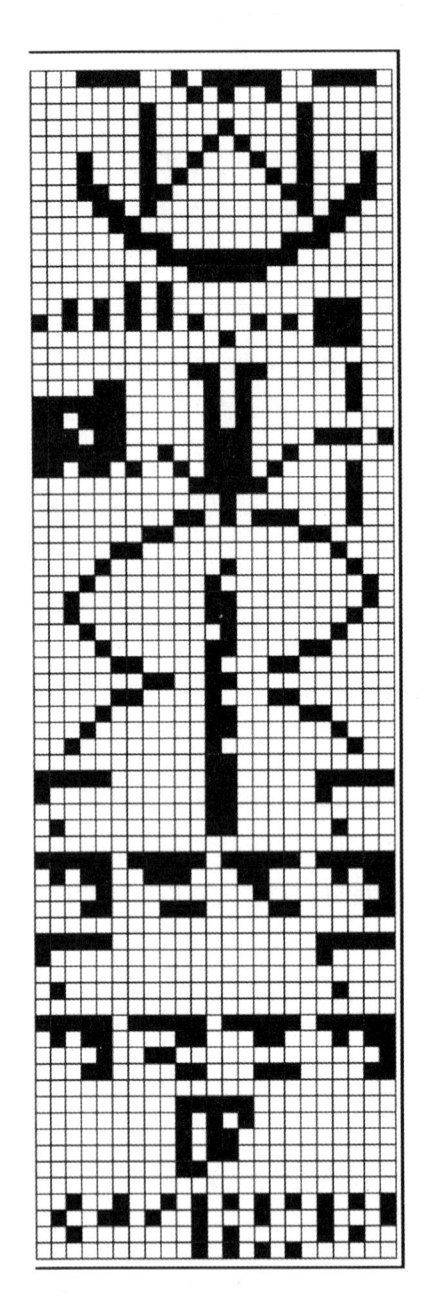

图 10-3 1974 年 11 月美国阿雷西博天文台发送给外星人的一封电报

图片来源：Oberhaus, Daniel, "Researchers Made a New Message for Extraterrestrials", *Scientific American*, New York, March 30, 2022。

仿人类思维原理来从事人工智能及代替人类的机器人的工作。但是，要模仿人类思维，就得探源人类思维史；而这种研究显然不是科技界自身的专长和它能独立完成的，它需要人文科学/人类学和社会科学的介入。

如果我们回溯人类思维史，就必须从体质人类学中人类大脑形成和进化线索、人类发音器官的形成、人类神经器官发达而进至到思维整合、智慧进化和从具象思维到抽象思维的演进等基本课题出发。这里就衔接上了视觉人类学研究的初始话题。人类思维从形象到抽象、人类语言从无到有，这些发展和进化过程的模式都可以被超级计算机和电脑语言模拟并借鉴。

人类思维的工作原理在某种意义上也启发着人工智能的思维程序原理。虽然人类语言和电脑语言不同，但这些"语言"有其象征（Symbolic）意义上的启迪。特别是人工智能语言中要开发视觉辨识、视觉分析甚至视觉思维能力。其机械性地对图形、图像、符号的辨识和操作乃至拓展视—知功能、朝着能思维、有自主功能的机器人的发展，研习人类几十万年进化史和从视觉思维到抽象思维的演变史对之无疑有借鉴意义。①

同时，视觉人类学也对包括思维科学、认知、心理学、行为科学、应用科学如人工智能（AI）和虚拟空间（VR）等先进科学技术学科等亦有启发。

视觉语言及符号语言的开发有助于开拓它们在现代科技的机器视觉、指纹识别、人脸识别、视网膜识别、虹膜识别以及掌纹识别等等跟视觉相关领域的模式应用。视觉辨识功能类同程式化的符号语言；在电脑智慧和其"语言"开发应用过程有如人类认知及语言形成、符号及文字发明的过程，计算机语言与人工智能、符号处理、符号人工智能的整合运用间有着一定的关联和启发作用。②

---

① Moravec, Hans, *Robot Mere Machine to Transcendent Mind*, Oxford University Press, 2000.
② Weigand, Matthew, "Robot Almost Conquering Walking, Reading, Dancing", *Korea IT Times*, 2009, 08.18.

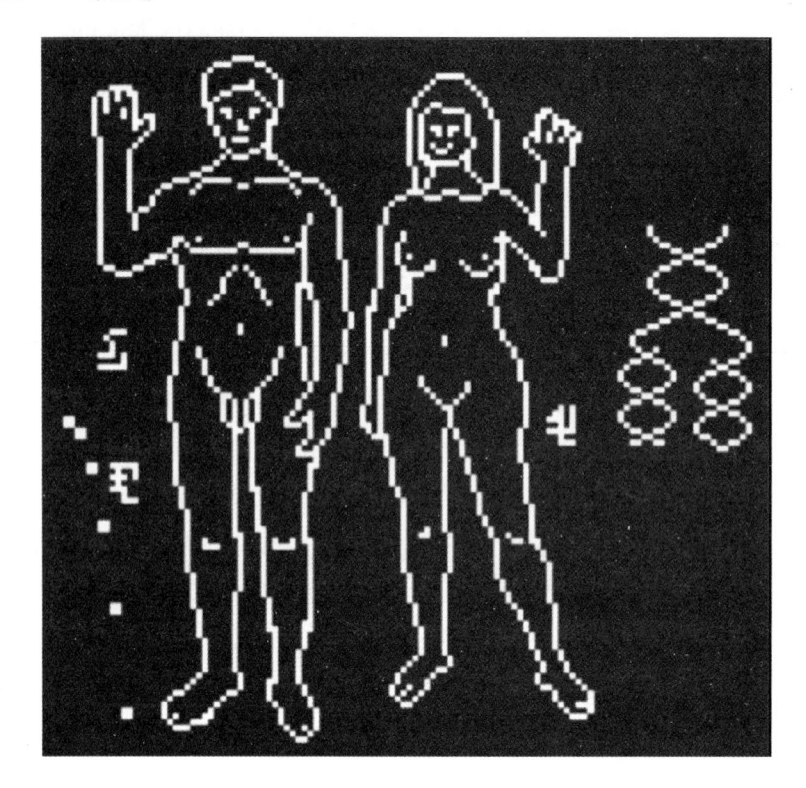

图 10-4 美国科学家在 2022 年 3 月 4 日在线发布 CC BY-NC-SA 4.0 纪念 1974 发布外星人信号 50 周年纪念时再次发给外星人宇宙射电信息。这次的信息编码中更突出了视觉人类形象和地球、人类 DNA 的视觉编码特征

图片来源：Oberhaus, Daniel, "Researchers Made a New Message for Extraterrestrials", *Scientific American*, New York, March 30, 2022。

人类的视觉思维、视觉模式作为符号语言对电脑科技及虚拟空间的视觉呈现等研究有着一定的启示作用。人工智能暨 AI 的核心问题同样包括建构跟人类类似的推理、认知、规划、学习、交流、体认等操控能力；而人工智能的研究现在已经能够初步在影像辨识、言语分析以及一些棋类和游戏项目中渐及人类的水平。在探索及其对人类视觉模拟认知和刺激思维的过程中，视觉人类学对人类进化和视觉表述的认知研究方面可以说是先行了一步，对此是个极为有益的参照体系。

此外，现在日益高度发展的人工智能借鉴仿生学、认知心理学的模式，并运用搜索和数学优化、逻辑推演等手段进行机器学习、机器感知、计算机视觉处理和语音识别等工作。如何让电脑读得"懂"人类的语言，把自然的视觉语言转化为计算机数据程序和指令语言，各种视觉符码如何进行有机转化，等等；这些方面，也是视觉人类学跟现代高科技可以进行合作研究的领域。

譬如说，眼下在科技界颇受关注的虚拟现实（VR）即是提供使用者视觉等感官的综合模拟，并利用科技手段给他们身临其境的感觉。它即时且没有限制地向使用者展示三维空间并可以进行复杂运算、将三维世界影像实时呈现以产生临场感。这种科技整合了电脑视觉图像—图形、电脑仿真、人工智能、感应认知、形象显示以及网络集合处理等最新科技发展成果，是一种电脑和高科技结合的高级实境模拟系统。但是不管它的成果如何炫目缤纷，说到底，这仍然是一种视觉在综合呈现体验环境下的实验。从技术角度而言，虚拟现实具备以下三个特征，它们被概括为三个"I"即 Immersion（沉浸），Interaction（互动）和 Imagination（构想）。

此外，近年来异军突起的计算机视觉（Computer Vision）领域也跟视觉人类学有着潜在的交互启迪和交叉的领域。计算机视觉是一门研究如何使机器"看"的科学，更进一步而言，它是指用摄影机和计算机代替人眼对目标进行识别、跟踪和测量等的机器视觉、并进一步对所视目标做图像处理，使之成为更适合人眼观察或传送给仪器检测的图像。[1]

计算机视觉的模式可以被看作是人类视力生物视觉的一种补充。在生物视觉领域中，人类和各种动物的视觉都得到了研究，从而建立了这些视觉系统感知信息过程中所使用的物理模型。而在计算机视觉中，则需要依靠软件和硬件实现的人工智能系统来得到研究与描述。

生物视觉与计算机视觉进行的学科间交流为彼此都带来了巨大价

---

[1] Roberts, Lawrence G., "Machine Perception of Three-Dimensional Solids", *Internet Archive Way Back Machine*, Massachusetts Institute of Technology Lincoln Laboratory, 1965.

值。但是直到 20 世纪 70 年代后期,当计算机的性能提高到足以处理如图像这样的大规模数据时,计算机视觉才得到了正式的关注和发展。现在,计算机视觉的领域尚未完全展开,它只在一些初级领域如面孔、指纹和文字等图像识别方面执行视觉解析和探索的工作等。但是可以预见,它的发展前景将是无限的。比如说现在它已经逐渐介入到了医学图像、工业制造质量检控、环境和太空研究等领域。[①] 可以预见,这个领域有着可以无限发展的前景。同时,它跟视觉人类学的结合也将是一项可以为人类造福的事业。我们有理由期待,计算机视觉模式的引入,或可以帮助对史前人类文明发展及视觉图像—符号的解析研究,加速视觉人类学破译人类从视觉记事到符号—文字发展形成的亘古之谜的速度。

这将是一个广阔的领域。《哈佛商业评论》早在 2012 年就曾展望人工智能、虚拟空间研究和计算机视觉等数据科学的发展将对人类文明做出很大贡献,并预言它将成为"二十一世纪最性感的职业"[②];"性感"云云在这里当然是一种修辞学表述,但是此处表达的期冀和展望之情是可以呼之欲出的。当代高科技文明和视觉人类学结合的趋势将是未来人文和高科技学科合流和嬗替发展的大方向,这种合流无疑将开拓人文科学和自然科学两个领域新的视野,把人类文明研究的探索推向新的高度。

不只是在上面跟高科技结合的新领域探索方面,在人文领域,视觉人类学对后现代主义的哲学人类学研究和社会科学方面的其他"后学"的研究也是贡献突出。可以说,视觉人类学与今天被广泛关注和讨论的各种现代人文科学焦点都有交集。

自 20 世纪中后期以来,西方人文科学界出现了以"后现代主义"为号召的"后学"思想群体,包括后殖民主义、女性主义、多元文化、

---

① 1)Davies, E. R., *Computer Vision Principles, Algorithms, Applications, Learning*, Academic Press, 2018; 2) Morris, Tim, *Computer Vision and Image Processing*, Red Globe Press, 2004.

② Davenport, Thomas H. and Patil, D. J., "Data Scientist: The Sexiest Job of the 21st Century", *Harvard Business Review*, October 2012 Issue.

后结构主义/解构主义、后工业化时代文化、非理性/前理性—原始思维研究等等学说充斥在人文、艺术、哲学和社会科学领域。这些不仅在它们自己学科内容引起较大反响，而且不期而然地影响了整个人文和社会科学界，这些思潮当然也在人类学和视觉人类学界受到关注和引发了持续的关注。

这些"后学"的理论核心是与20世纪前中期的现代主义思潮对抗，挑战传统包括现代主义的理论纲领，并对西方文化中的宏大叙事传统给予批判性的怀疑。它提出用后现代理念来重新审视人类历史的观点，对传统"真实"的构成提出结构性的批判和怀疑。其中后殖民主义、女性主义和解构主义等观念根源于西方当代哲学甚至取源于东方哲学的理念，经常用"反叛、否定、颠覆、拒绝、抵制、反政府、非政府—无政府"等理念来标榜主张，这种怀疑主义和批判主义的视角曾经造成很大的社会影响甚至成为人文科学和社会科学界的主流声音，它们当然会影响到人类学和视觉人类学的发展。

后现代主义除了在艺术和哲学界掀起思潮，它在20世纪后半期引发的怀疑主义、反传统、反理性、反整体性的理念也曾经统领这个人文和社会科学界。在这种意识形态引领下，人类文明史上的各个历史时期的各种思潮都被重新审视，人类学当然概莫能外。除了批判传统思想，人类学界也出现了"行动人类学"（Action Anthropology）"批判人类学"（Critical Anthropology）"反思人类学"（Reflective Anthropology）学派等思潮。这类新思潮强调文化人类学的研究应该主动积极地反省人类知识的建构和书写论述过程，并通过新思维和全新认知及新民族志的写作方式来表述，以便让读者和受众对人类知识有一种全新的理解和批判性的认识。这种对人类文明的重新审视的呼声对视觉人类学的发展也提供了新思路和积极的土壤。

对传统的批判以及对非理性的研究，对人类感觉和文明基因的新思考、对多元文化乃至东方文明发展史的重新认识等都给视觉人类学的发展提供了有益的借鉴。在这种新思潮的感召下，人类学拓宽了它们的研究视野，同时，人类学界也在努力打破西方传统的藩篱，突破以欧美人类学为中心，而对亚非拉美及前工业化时代文明、对世界欠发达地区和当代原始部落文明的关注和研究成了人类学和视觉人类学的新疆域。

除了对哲学理念的重新定义和解构、对西方殖民文化提出全面反思、关注多元文化和女性视角以外，后现代主义哲学也提出了很多对本体论研究的再思考和新挑战。哲学上，伽达默尔提出了新诠释学；在人类学界，吉尔兹更是创立了阐释人类学派（Interpretive Anthropology），用全新的概念和语言来阐释人类文明，这些都为当代视觉人类学的发展提供了积极的理论支持和坚实的哲学话语背景。[①] 而认知人类学（Cognitive Anthropology）、实验民族志（Experimental Ethnography）、新民族志（New Ethnography）乃至新考古学（New Archaeology/ Processual Archaeology）等学科对人类学话语认知的研究等也激发了视觉语言研究的独特性思考。这些被视为"后现代主义人类学"思潮的学科群对视觉语言和视觉语法认知结构的重视为视觉人类学研究拓展了这门学科纵深研究的道路。

后现代主义人类学对视觉人类学的发展影响也体现在了我们前面述及的新媒体工具论方面，它认为现代科技特别是电子技术的发展应该为适应文化和人文研究的语境服务，认为后工业时代的后现代社会研究应该向文化研究的视角转移。此外，后现代主义人类学对视觉人类学的影响还反映在其对视觉美学和视觉叙事的认知方面。

第一，后现代反抗理性、对前理性美学和认知的强调暗合了视觉人类学一以贯之的视觉语言叙事传统。这些，已经在当代西方电影和后现代影视等视觉产品中有所表现。在回归原始和追寻人类原语言和视觉表述的语境中，这一点将是未来视觉人类学发展的一个侧重点。第二，后现代主义的审美是反释义的，这一点恰是人类学原则所强调的核心。视觉人类学强调的回归原始现场和走向田野是其学科的宗旨所在，它强调

---

① 王海龙：《视觉人类学新编》，上海文艺出版社2016年版，第19—42页。

和坚持的外来文化参与者/观察者在表述异己文化和描述文化志时必须保持非功利（Value Free），对"文化持有者的内部眼光"绝对尊重，述而不"评"更不作价值判断的原则，对后现代的理念也是有启发和促进作用的。第三，后现代主义美学的一个重要理论宗旨是要回归视觉。而视觉人类学正是实践着的"回归视觉"践行者。它从其发端于19世纪的"文化救险"到在其整个发展过程中对文化描写的实践一直到今天的各种"后学"和新理论的盛行的百多年里，一直在躬行着自己的初始忠实地记录文化、保存抢救文化遗产、悉心地探讨文化起源和发展的线索并试图理解人类视觉表述以及视觉语法的深层结构，从感性和理性的多重角度探讨人类文明起源、形成和发展的奥秘。

人类社会的各类人文、科学和社会科学理论探讨人类文明的上述话题不止两千年，但万变不离其宗。人类挖掘和研究文明的祈愿和其初衷始终没有改变，虽然各种理论和"主义"在不同时期以不同名目出现，但它的实质仍然有如一个飞去来器，不管它以什么样花哨炫目的形式呈现，它的终极目标是恒久不变的。在这方面，视觉人类学研究的学科原则和其发展历程对我们是一个非常有意义的象征：虽然它直接起源于摄影术发明后的文化救险和辅助保留文化志的目的，但它在其行进过程中不断革新并拓宽自己的目标视野。从影像研究到符号破译和史前文明探讨，再到对视觉语言和语法的宏观研究，最后通过对人类文明全方位研究的整合话题再入手，结合各种后现代理论而把自己推向了对人类文明未来乃至人类对地球学和宇宙太空学研究的新疆域。

视觉人类学今后的发展前途是无限的，也是可以期待的。它的发生、发展和走向未来的历程像是一个象寓和伟大的征程，同时这门学科史的回顾也验证了一个真理：在某种意义上，最古老的理论和研究也可能是最现代和最指向未来的。视觉人类学以研究人类文明甚至人前时代（Pre-human Era）为起点，发展到今天，它的宗旨却不期而然地暗含了最先锋的各种新理论，它的目标从人类起源也指向了无尽的人类发展乃至于未来的宇宙学空间。视觉人类学已经替我们破译了很多人类文明史上的谜并给我们寻求了无数的答案。在眼下的电子高科技时代，它还是一直在路上，它的路途依然很宽广。我们知道它的起点，但尚不能预期它的终点。不过，我们对它的期许和信任是不变的。回顾视觉人类学已经取得的成就和它的宏阔目标，我们有理由相信它会取得更大的成就造福人类并拓宽我们的知识面，在破译人类文明和拓展人类文明的宏观大业上不断做出新的成绩。